JN110788

JLPT N1
日本語能力試験

この一冊で合格する

日本語の森

JLPT N1について

◦ JLPT N1とは

JLPTはJapanese-Language Proficiency Testの略です。意味は「日本語能力試験」です。「日本語能力試験」は日本語を母語としない人の日本語能力を測定し、認定する試験です。N1のNは「Nihongo（日本語）」を表します。N1の1はレベルを表します。N5からN1まで5段階あり、N1が最も高いレベルです。

レベル	科目	時間
N1	言語知識（文字・語彙・文法）読解	110分
	聴解	60分
	合計	170分

必要な能力

読む能力

約10分で1000文字のN1以下の語彙を使った論理的な文章の内容を理解し、筆者の意図を把握する能力。

聞く能力

N1以下の語彙を使った会話、ニュース、講義などを聞いて全体的な内容と大事なポイントを理解する能力。

参考：日本語能力試験公式ウェブサイト『N1〜N5：認定の目安』

<https://www.jlpt.jp/about/levelsummary.html>（最終アクセス 2023年4月12日）

◦ JLPT N1の得点区分

レベル	得点区分	得点範囲
N1	言語知識（文字・語彙・文法）	0〜60点
	読解	0〜60点
	聴解	0〜60点
	合計	0〜180点

◦ JLPT N1に合格するために必要な点数

レベル	得点区分	得点範囲
N1	言語知識（文字・語彙・文法）	19点以上
	読解	19点以上
	聴解	19点以上
	合計	100点以上

※一つの科目でも点数が19点未満だと、不合格

◦ JLPT N1に合格するために必要な点数の例

レベル	得点区分	得点範囲
N1	言語知識（文字・語彙・文法）	50 / 60（19点以上）
	読解	20 / 60（19点以上）
	聴解	40 / 60（19点以上）
	合計	110 / 180（100点以上）

参考：日本語能力試験公式ウェブサイト『得点区分・合否判定・結果通知』
<https://www.jlpt.jp/guideline/results.html>（最終アクセス 2023年4月12日）

本書の構成と活用方法

1.本書の構成

第1章 文字語彙

「第1章 文字語彙」では、約4000個の単語を勉強します。その後、JLPTによく出題される4種類の問題を674問練習します。

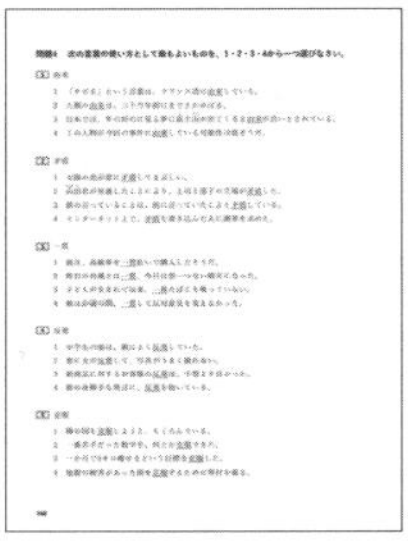

第2章 文法

「第2章 文法」では、N1試験でよく出題される文法130個の意味・接続・例文を勉強します。

ここでは、近い意味の文法同士がまとめられています。全部で16章あり、1章ごとにその章で学習した文法の練習問題があります。

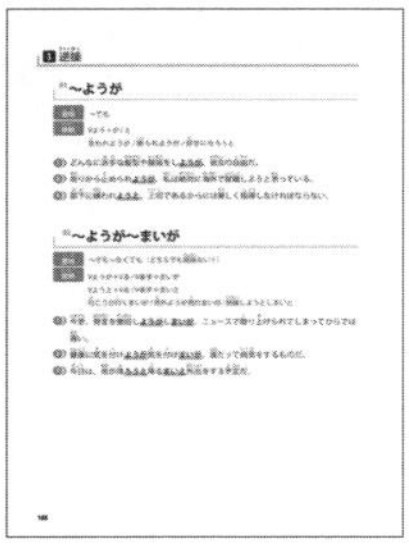

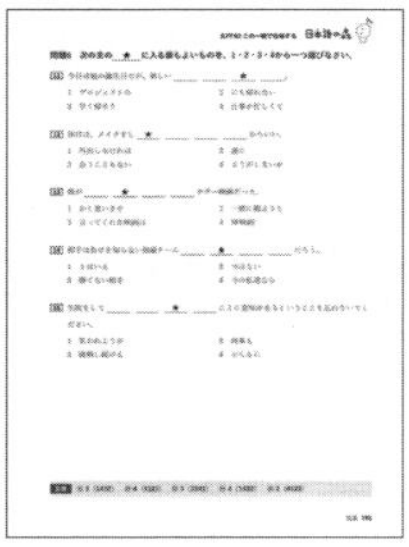
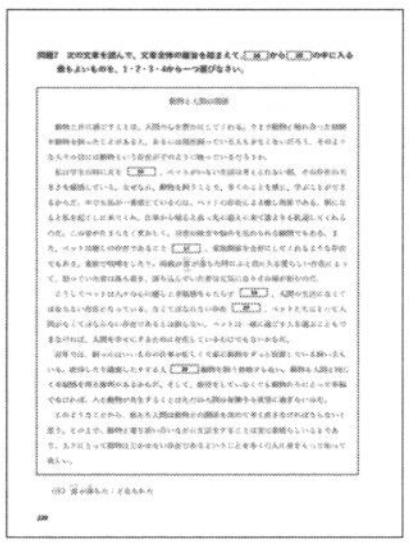

第3章 読解

「第3章 読解」では、まず読解問題を解くコツを学びます。その後、実際に問題を解いていきます。

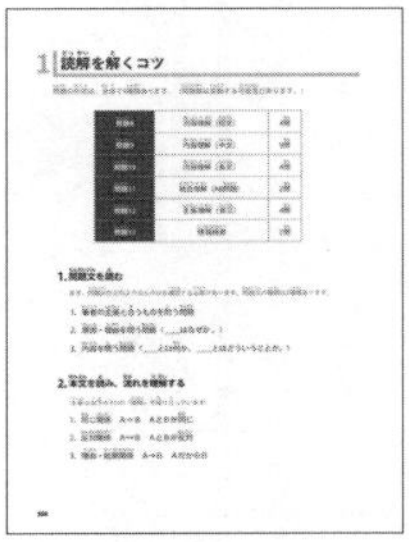
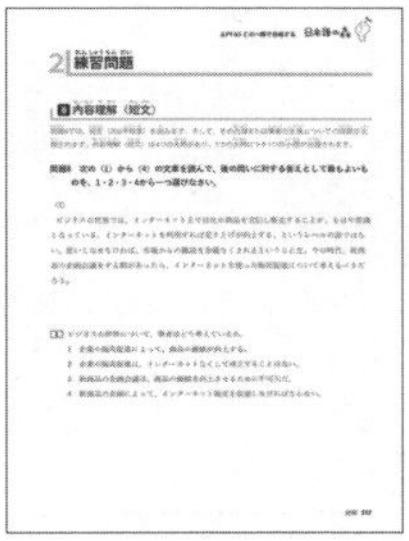
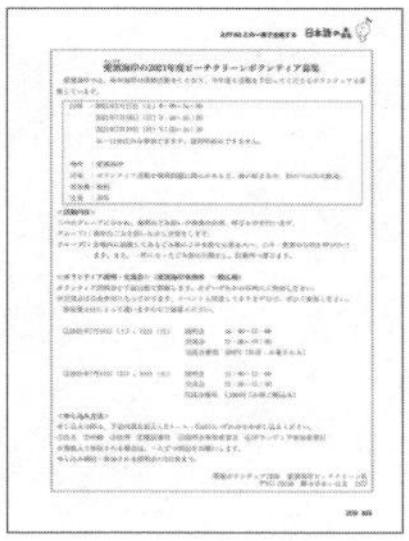
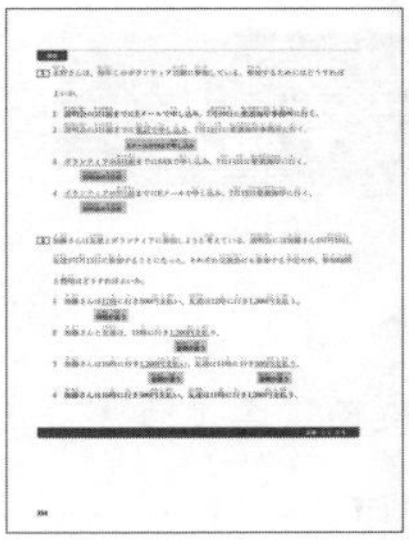

第4章 聴解

「第4章 聴解」では、まず聴解問題を解くコツを学びます。その後、実際に問題を解いていきます。

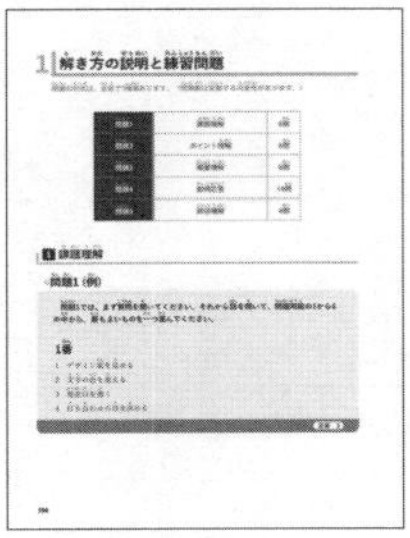
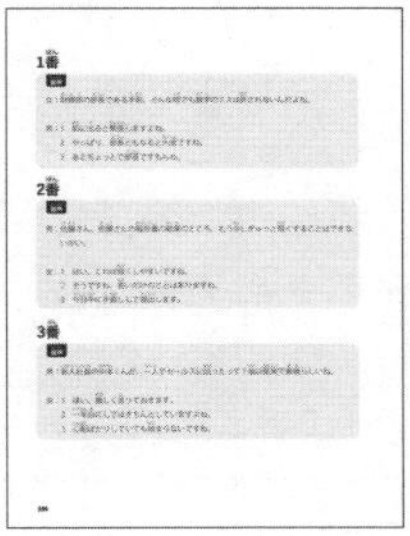

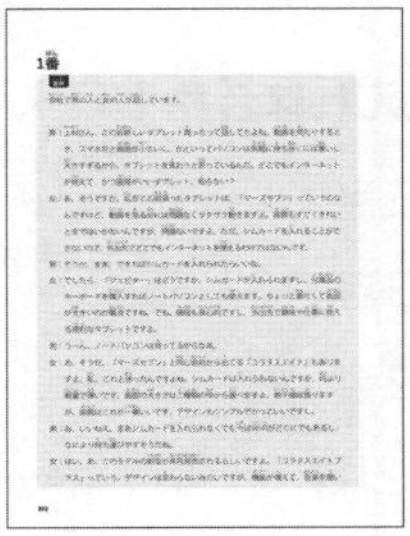

付録 模擬試験 最後に、実際のJLPTと同じ形式の問題を解いて力を試してみましょう！

2.活用方法

①試験まで時間がたくさんある人

本の最初から順番通り学習し、特に語彙・文法はしっかり理解・暗記しながら全ての問題を解いてください。

②試験まで時間があまりない人

先に模擬試験二回分を解き、採点した後、点数が低いパートから勉強してください。また、読解と聴解の練習時間がない場合は、単語・文法だけでも理解、暗記しましょう。

目次

練習問題（れんしゅうもんだい）

・第2章 文法・

• 第3章 読解 •

• 第4章 聴解 •

• 付録1 模擬試験 •

• 付録2 聴解音声 •

QRコードから練習問題と模擬試験の音声をダウンロードできます。

第1章

文字語彙

1 語彙リスト

JLPT N1の基本は単語です。単語をしっかり覚えてから「第2章 文法」に移りましょう。この章では、約4000個の単語を勉強します。試験前に語彙リストを使って、単語を覚えているか最終確認しましょう。

▶ "モリタン"を使って単語を勉強しよう！

まずは日本語の森アプリをダウンロード！

App Store　Google play

モリタンの使い方

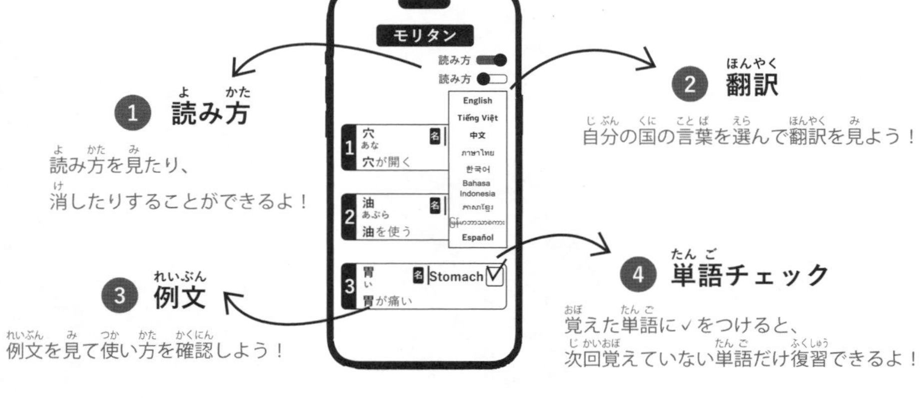

モリタン 1日目

1~100／4045 名詞(2文字)

日本語の森アプリで翻訳を見よう！
App Store Google play
英語 中国語 インドネシア語 韓国語 ベトナム語 ミャンマー語

まずはこれを覚えよう！

1	悪化	あっか（する）
2	依存	いぞん（する）
3	意向	いこう
4	意識	いしき（する）
5	意図	いと（する）
6	意欲	いよく
7	移行	いこう（する）
8	維持	いじ（する）
9	衣装	いしょう
10	違反	いはん（する）
11	育成	いくせい（する）
12	一時	いちじ
13	一体	いったい
14	印象	いんしょう
15	引用	いんよう（する）
16	運営	うんえい（する）
17	運行	うんこう（する）
18	運用	うんよう（する）
19	影響	えいきょう（する）
20	栄養	えいよう
21	遠慮	えんりょ（する）
22	横顔	よこがお
23	家計	かけい
24	家出	いえで（する）
25	課題	かだい
26	過程	かてい
27	過労	かろう
28	解決	かいけつ（する）
29	解雇	かいこ（する）
30	解除	かいじょ（する）
31	解消	かいしょう（する）
32	解説	かいせつ（する）
33	回収	かいしゅう（する）
34	回復	かいふく（する）
35	改善	かいぜん（する）
36	拡大	かくだい（する）
37	獲得	かくとく（する）
38	確率	かくりつ
39	確立	かくりつ（する）
40	覚悟	かくご（する）
41	学習	がくしゅう（する）
42	学歴	がくれき
43	楽器	がっき
44	感謝	かんしゃ（する）
45	感心	かんしん（する）
46	環境	かんきょう

47	管理	かんり（する）
48	簡易	かんい（な）
49	企画	きかく（する）
50	企業	きぎょう
51	危機	きき
52	基準	きじゅん
53	希望	きぼう（する）
54	期末	きまつ
55	機関	きかん
56	機能	きのう（する）
57	規格	きかく
58	規制	きせい（する）
59	規則	きそく
60	規模	きぼ
61	規約	きやく
62	記入	きにゅう（する）
63	休戦	きゅうせん（する）
64	居住	きょじゅう（する）
65	距離	きょり
66	競争	きょうそう（する）
67	共存	きょうぞん（する）
68	協会	きょうかい
69	協力	きょうりょく（する）
70	強調	きょうちょう（する）
71	恐怖	きょうふ
72	教育	きょういく（する）
73	業種	ぎょうしゅ
74	業務	ぎょうむ
75	禁止	きんし（する）
76	緊張	きんちょう（する）
77	近年	きんねん
78	金融	きんゆう
79	苦労	くろう（する）
80	空白	くうはく
81	傾向	けいこう
82	契約	けいやく（する）
83	形成	けいせい（する）
84	経過	けいか（する）
85	経路	けいろ
86	計画	けいかく（する）
87	芸能	げいのう
88	決意	けつい（する）
89	検査	けんさ（する）
90	権力	けんりょく
91	研究	けんきゅう（する）
92	原因	げんいん
93	原点	げんてん
94	原文	げんぶん
95	減速	げんそく（する）
96	現象	げんしょう
97	現場	げんば
98	現像	げんぞう（する）
99	故郷	こきょう
100	雇用	こよう（する）

モリタン 2日目

101~200/4045 名詞(2文字)

英語 中国語 インドネシア語
韓国語 ベトナム語 ミャンマー語
会員登録をして翻訳を見よう！

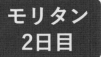

1 顧客 こきゃく
2 後悔 こうかい（する）
3 語学 ごがく
4 誤解 ごかい（する）
5 交付 こうふ（する）
6 効果 こうか
7 口座 こうざ
8 口述 こうじゅつ（する）
9 口論 こうろん（する）
10 向上 こうじょう（する）
11 工作 こうさく（する）
12 工夫 くふう（する）
13 幸福 こうふく（な）
14 攻撃 こうげき（する）
15 更新 こうしん（する）
16 構成 こうせい（する）
17 構造 こうぞう
18 行為 こうい
19 行進 こうしん（する）
20 行政 ぎょうせい
21 講義 こうぎ（する）
22 購入 こうにゅう（する）
23 高原 こうげん
24 合意 ごうい（する）
25 合成 ごうせい（する）
26 告白 こくはく（する）
27 国有 こくゆう
28 困難 こんなん（な）
29 混同 こんどう（する）
30 再建 さいけん（する）
31 再現 さいげん（する）
32 才能 さいのう
33 採用 さいよう（する）
34 在庫 ざいこ
35 財政 ざいせい
36 作戦 さくせん
37 作用 さよう（する）
38 殺人 さつじん
39 参考 さんこう（する）
40 残業 ざんぎょう（する）
41 志望 しぼう（する）
42 思考 しこう（する）
43 指示 しじ（する）
44 支持 しじ（する）
45 支店 してん
46 脂肪 しぼう

47	視線	しせん
48	視点	してん
49	視野	しや
50	視力	しりょく
51	資源	しげん
52	事項	じこう
53	事前	じぜん
54	事例	じれい
55	持参	じさん（する）
56	時期	じき
57	次第	しだい
58	治療	ちりょう（する）
59	自覚	じかく（する）
60	自己	じこ
61	失言	しつげん（する）
62	実家	じっか
63	実在	じつざい（する）
64	実践	じっせん（する）
65	車庫	しゃこ
66	車両	しゃりょう
67	主張	しゅちょう（する）
68	取引	とりひき（する）
69	取材	しゅざい（する）
70	手段	しゅだん
71	首相	しゅしょう
72	受賞	じゅしょう（する）
73	需要	じゅよう
74	収益	しゅうえき
75	収入	しゅうにゅう
76	周囲	しゅうい
77	就職	しゅうしょく（する）
78	修正	しゅうせい（する）
79	習慣	しゅうかん
80	従来	じゅうらい
81	重視	じゅうし（する）
82	重点	じゅうてん
83	祝日	しゅくじつ
84	縮小	しゅくしょう（する）
85	準備	じゅんび（する）
86	初日	しょにち
87	所有	しょゆう（する）
88	助言	じょげん（する）
89	商店	しょうてん
90	消去	しょうきょ（する）
91	消費	しょうひ（する）
92	消滅	しょうめつ（する）
93	証言	しょうげん（する）
94	証人	しょうにん
95	証明	しょうめい（する）
96	情報	じょうほう
97	条件	じょうけん
98	状況	じょうきょう
99	状態	じょうたい
100	職業	しょくぎょう

モリタン 3日目

201~300／4045 名詞(2文字)

英語 中国語 インドネシア語
韓国語 ベトナム語 ミャンマー語
会員登録をして翻訳を見よう！

1	職種	しょくしゅ
2	職務	しょくむ
3	振込	ふりこみ
4	新規	しんき
5	真心	まごころ
6	神経	しんけい
7	身内	みうち
8	進化	しんか（する）
9	進展	しんてん（する）
10	進歩	しんぽ（する）
11	進路	しんろ
12	人材	じんざい
13	人手	ひとで
14	人情	にんじょう
15	人目	ひとめ
16	世帯	せたい
17	制服	せいふく
18	性質	せいしつ
19	性別	せいべつ
20	政権	せいけん
21	政策	せいさく
22	正義	せいぎ
23	正体	しょうたい
24	清掃	せいそう（する）
25	精神	せいしん
26	責任	せきにん
27	接近	せっきん（する）
28	設置	せっち（する）
29	設立	せつりつ（する）
30	先日	せんじつ
31	専用	せんよう
32	前例	ぜんれい
33	想像	そうぞう（する）
34	総合	そうごう（する）
35	即日	そくじつ
36	存在	そんざい（する）
37	存続	そんぞく（する）
38	対応	たいおう（する）
39	対象	たいしょう
40	待遇	たいぐう
41	態度	たいど
42	台所	だいどころ
43	大衆	たいしゅう
44	単一	たんいつ
45	担任	たんにん（する）
46	短縮	たんしゅく（する）

47	団結	だんけつ（する）
48	著書	ちょしょ
49	貯蓄	ちょちく（する）
50	挑戦	ちょうせん（する）
51	調和	ちょうわ（する）
52	長所	ちょうしょ
53	頂上	ちょうじょう
54	直感	ちょっかん
55	直接	ちょくせつ
56	賃金	ちんぎん
57	賃貸	ちんたい
58	追跡	ついせき（する）
59	提案	ていあん（する）
60	提供	ていきょう（する）
61	提示	ていじ（する）
62	提出	ていしゅつ（する）
63	典型	てんけい
64	展開	てんかい（する）
65	展示	てんじ（する）
66	展望	てんぼう（する）
67	店舗	てんぽ
68	転送	てんそう（する）
69	伝言	でんごん（する）
70	伝説	でんせつ
71	伝達	でんたつ（する）
72	途上	とじょう
73	投資	とうし（する）
74	統合	とうごう（する）
75	統治	とうち（する）
76	到達	とうたつ（する）
77	同居	どうきょ（する）
78	同士	どうし
79	同情	どうじょう（する）
80	同様	どうよう
81	導入	どうにゅう（する）
82	特定	とくてい（する）
83	特別	とくべつ（な）
84	内心	ないしん
85	内側	うちがわ
86	日程	にってい
87	入手	にゅうしゅ（する）
88	妊娠	にんしん（する）
89	認識	にんしき（する）
90	年配	ねんぱい
91	納得	なっとく（する）
92	農民	のうみん
93	破壊	はかい（する）
94	敗戦	はいせん（する）
95	背景	はいけい
96	配給	はいきゅう（する）
97	配信	はいしん（する）
98	爆撃	ばくげき（する）
99	爆弾	ばくだん
100	発熱	はつねつ（する）

モリタン 4日目

301~400／4045 名詞(2文字)

英語 中国語 インドネシア語
韓国語 ベトナム語 ミャンマー語
会員登録をして翻訳を見よう！

1	発砲	はっぽう（する）
2	判決	はんけつ（する）
3	判断	はんだん（する）
4	判定	はんてい（する）
5	反応	はんのう（する）
6	反感	はんかん
7	反響	はんきょう（する）
8	反撃	はんげき（する）
9	反省	はんせい（する）
10	犯罪	はんざい
11	否定	ひてい（する）
12	批判	ひはん（する）
13	比較	ひかく（する）
14	比率	ひりつ
15	皮肉	ひにく（な）
16	秘密	ひみつ
17	被害	ひがい
18	筆者	ひっしゃ
19	表情	ひょうじょう
20	評価	ひょうか（する）
21	品種	ひんしゅ
22	貧困	ひんこん
23	貧富	ひんぷ
24	不順	ふじゅん（な）
25	不調	ふちょう（な）
26	普及	ふきゅう（する）
27	浮気	うわき（する）
28	負債	ふさい
29	負担	ふたん（する）
30	舞台	ぶたい
31	部門	ぶもん
32	復習	ふくしゅう（する）
33	服装	ふくそう
34	複合	ふくごう（する）
35	物語	ものがたり
36	物資	ぶっし
37	物事	ものごと
38	物体	ぶったい
39	分解	ぶんかい（する）
40	分業	ぶんぎょう（する）
41	分析	ぶんせき（する）
42	分別	ぶんべつ（する）
43	変換	へんかん（する）
44	変形	へんけい（する）
45	保育	ほいく（する）
46	保温	ほおん（する）

47	保管	ほかん（する）
48	保険	ほけん
49	補給	ほきゅう（する）
50	補充	ほじゅう（する）
51	報告	ほうこく（する）
52	報道	ほうどう（する）
53	崩壊	ほうかい（する）
54	方針	ほうしん
55	法律	ほうりつ
56	暴力	ぼうりょく
57	防止	ぼうし（する）
58	本音	ほんね
59	本気	ほんき
60	本場	ほんば
61	本心	ほんしん
62	本能	ほんのう
63	埋蔵	まいぞう（する）
64	万人	ばんにん
65	魅力	みりょく
66	無言	むごん
67	無効	むこう（な）
68	無断	むだん
69	面倒	めんどう（な）
70	模様	もよう
71	目下	もっか
72	目撃	もくげき（する）
73	目線	めせん
74	目的	もくてき
75	優位	ゆうい（な）
76	優先	ゆうせん（する）
77	有効	ゆうこう（な）
78	有力	ゆうりょく（な）
79	予感	よかん（する）
80	予期	よき（する）
81	予言	よげん（する）
82	予告	よこく（する）
83	予想	よそう（する）
84	予防	よぼう（する）
85	余裕	よゆう
86	様子	ようす
87	用意	ようい（する）
88	用件	ようけん
89	要求	ようきゅう（する）
90	要請	ようせい（する）
91	要約	ようやく（する）
92	養成	ようせい（する）
93	翌日	よくじつ
94	利益	りえき
95	利子	りし
96	理性	りせい
97	理由	りゆう
98	理論	りろん
99	流出	りゅうしゅつ（する）
100	了解	りょうかい（する）

モリタン 5日目

401~500／4045 名詞(2文字)・動詞(一般)

英語 中国語 インドネシア語
韓国語 ベトナム語 ミャンマー語
会員登録をして翻訳を見よう！

1	両立	りょうりつ（する）
2	倫理	りんり
3	冷蔵	れいぞう（する）
4	連結	れんけつ（する）
5	連行	れんこう（する）
6	連日	れんじつ
7	生ける	いける
8	もたらす	
9	扱う	あつかう
10	異なる	ことなる
11	営む	いとなむ
12	映る	うつる
13	延びる	のびる
14	演じる	えんじる
15	汚す	よごす
16	汚れる	よごれる
17	応じる	おうじる
18	殴る	なぐる
19	稼ぐ	かせぐ
20	解く	とく
21	解ける	とける
22	壊す	こわす
23	改まる	あらたまる
24	改める	あらためる
25	外れる	はずれる
26	叶う	かなう
27	勧める	すすめる
28	慣れる	なれる
29	含める	ふくめる
30	寄せる	よせる
31	輝く	かがやく
32	疑う	うたがう
33	詰める	つめる
34	救う	すくう
35	求める	もとめる
36	許す	ゆるす
37	狂う	くるう
38	響く	ひびく
39	驚く	おどろく
40	勤まる	つとまる
41	勤める	つとめる
42	禁じる	きんじる
43	駆ける	かける
44	傾ける	かたむける
45	敬う	うやまう
46	経る	へる

47	繋がる	つながる
48	結ぶ	むすぶ
49	嫌がる	いやがる
50	現れる	あらわれる
51	限る	かぎる
52	固める	かためる
53	戸惑う	とまどう
54	向く	むく
55	広まる	ひろまる
56	構える	かまえる
57	行う	おこなう
58	合わす	あわす
59	込める	こめる
60	削る	けずる
61	仕上げる	しあげる
62	支える	ささえる
63	試みる	こころみる
64	謝る	あやまる
65	収まる	おさまる
66	従う	したがう
67	巡る	めぐる
68	除く	のぞく
69	傷つく	きずつく
70	招く	まねく
71	焼ける	やける
72	触れる	ふれる
73	伸ばす	のばす
74	心掛ける	こころがける
75	深まる	ふかまる
76	深める	ふかめる
77	親しむ	したしむ
78	震える	ふるえる
79	震わせる	ふるわせる
80	図る	はかる
81	整える	ととのえる
82	生かす	いかす
83	生じる	しょうじる
84	責める	せめる
85	設ける	もうける
86	占める	しめる
87	染まる	そまる
88	染める	そめる
89	狙う	ねらう
90	組む	くむ
91	訴える	うったえる
92	争う	あらそう
93	測る	はかる
94	代わる	かわる
95	奪う	うばう
96	担う	になう
97	探る	さぐる
98	断つ	たつ
99	断る	ことわる
100	築く	きずく

モリタン 6日目

501~600／4045 動詞(一般)・な形容詞

英語 中国語 インドネシア語 韓国語 ベトナム語 ミャンマー語
会員登録をして翻訳を見よう！

1	調える	ととのえる
2	痛める	いためる
3	通じる	つうじる
4	締める	しめる
5	諦める	あきらめる
6	転がる	ころがる
7	努める	つとめる
8	倒す	たおす
9	踏まえる	ふまえる
10	逃す	のがす
11	曇る	くもる
12	納まる	おさまる
13	納める	おさめる
14	破る	やぶる
15	配る	くばる
16	迫る	せまる
17	抜ける	ぬける
18	避ける	さける / よける
19	負かす	まかす
20	片付く	かたづく
21	片付ける	かたづける
22	保つ	たもつ
23	歩む	あゆむ
24	補う	おぎなう
25	崩す	くずす
26	崩れる	くずれる
27	訪れる	おとずれる
28	飽きる	あきる
29	望む	のぞむ
30	埋める	うめる
31	満たす	みたす
32	黙る	だまる
33	優れる	すぐれる
34	誘う	さそう
35	余る	あまる
36	与える	あたえる
37	養う	やしなう
38	抑える	おさえる
39	頼る	たよる
40	絡む	からむ
41	冷やす	ひやす
42	励ます	はげます
43	騙す	だます
44	いい加減な	いいかげんな
45	意外な	いがいな
46	過激な	かげきな

47	わがままな		
48	確かな	たしかな	
49	確実な	かくじつな	
50	楽観的な	らっかんてきな	
51	活発な	かっぱつな	
52	完璧な	かんぺきな	
53	頑丈な	がんじょうな	
54	気楽な	きらくな	
55	気軽な	きがるな	
56	愚かな	おろかな	
57	結構な	けっこうな	
58	健全な	けんぜんな	
59	賢明な	けんめいな	
60	広大な	こうだいな	
61	国際的な	こくさいてきな	
62	自動的な	じどうてきな	
63	手軽な	てがるな	
64	重要な	じゅうような	
65	順調な	じゅんちょうな	
66	上品な	じょうひんな	
67	慎重な	しんちょうな	
68	新たな	あらたな	
69	真剣な	しんけんな	
70	身近な	みぢかな	
71	盛大な	せいだいな	
72	積極的な	せっきょくてきな	
73	切実な	せつじつな	

74	対照的な	たいしょうてきな
75	大幅な	おおはばな
76	単純な	たんじゅんな
77	短期的な	たんきてきな
78	段階的な	だんかいてきな
79	地味な	じみな
80	忠実な	ちゅうじつな
81	抽象的な	ちゅうしょうてきな
82	長期的な	ちょうきてきな
83	直感的な	ちょっかんてきな
84	適切な	てきせつな
85	適当な	てきとうな
86	典型的な	てんけいてきな
87	伝統的な	でんとうてきな
88	独特な	どくとくな
89	派手な	はでな
90	否定的な	ひていてきな
91	不当な	ふとうな
92	複雑な	ふくざつな
93	平気な	へいきな
94	豊かな	ゆたかな
95	豊富な	ほうふな
96	未熟な	みじゅくな
97	密接な	みっせつな
98	無難な	ぶなんな
99	無能な	むのうな
100	無礼な	ぶれいな

モリタン 7日目

601~700／4045

な形容詞・副詞(一般)・カタカナ・名詞(1文字)

英語　中国語　インドネシア語
韓国語　ベトナム語　ミャンマー語
会員登録をして翻訳を見よう！

1	明白な	めいはくな
2	優先的な	ゆうせんてきな
3	有益な	ゆうえきな
4	容易な	よういな
5	理性的な	りせいてきな
6	冷静な	れいせいな
7	あちこち	
8	あれこれ	
9	いきなり	
10	いくらか	
11	いよいよ	
12	お互いに	おたがいに
13	しょっちゅう	
14	すでに	
15	だいたい	
16	たいてい	
17	たまたま	
18	どうか	
19	とりあえず	
20	なんだか	
21	なんとか	
22	やっと	
23	わざと	
24	わざわざ	
25	わりに	
26	一体	いったい
27	仮に	かりに
28	改めて	あらためて
29	確かに	たしかに
30	間もなく	まもなく
31	急に	きゅうに
32	結局	けっきょく
33	今更	いまさら
34	再び	ふたたび
35	最も	もっとも
36	自ら	みずから
37	自然に	しぜんに
38	絶対に	ぜったいに
39	全然	ぜんぜん
40	まるで	
41	大量に	たいりょうに
42	当然	とうぜん
43	堂々と	どうどうと
44	突然	とつぜん
45	非常に	ひじょうに
46	必死に	ひっしに
47	例えば	たとえば
48	インタビュー（する）	

49 インフルエンザ

50 ウイルス

51 エース

52 エプロン

53 オーバー（する）

54 ロマンチック

55 カーペット

56 カウンター

57 カウント（する）

58 グローバル

59 コミュニケーション

60 コメディー

61 サポート（する）

62 ジャンプ（する）

63 ショック

64 スクリーン

65 スタジオ

66 ストーリー

67 ストロー

68 スペース

69 セット（する）

70 センス

71 タッチ（する）

72 チャレンジ（する）

73 チャンネル

74 デザート

75 デザイン（する）

76 トップ

77 ネックレス

78 バック（する）

79 パワー

80 ヒント

81 ファイト

82 ファイル

83 プライド

84 ブランド

85 プロ

86 ベース

87 ホール

88 マイナス

89 マッサージ（する）

90 メイン

91 メディア

92 メロディー

93 ユニフォーム

94 レベル

95 レンタル（する）

96 ロック（する）

これを覚えれば合格！

97 闇 やみ

98 陰 かげ

99 渦 うず

100 鉛 なまり

モリタン 8日目

701~799/4045 名詞(1文字)

英語 中国語 インドネシア語
韓国語 ベトナム語 ミャンマー語
会員登録をして翻訳を見よう！

1	沖	おき
2	芽	め
3	核	かく
4	角	つの / かど
5	株	かぶ
6	幹	みき
7	管	くだ
8	癌	がん
9	器	うつわ
10	技	わざ
11	脚	あし
12	逆	ぎゃく
13	丘	おか
14	弓	ゆみ
15	筋	すじ
16	恵	めぐみ
17	茎	くき
18	芸	げい
19	穴	あな
20	件	けん
21	源	みなもと
22	股	また
23	公	おおやけ
24	垢	あか
25	溝	みぞ
26	綱	つな
27	頃	ころ
28	根	ね
29	魂	たましい
30	際	きわ
31	柵	さく
32	策	さく
33	札	ふだ / さつ
34	志	こころざし
35	紫	むらさき
36	雌	めす
37	侍	さむらい
38	軸	じく
39	主	ぬし
40	種	しゅ / たね
41	趣	おもむき
42	獣	けもの
43	術	すべ
44	盾	たて
45	沼	ぬま
46	証	あかし

47	丈	たけ
48	刃	は
49	跡	あと
50	節	ふし
51	禅	ぜん
52	巣	す
53	霜	しも
54	蔵	くら
55	対	つい
56	端	はし
57	値	あたい
58	恥	はじ
59	宙	ちゅう
60	潮	しお
61	腸	ちょう
62	頂	いただき
63	的	まと
64	棟	とう
65	筒	つつ
66	頭	かしら / あたま
67	尿	にょう
68	念	ねん
69	脳	のう
70	肺	はい
71	罰	ばつ
72	判	はん
73	班	はん
74	扉	とびら
75	尾	お
76	眉	まゆ
77	票	ひょう
78	苗	なえ
79	浜	はま
80	幅	はば
81	柄	え / がら
82	並	なみ
83	峰	みね
84	麻	あさ
85	膜	まく
86	末	すえ / まつ
87	脈	みゃく
88	婿	むこ
89	網	あみ
90	矢	や
91	雄	おす
92	翼	つばさ
93	裸	はだか
94	寮	りょう
95	類	たぐい
96	例	れい
97	暦	こよみ
98	枠	わく
99	絆	きずな

モリタン 9日目

800~899/4045 名詞(1文字)・名詞(2文字)

英語 中国語 インドネシア語 韓国語 ベトナム語 ミャンマー語
会員登録をして翻訳を見よう！

1	脇	わき
2	最良	さいりょう
3	入隊	にゅうたい（する）
4	直観	ちょっかん
5	主観	しゅかん
6	被告	ひこく
7	被災	ひさい（する）
8	愛嬌	あいきょう
9	愛想	あいそ / あいそう
10	愛用	あいよう（する）
11	挨拶	あいさつ（する）
12	悪気	わるぎ
13	悪事	あくじ
14	悪癖	あくへき
15	圧倒	あっとう（する）
16	圧迫	あっぱく（する）
17	暗闇	くらやみ
18	暗殺	あんさつ（する）
19	暗算	あんざん（する）
20	暗示	あんじ（する）
21	依頼	いらい（する）
22	委託	いたく（する）
23	委任	いにん（する）
24	威力	いりょく
25	意義	いぎ
26	意地	いじ
27	異議	いぎ
28	異動	いどう（する）
29	移住	いじゅう（する）
30	衣類	いるい
31	遺言	ゆいごん
32	遺跡	いせき
33	育児	いくじ（する）
34	一括	いっかつ（する）
35	一環	いっかん
36	一貫	いっかん（する）
37	一筋	ひとすじ
38	一見	いっけん（する）
39	一息	ひといき
40	一致	いっち（する）
41	一変	いっぺん（する）
42	一面	いちめん
43	一様	いちよう（な）
44	一連	いちれん
45	逸品	いっぴん
46	印鑑	いんかん

47 引力 いんりょく
48 陰謀 いんぼう
49 隠居 いんきょ（する）
50 雨具 あまぐ
51 運賃 うんちん
52 運搬 うんぱん（する）
53 英雄 えいゆう
54 衛星 えいせい
55 閲覧 えつらん（する）
56 援助 えんじょ（する）
57 沿岸 えんがん
58 沿線 えんせん
59 演奏 えんそう（する）
60 縁起 えんぎ
61 縁側 えんがわ
62 縁談 えんだん
63 遠隔 えんかく
64 遠征 えんせい（する）
65 汚職 おしょく
66 汚染 おせん（する）
67 往来 おうらい（する）
68 応募 おうぼ（する）
69 横綱 よこづな
70 横行 おうこう（する）
71 殴打 おうだ（する）
72 黄金 おうごん
73 屋敷 やしき
74 乙女 おとめ
75 恩恵 おんけい
76 音色 ねいろ
77 下火 したび
78 下心 したごころ
79 下線 かせん
80 下地 したじ
81 下痢 げり
82 仮説 かせつ
83 加減 かげん（する）
84 加味 かみ（する）
85 可決 かけつ（する）
86 家畜 かちく
87 家柄 いえがら
88 家来 けらい
89 家路 いえじ
90 架空 かくう
91 河川 かせん
92 火花 ひばな
93 火災 かさい
94 稼働 かどう（する）
95 花壇 かだん
96 花粉 かふん
97 課外 かがい
98 貨幣 かへい
99 過言 かごん
100 過剰 かじょう（な）

モリタン 10日目

900~999 ／4045 名詞(2文字)

英語 中国語 インドネシア語
韓国語 ベトナム語 ミャンマー語
会員登録をして翻訳を見よう！

1	過疎	かそ
2	過度	かど
3	我々	われわれ
4	餓死	がし（する）
5	介護	かいご（する）
6	介入	かいにゅう（する）
7	会合	かいごう（する）
8	解剖	かいぼう（する）
9	回線	かいせん
10	回想	かいそう（する）
11	怪獣	かいじゅう
12	改革	かいかく（する）
13	改修	かいしゅう（する）
14	改築	かいちく（する）
15	改訂	かいてい（する）
16	海運	かいうん
17	海峡	かいきょう
18	海中	かいちゅう
19	海流	かいりゅう
20	開催	かいさい（する）
21	開拓	かいたく（する）
22	開幕	かいまく（する）
23	階級	かいきゅう
24	階層	かいそう
25	貝殻	かいがら
26	外貨	がいか
27	外観	がいかん
28	外泊	がいはく（する）
29	外来	がいらい
30	害虫	がいちゅう
31	概念	がいねん
32	概要	がいよう
33	概略	がいりゃく
34	街角	まちかど
35	街頭	がいとう
36	該当	がいとう（する）
37	垣根	かきね
38	各種	かくしゅ
39	拡散	かくさん（する）
40	格差	かくさ
41	格闘	かくとう（する）
42	核心	かくしん
43	獲物	えもの
44	確信	かくしん（する）
45	確定	かくてい（する）
46	確保	かくほ（する）

47 革新 かくしん（する）
48 革命 かくめい
49 学芸 がくげい
50 学説 がくせつ
51 楽観 らっかん（する）
52 楽譜 がくふ
53 割愛 かつあい（する）
54 喝采 かっさい（する）
55 活躍 かつやく（する）
56 葛藤 かっとう（する）
57 株価 かぶか
58 乾燥 かんそう（する）
59 刊行 かんこう（する）
60 勘定 かんじょう（する）
61 勘弁 かんべん（する）
62 勧告 かんこく（する）
63 完結 かんけつ（する）
64 完熟 かんじゅく（する）
65 完備 かんび（する）
66 官僚 かんりょう
67 干渉 かんしょう（する）
68 幹部 かんぶ
69 感触 かんしょく
70 感染 かんせん（する）
71 感度 かんど
72 感銘 かんめい
73 慣習 かんしゅう
74 慣用 かんよう
75 慣例 かんれい
76 換算 かんさん（する）
77 歓迎 かんげい（する）
78 歓声 かんせい
79 監査 かんさ（する）
80 監視 かんし（する）
81 監督 かんとく（する）
82 看護 かんご（する）
83 看病 かんびょう（する）
84 緩和 かんわ（する）
85 観衆 かんしゅう
86 観賞 かんしょう（する）
87 観測 かんそく（する）
88 観点 かんてん
89 観覧 かんらん（する）
90 貫禄 かんろく
91 還元 かんげん（する）
92 鑑定 かんてい（する）
93 間隔 かんかく
94 間柄 あいだがら
95 関税 かんぜい
96 関与 かんよ（する）
97 関連 かんれん（する）
98 眼球 がんきゅう
99 岩石 がんせき
100 願書 がんしょ

モリタン 11日目

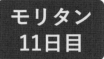

1000~1099／4045　名詞(2文字)

英語　中国語　インドネシア語
韓国語　ベトナム語　ミャンマー語
会員登録をして翻訳を見よう！

1	危害	きがい
2	喜劇	きげき
3	器官	きかん
4	器材	きざい
5	基金	ききん
6	基盤	きばん
7	奇跡	きせき
8	寄贈	きぞう（する）
9	寄付	きふ（する）
10	寄与	きよ（する）
11	既婚	きこん
12	期日	きじつ
13	棄権	きけん（する）
14	機構	きこう
15	機材	きざい
16	帰省	きせい（する）
17	気概	きがい
18	気質	きしつ
19	気心	きごころ
20	気前	きまえ
21	気配	けはい
22	気迫	きはく
23	気品	きひん
24	気風	きふう
25	気流	きりゅう
26	祈願	きがん（する）
27	規定	きてい（する）
28	規範	きはん
29	記載	きさい（する）
30	記述	きじゅつ（する）
31	貴族	きぞく
32	起源	きげん
33	起点	きてん
34	起動	きどう（する）
35	起伏	きふく（する）
36	軌道	きどう
37	飢餓	きが
38	亀裂	きれつ
39	偽造	ぎぞう（する）
40	儀式	ぎしき
41	戯曲	ぎきょく
42	技能	ぎのう
43	犠牲	ぎせい
44	疑惑	ぎわく
45	義務	ぎむ
46	義理	ぎり

47 議案 ぎあん
48 議決 ぎけつ（する）
49 議題 ぎだい
50 喫煙 きつえん（する）
51 脚光 きゃっこう
52 脚色 きゃくしょく（する）
53 脚本 きゃくほん
54 逆境 ぎゃっきょう
55 逆接 ぎゃくせつ
56 逆転 ぎゃくてん（する）
57 逆流 ぎゃくりゅう（する）
58 休息 きゅうそく（する）
59 休養 きゅうよう（する）
60 宮殿 きゅうでん
61 急患 きゅうかん
62 急変 きゅうへん（する）
63 急募 きゅうぼ（する）
64 急務 きゅうむ
65 救援 きゅうえん（する）
66 救済 きゅうさい（する）
67 究極 きゅうきょく
68 究明 きゅうめい（する）
69 窮地 きゅうち
70 給食 きゅうしょく
71 巨匠 きょしょう
72 拒絶 きょぜつ（する）
73 拒否 きょひ（する）
74 挙式 きょしき
75 虚偽 きょぎ
76 許容 きょよう（する）
77 漁船 ぎょせん
78 漁村 ぎょそん
79 供述 きょうじゅつ（する）
80 競走 きょうそう（する）
81 共鳴 きょうめい（する）
82 凶作 きょうさく
83 協議 きょうぎ（する）
84 協調 きょうちょう（する）
85 協定 きょうてい（する）
86 境遇 きょうぐう
87 境地 きょうち
88 境内 けいだい
89 強行 きょうこう（する）
90 強豪 きょうごう
91 強制 きょうせい（する）
92 強盗 ごうとう（する）
93 恐慌 きょうこう
94 教科 きょうか
95 教訓 きょうくん（する）
96 教習 きょうしゅう
97 教職 きょうしょく
98 脅迫 きょうはく（する）
99 興業 こうぎょう
100 興奮 こうふん（する）

モリタン 12日目

1100~1197／4045　名詞(2文字)

英語　中国語　インドネシア語
韓国語　ベトナム語　ミャンマー語
会員登録をして翻訳を見よう！

1	郷土	きょうど
2	驚異	きょうい
3	仰天	ぎょうてん（する）
4	凝縮	ぎょうしゅく（する）
5	業者	ぎょうしゃ
6	業績	ぎょうせき
7	極意	ごくい
8	極楽	ごくらく
9	極限	きょくげん
10	勤労	きんろう
11	均衡	きんこう
12	禁物	きんもつ
13	筋道	すじみち
14	緊急	きんきゅう
15	近眼	きんがん
16	近況	きんきょう
17	近郊	きんこう
18	近接	きんせつ（する）
19	吟味	ぎんみ（する）
20	苦境	くきょう
21	苦情	くじょう
22	苦戦	くせん（する）
23	駆使	くし（する）
24	駆除	くじょ（する）
25	空腹	くうふく
26	屈指	くっし
27	屈折	くっせつ（する）
28	群衆	ぐんしゅう
29	軍艦	ぐんかん
30	傾斜	けいしゃ
31	刑罰	けいばつ
32	形見	かたみ
33	形勢	けいせい
34	形態	けいたい
35	掲載	けいさい（する）
36	経緯	けいい
37	経歴	けいれき
38	継続	けいぞく（する）
39	警戒	けいかい（する）
40	警護	けいご（する）
41	軽減	けいげん（する）
42	軽視	けいし（する）
43	軽装	けいそう
44	軽蔑	けいべつ（する）
45	劇団	げきだん
46	激減	げきげん（する）

47 激怒 げきど（する）
48 激励 げきれい（する）
49 欠陥 けっかん
50 欠勤 けっきん（する）
51 欠如 けつじょ（する）
52 欠乏 けつぼう（する）
53 決議 けつぎ（する）
54 決行 けっこう（する）
55 決勝 けっしょう
56 決裂 けつれつ（する）
57 結核 けっかく
58 結合 けつごう（する）
59 結晶 けっしょう
60 結成 けっせい（する）
61 結束 けっそく（する）
62 結末 けつまつ
63 血管 けっかん
64 倹約 けんやく（する）
65 健在 けんざい
66 健闘 けんとう（する）
67 兼業 けんぎょう（する）
68 兼用 けんよう（する）
69 喧嘩 けんか（する）
70 嫌悪 けんお（する）
71 建前 たてまえ
72 懸念 けねん（する）
73 検挙 けんきょ（する）
74 検索 けんさく（する）
75 検察 けんさつ
76 検事 けんじ
77 検討 けんとう（する）
78 権威 けんい
79 権限 けんげん
80 献立 こんだて
81 元素 げんそ
82 元旦 がんたん
83 元年 がんねん
84 原作 げんさく
85 原則 げんそく
86 原典 げんてん
87 原爆 げんばく
88 原油 げんゆ
89 厳禁 げんきん
90 厳守 げんしゅ（する）
91 厳選 げんせん（する）
92 幻想 げんそう
93 減点 げんてん（する）
94 源泉 げんせん
95 玄人 くろうと
96 現行 げんこう
97 言及 げんきゅう（する）
98 言動 げんどう

モリタン 13日目

1198~1298／4045 名詞(2文字)

英語 中国語 インドネシア語 韓国語 ベトナム語 ミャンマー語
会員登録をして翻訳を見よう！

1	言論	げんろん
2	古来	こらい
3	固執	こしつ（する）
4	孤児	こじ
5	孤独	こどく（な）
6	孤立	こりつ（する）
7	戸籍	こせき
8	故障	こしょう（する）
9	誇張	こちょう（する）
10	互角	ごかく
11	娯楽	ごらく
12	後援	こうえん（する）
13	後退	こうたい（する）
14	誤差	ごさ
15	交易	こうえき（する）
16	交渉	こうしょう（する）
17	光沢	こうたく
18	公募	こうぼ（する）
19	功績	こうせき
20	効率	こうりつ
21	口先	くちさき
22	口頭	こうとう
23	好意	こうい
24	好況	こうきょう
25	好評	こうひょう（な）
26	工面	くめん（する）
27	幸運	こううん（な）
28	抗議	こうぎ（する）
29	抗争	こうそう（する）
30	拘束	こうそく（する）
31	控除	こうじょ（する）
32	構想	こうそう（する）
33	甲斐	かい
34	皇居	こうきょ
35	耕作	こうさく（する）
36	考慮	こうりょ（する）
37	肯定	こうてい（する）
38	航海	こうかい（する）
39	荒廃	こうはい（する）
40	講習	こうしゅう
41	講読	こうどく（する）
42	貢献	こうけん（する）
43	購読	こうどく（する）
44	購買	こうばい（する）
45	鉱業	こうぎょう
46	降参	こうさん（する）
47	降伏	こうふく（する）
48	高低	こうてい

49	合間	あいま
50	合唱	がっしょう（する）
51	合席	あいせき（する）
52	合奏	がっそう（する）
53	合致	がっち（する）
54	合点	がってん
55	合併	がっぺい（する）
56	豪邸	ごうてい
57	克服	こくふく（する）
58	告訴	こくそ（する）
59	国交	こっこう
60	国防	こくぼう
61	国連	こくれん
62	昆虫	こんちゅう
63	根気	こんき
64	根拠	こんきょ
65	根源	こんげん
66	根底	こんてい
67	根本	こんぽん
68	混血	こんけつ
69	混合	こんごう（する）
70	混沌	こんとん
71	混乱	こんらん（する）
72	差額	さがく
73	砂糖	さとう
74	砂漠	さばく
75	詐欺	さぎ

76	挫折	ざせつ（する）
77	債務	さいむ
78	催促	さいそく（する）
79	催眠	さいみん
80	再三	さいさん
81	再発	さいはつ（する）
82	最善	さいぜん
83	採掘	さいくつ（する）
84	採決	さいけつ（する）
85	採算	さいさん
86	採取	さいしゅ（する）
87	採集	さいしゅう（する）
88	採択	さいたく（する）
89	栽培	さいばい（する）
90	歳月	さいげつ
91	災害	さいがい
92	細菌	さいきん
93	細工	さいく（する）
94	細心	さいしん
95	細胞	さいぼう
96	最中	さいちゅう / さなか
97	在職	ざいしょく（する）
98	在籍	ざいせき（する）
99	財源	ざいげん
100	削減	さくげん（する）
101	搾取	さくしゅ（する）

モリタン 14日目

1299~1398／4045 名詞(2文字)

英語　中国語　インドネシア語
韓国語　ベトナム語　ミャンマー語
会員登録をして翻訳を見よう！

1	昨今	さっこん
2	錯覚	さっかく（する）
3	察知	さっち（する）
4	殺到	さっとう（する）
5	雑貨	ざっか
6	参観	さんかん（する）
7	参照	さんしょう（する）
8	参上	さんじょう（する）
9	山岳	さんがく
10	山頂	さんちょう
11	山脈	さんみゃく
12	惨事	さんじ
13	惨敗	ざんぱい（する）
14	産出	さんしゅつ（する）
15	産物	さんぶつ
16	酸化	さんか（する）
17	残金	ざんきん
18	残高	ざんだか
19	仕業	しわざ
20	仕草	しぐさ
21	刺激	しげき（する）
22	司法	しほう
23	始末	しまつ（する）
24	姿勢	しせい
25	師匠	ししょう
26	師弟	してい
27	志向	しこう（する）
28	思索	しさく（する）
29	思惑	おもわく
30	指揮	しき（する）
31	指図	さしず（する）
32	指摘	してき（する）
33	指標	しひょう
34	指紋	しもん
35	指令	しれい（する）
36	支援	しえん（する）
37	支障	ししょう
38	施工	せこう（する）
39	施行	しこう（する）
40	施設	しせつ
41	死傷	ししょう（する）
42	糸口	いとぐち
43	紙幣	しへい
44	視覚	しかく
45	視察	しさつ（する）
46	試行	しこう（する）

47	資格	しかく
48	資金	しきん
49	資産	しさん
50	飼育	しいく（する）
51	歯科	しか
52	事態	じたい
53	事柄	ことがら
54	児童	じどう
55	持続	じぞく（する）
56	時効	じこう
57	時差	じさ
58	治癒	ちゆ（する）
59	磁気	じき
60	示唆	しさ（する）
61	自営	じえい
62	自我	じが
63	自首	じしゅ（する）
64	自粛	じしゅく（する）
65	自負	じふ（する）
66	自腹	じばら
67	自慢	じまん（する）
68	辞職	じしょく（する）
69	辞退	じたい（する）
70	辞任	じにん（する）
71	叱責	しっせき（する）
72	執行	しっこう（する）
73	執着	しゅうちゃく（する）
74	執筆	しっぴつ（する）
75	失格	しっかく
76	失脚	しっきゃく（する）
77	失明	しつめい（する）
78	嫉妬	しっと（する）
79	実況	じっきょう（する）
80	実刑	じっけい
81	実権	じっけん
82	実施	じっし（する）
83	実質	じっしつ
84	実情	じつじょう
85	実態	じったい
86	実費	じっぴ
87	芝居	しばい（する）
88	斜面	しゃめん
89	社交	しゃこう
90	謝罪	しゃざい（する）
91	遮断	しゃだん（する）
92	弱音	よわね
93	弱虫	よわむし
94	主権	しゅけん
95	主催	しゅさい（する）
96	主軸	しゅじく
97	主将	しゅしょう
98	主導	しゅどう（する）
99	守備	しゅび
100	手間	てま

モリタン 15日目

1399~1498／4045 名詞(2文字)

英語 中国語 インドネシア語
韓国語 ベトナム語 ミャンマー語
会員登録をして翻訳を見よう！

1	手口	てぐち
2	手際	てぎわ
3	手順	てじゅん
4	手錠	てじょう
5	手数	てかず
6	手当	てあて
7	手配	てはい（する）
8	手薄	てうす（な）
9	手法	しゅほう
10	種子	しゅし
11	趣旨	しゅし
12	受給	じゅきゅう（する）
13	受理	じゅり（する）
14	寿命	じゅみょう
15	授与	じゅよ（する）
16	樹木	じゅもく
17	樹立	じゅりつ（する）
18	激務	げきむ
19	収穫	しゅうかく（する）
20	収支	しゅうし
21	収集	しゅうしゅう（する）
22	収縮	しゅうしゅく（する）
23	収束	しゅうそく（する）
24	収容	しゅうよう（する）
25	周期	しゅうき
26	就活	しゅうかつ（する）
27	就業	しゅうぎょう（する）
28	修学	しゅうがく（する）
29	修行	しゅぎょう（する）
30	修士	しゅうし
31	修飾	しゅうしょく（する）
32	修繕	しゅうぜん（する）
33	修復	しゅうふく（する）
34	修了	しゅうりょう（する）
35	秀作	しゅうさく
36	終始	しゅうし
37	終息	しゅうそく（する）
38	終日	しゅうじつ
39	襲撃	しゅうげき（する）
40	充実	じゅうじつ（する）
41	従事	じゅうじ（する）
42	従属	じゅうぞく（する）
43	渋滞	じゅうたい（する）
44	重傷	じゅうしょう
45	重複	ちょうふく / じゅうふく（する）
46	重宝	ちょうほう（する）

47 宿命 しゅくめい
48 熟慮 じゅくりょ（する）
49 出没 しゅつぼつ（する）
50 瞬時 しゅんじ
51 巡回 じゅんかい（する）
52 順応 じゅんのう（する）
53 順序 じゅんじょ
54 微塵 みじん
55 処置 しょち（する）
56 処罰 しょばつ（する）
57 処分 しょぶん（する）
58 処理 しょり（する）
59 初耳 はつみみ
60 所在 しょざい
61 所持 しょじ（する）
62 所定 しょてい
63 庶民 しょみん
64 署名 しょめい（する）
65 書式 しょしき
66 書評 しょひょう
67 書面 しょめん
68 序列 じょれつ
69 徐行 じょこう（する）
70 除外 じょがい（する）
71 傷跡 きずあと
72 奨励 しょうれい（する）
73 小銭 こぜに
74 承諾 しょうだく（する）
75 承認 しょうにん（する）
76 昇進 しょうしん（する）
77 消息 しょうそく
78 焦点 しょうてん
79 照合 しょうごう（する）
80 照明 しょうめい
81 症状 しょうじょう
82 衝撃 しょうげき
83 衝突 しょうとつ（する）
84 証拠 しょうこ
85 詳細 しょうさい
86 賞賛 しょうさん（する）
87 障害 しょうがい
88 上質 じょうしつ
89 上陸 じょうりく（する）
90 蒸気 じょうき
91 蒸発 じょうはつ（する）
92 蒸留 じょうりゅう（する）
93 譲歩 じょうほ（する）
94 色彩 しきさい
95 色調 しきちょう
96 触覚 しょっかく
97 触発 しょくはつ（する）
98 伸縮 しんしゅく（する）
99 信仰 しんこう（する）
100 信任 しんにん（する）

モリタン
16日目

1499~1598／4045 名詞(2文字)

英語 中国語 インドネシア語
韓国語 ベトナム語 ミャンマー語
会員登録をして翻訳を見よう！

1	信念	しんねん
2	侵攻	しんこう（する）
3	侵入	しんにゅう（する）
4	侵略	しんりゃく（する）
5	審議	しんぎ（する）
6	審査	しんさ（する）
7	心境	しんきょう
8	心情	しんじょう
9	心地	ここち
10	心中	しんじゅう（する）
11	心得	こころえ
12	振興	しんこう（する）
13	新興	しんこう
14	新婚	しんこん
15	新築	しんちく
16	新薬	しんやく
17	深刻	しんこく（な）
18	申告	しんこく（する）
19	申請	しんせい（する）
20	真下	ました
21	真珠	しんじゅ
22	真上	まうえ
23	真相	しんそう
24	真理	しんり
25	神秘	しんぴ
26	紳士	しんし
27	親交	しんこう
28	親善	しんぜん
29	診療	しんりょう（する）
30	身柄	みがら
31	辛抱	しんぼう（する）
32	進撃	しんげき（する）
33	進捗	しんちょく
34	震災	しんさい
35	人影	ひとかげ
36	人質	ひとじち
37	人出	ひとで
38	人波	ひとなみ
39	人柄	ひとがら
40	人脈	じんみゃく
41	図星	ずぼし
42	吹雪	ふぶき
43	推移	すいい（する）
44	推進	すいしん（する）
45	推薦	すいせん（する）
46	推測	すいそく（する）

47	推理	すいり（する）
48	水気	みずけ
49	水田	すいでん
50	睡眠	すいみん
51	衰退	すいたい（する）
52	遂行	すいこう（する）
53	随時	ずいじ
54	世論	よろん / せろん
55	是正	ぜせい（する）
56	制限	せいげん（する）
57	制裁	せいさい（する）
58	制定	せいてい（する）
59	征服	せいふく（する）
60	成就	じょうじゅ（する）
61	成熟	せいじゅく（する）
62	整頓	せいとん（する）
63	整列	せいれつ（する）
64	晴天	せいてん
65	正規	せいき
66	生涯	しょうがい
67	生身	なまみ
68	生息	せいそく（する）
69	精算	せいさん（する）
70	精進	しょうじん（する）
71	製鉄	せいてつ
72	西欧	せいおう
73	誠意	せいい

74	静止	せいし（する）
75	税務	ぜいむ
76	責務	せきむ
77	赤面	せきめん（する）
78	跡地	あとち
79	摂取	せっしゅ（する）
80	窃盗	せっとう（する）
81	説教	せっきょう（する）
82	雪崩	なだれ
83	絶賛	ぜっさん（する）
84	絶頂	ぜっちょう
85	絶望	ぜつぼう（する）
86	絶滅	ぜつめつ（する）
87	先導	せんどう（する）
88	先方	せんぽう
89	占領	せんりょう（する）
90	宣教	せんきょう（する）
91	宣言	せんげん（する）
92	宣誓	せんせい（する）
93	宣伝	せんでん（する）
94	専念	せんねん（する）
95	戦術	せんじゅつ
96	戦闘	せんとう（する）
97	洗練	せんれん（する）
98	潜水	せんすい（する）
99	潜入	せんにゅう（する）
100	繊維	せんい

モリタン 17日目

1599~1698／4045 名詞(2文字)

英語 中国語 インドネシア語
韓国語 ベトナム語 ミャンマー語
会員登録をして翻訳を見よう！

1	船舶	せんぱく
2	選考	せんこう（する）
3	選出	せんしゅつ（する）
4	選択	せんたく（する）
5	銭湯	せんとう
6	前提	ぜんてい
7	前途	ぜんと
8	全盛	ぜんせい
9	全滅	ぜんめつ（する）
10	措置	そち（する）
11	疎通	そつう（する）
12	素材	そざい
13	素質	そしつ
14	素手	すで
15	素朴	そぼく（な）
16	訴訟	そしょう（する）
17	阻止	そし（する）
18	創刊	そうかん（する）
19	創作	そうさく（する）
20	創造	そうぞう（する）
21	創立	そうりつ（する）
22	倉庫	そうこ
23	喪失	そうしつ（する）
24	想定	そうてい（する）
25	捜査	そうさ（する）
26	捜索	そうさく（する）
27	挿入	そうにゅう（する）
28	操作	そうさ（する）
29	操縦	そうじゅう（する）
30	争奪	そうだつ（する）
31	相応	そうおう（する）
32	相互	そうご
33	相場	そうば
34	相当	そうとう（する）
35	総会	そうかい
36	総勢	そうぜい
37	草花	くさばな
38	装飾	そうしょく（する）
39	装着	そうちゃく（する）
40	装備	そうび（する）
41	遭遇	そうぐう（する）
42	遭難	そうなん（する）
43	騒音	そうおん
44	騒動	そうどう
45	増強	ぞうきょう（する）
46	増進	ぞうしん（する）

47	増築	ぞうちく（する）
48	促進	そくしん（する）
49	即刻	そっこく
50	束縛	そくばく（する）
51	損害	そんがい
52	損傷	そんしょう（する）
53	多発	たはつ（する）
54	妥協	だきょう（する）
55	打開	だかい（する）
56	打撃	だげき
57	対抗	たいこう（する）
58	対処	たいしょ（する）
59	対照	たいしょう（する）
60	対戦	たいせん（する）
61	対談	たいだん（する）
62	対比	たいひ（する）
63	対面	たいめん（する）
64	待望	たいぼう（する）
65	態勢	たいせい
66	滞納	たいのう（する）
67	貸与	たいよ（する）
68	退化	たいか（する）
69	退治	たいじ（する）
70	代弁	だいべん（する）
71	台帳	だいちょう
72	台頭	たいとう（する）
73	台本	だいほん
74	大家	おおや
75	大筋	おおすじ
76	大口	おおぐち
77	大差	たいさ
78	大損	おおぞん（する）
79	大物	おおもの
80	達人	たつじん
81	脱出	だっしゅつ（する）
82	脱税	だつぜい（する）
83	脱帽	だつぼう（する）
84	担架	たんか
85	探検	たんけん（する）
86	探知	たんち（する）
87	炭素	たんそ
88	鍛錬	たんれん（する）
89	弾丸	だんがん
90	弾力	だんりょく
91	断言	だんげん（する）
92	断絶	だんぜつ（する）
93	断念	だんねん（する）
94	断面	だんめん
95	段落	だんらく
96	談話	だんわ（する）
97	地獄	じごく
98	畜産	ちくさん
99	蓄積	ちくせき（する）
100	秩序	ちつじょ

モリタン 18日目

1699~1798／4045 名詞(2文字)

英語 中国語 インドネシア語
韓国語 ベトナム語 ミャンマー語
会員登録をして翻訳を見よう！

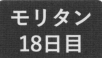

1	窒息	ちっそく（する）
2	着眼	ちゃくがん（する）
3	着工	ちゃっこう（する）
4	着手	ちゃくしゅ（する）
5	着色	ちゃくしょく（する）
6	着目	ちゃくもく（する）
7	中核	ちゅうかく
8	中旬	ちゅうじゅん
9	中傷	ちゅうしょう（する）
10	中枢	ちゅうすう
11	中退	ちゅうたい（する）
12	中毒	ちゅうどく
13	中和	ちゅうわ（する）
14	仲人	なこうど
15	忠告	ちゅうこく（する）
16	抽選	ちゅうせん（する）
17	兆候	ちょうこう
18	彫刻	ちょうこく（する）
19	徴収	ちょうしゅう（する）
20	聴覚	ちょうかく
21	聴講	ちょうこう（する）
22	聴取	ちょうしゅ（する）
23	調整	ちょうせい（する）
24	調節	ちょうせつ（する）
25	調達	ちょうたつ（する）
26	頂点	ちょうてん
27	鳥肌	とりはだ
28	直属	ちょくぞく
29	直面	ちょくめん（する）
30	沈没	ちんぼつ（する）
31	沈黙	ちんもく（する）
32	鎮圧	ちんあつ（する）
33	津波	つなみ
34	墜落	ついらく（する）
35	追及	ついきゅう（する）
36	追求	ついきゅう（する）
37	追放	ついほう（する）
38	痛感	つうかん（する）
39	通算	つうさん（する）
40	通常	つうじょう
41	通知	つうち（する）
42	通報	つうほう（する）
43	停滞	ていたい（する）
44	堤防	ていぼう
45	定義	ていぎ（する）
46	定理	ていり

47 抵抗 ていこう（する）
48 提携 ていけい（する）
49 提唱 ていしょう（する）
50 訂正 ていせい（する）
51 泥沼 どろぬま
52 摘出 てきしゅつ（する）
53 摘発 てきはつ（する）
54 適応 てきおう（する）
55 適性 てきせい
56 徹底 てってい（する）
57 徹夜 てつや（する）
58 撤回 てっかい（する）
59 撤去 てっきょ（する）
60 撤収 てっしゅう（する）
61 鉄鋼 てっこう
62 鉄棒 てつぼう
63 天職 てんしょく
64 天罰 てんばつ
65 添削 てんさく（する）
66 添付 てんぷ（する）
67 転換 てんかん（する）
68 転勤 てんきん（する）
69 転落 てんらく（する）
70 点滅 てんめつ（する）
71 伝来 でんらい（する）
72 殿様 とのさま
73 度胸 どきょう
74 度量 どりょう
75 土手 どて
76 土台 どだい
77 土俵 どひょう
78 奴隷 どれい
79 投棄 とうき（する）
80 投稿 とうこう（する）
81 投入 とうにゅう（する）
82 答弁 とうべん（する）
83 統制 とうせい（する）
84 統率 とうそつ（する）
85 討議 とうぎ（する）
86 踏襲 とうしゅう（する）
87 陶器 とうき
88 陶芸 とうげい
89 闘志 とうし
90 動機 どうき
91 動向 どうこう
92 動揺 どうよう（する）
93 同志 どうし
94 同棲 どうせい（する）
95 同調 どうちょう（する）
96 同等 どうとう
97 同伴 どうはん（する）
98 同封 どうふう（する）
99 同盟 どうめい
100 同類 どうるい

モリタン 19日目

1799~1898／4045

名詞(2文字)

英語 中国語 インドネシア語
韓国語 ベトナム語 ミャンマー語
会員登録をして翻訳を見よう！

1	愚痴	ぐち
2	童謡	どうよう
3	道端	みちばた
4	銅像	どうぞう
5	匿名	とくめい
6	特技	とくぎ
7	特許	とっきょ
8	特権	とっけん
9	特集	とくしゅう（する）
10	特徴	とくちょう
11	独裁	どくさい（する）
12	独創	どくそう（する）
13	独奏	どくそう（する）
14	独断	どくだん（する）
15	突破	とっぱ（する）
16	内緒	ないしょ
17	内臓	ないぞう
18	内蔵	ないぞう（する）
19	内訳	うちわけ
20	内乱	ないらん
21	日陰	ひかげ
22	日向	ひなた
23	日夜	にちや
24	任意	にんい
25	忍耐	にんたい
26	熱意	ねつい
27	熱湯	ねっとう
28	熱量	ねつりょう
29	念願	ねんがん
30	念頭	ねんとう
31	念仏	ねんぶつ
32	捻出	ねんしゅつ（する）
33	燃焼	ねんしょう（する）
34	燃料	ねんりょう
35	濃縮	のうしゅく（する）
36	濃度	のうど
37	脳裏	のうり
38	農耕	のうこう
39	把握	はあく（する）
40	派遣	はけん（する）
41	派生	はせい（する）
42	破棄	はき（する）
43	破損	はそん（する）
44	破裂	はれつ（する）
45	俳優	はいゆう
46	廃棄	はいき（する）

47	廃水	はいすい
48	拝借	はいしゃく（する）
49	排気	はいき
50	排出	はいしゅつ（する）
51	排除	はいじょ（する）
52	排水	はいすい（する）
53	敗北	はいぼく（する）
54	背後	はいご
55	配布	はいふ（する）
56	配慮	はいりょ（する）
57	倍率	ばいりつ
58	培養	ばいよう（する）
59	媒介	ばいかい（する）
60	賠償	ばいしょう（する）
61	剥奪	はくだつ（する）
62	拍子	ひょうし
63	白状	はくじょう（する）
64	迫害	はくがい（する）
65	爆笑	ばくしょう（する）
66	爆破	ばくは（する）
67	発育	はついく（する）
68	発芽	はつが（する）
69	発覚	はっかく（する）
70	発刊	はっかん（する）
71	発揮	はっき（する）
72	発掘	はっくつ（する）
73	発作	ほっさ
74	発散	はっさん（する）
75	発足	ほっそく（する）
76	発端	ほったん
77	発注	はっちゅう（する）
78	発病	はつびょう（する）
79	発泡	はっぽう（する）
80	抜粋	ばっすい（する）
81	伴奏	ばんそう（する）
82	判別	はんべつ（する）
83	反射	はんしゃ（する）
84	反発	はんぱつ（する）
85	反乱	はんらん（する）
86	反論	はんろん（する）
87	繁栄	はんえい（する）
88	繁殖	はんしょく（する）
89	繁盛	はんじょう（する）
90	晩年	ばんねん
91	卑下	ひげ（する）
92	否決	ひけつ（する）
93	悲観	ひかん（する）
94	悲鳴	ひめい
95	批評	ひひょう（する）
96	披露	ひろう（する）
97	比例	ひれい（する）
98	比喩	ひゆ
99	秘訣	ひけつ
100	秘話	ひわ

モリタン 20日目

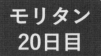

1899~1998／4045 名詞(2文字)

英語 中国語 インドネシア語 韓国語 ベトナム語 ミャンマー語
会員登録をして翻訳を見よう！

1	肥料	ひりょう
2	避難	ひなん（する）
3	非行	ひこう
4	飛躍	ひやく（する）
5	備蓄	びちく（する）
6	微笑	びしょう（する）
7	微量	びりょう
8	匹敵	ひってき（する）
9	必修	ひっしゅう（する）
10	必然	ひつぜん
11	必着	ひっちゃく
12	標語	ひょうご
13	表彰	ひょうしょう（する）
14	評判	ひょうばん
15	描写	びょうしゃ（する）
16	病状	びょうじょう
17	品格	ひんかく
18	浜辺	はまべ
19	貧血	ひんけつ
20	頻度	ひんど
21	不意	ふい
22	不況	ふきょう
23	不備	ふび
24	不評	ふひょう（な）
25	付随	ふずい（する）
26	付録	ふろく
27	富豪	ふごう
28	布告	ふこく（する）
29	扶養	ふよう（する）
30	敷金	しききん
31	浮力	ふりょく
32	腐敗	ふはい（する）
33	赴任	ふにん（する）
34	侮辱	ぶじょく（する）
35	武装	ぶそう（する）
36	武力	ぶりょく
37	封鎖	ふうさ（する）
38	風潮	ふうちょう
39	風味	ふうみ
40	復活	ふっかつ（する）
41	復帰	ふっき（する）
42	復旧	ふっきゅう（する）
43	復興	ふっこう（する）
44	服従	ふくじゅう（する）
45	福祉	ふくし
46	払拭	ふっしょく（する）

47 沸騰 ふっとう（する）
48 仏像 ぶつぞう
49 物議 ぶつぎ
50 物色 ぶっしょく（する）
51 分割 ぶんかつ（する）
52 分散 ぶんさん（する）
53 分担 ぶんたん（する）
54 分配 ぶんぱい（する）
55 分離 ぶんり（する）
56 分類 ぶんるい（する）
57 分裂 ぶんれつ（する）
58 噴射 ふんしゃ（する）
59 噴出 ふんしゅつ（する）
60 奮起 ふんき（する）
61 奮闘 ふんとう（する）
62 粉末 ふんまつ
63 紛失 ふんしつ（する）
64 紛争 ふんそう（する）
65 文句 もんく
66 文献 ぶんけん
67 兵器 へいき
68 平常 へいじょう
69 弊害 へいがい
70 並行 へいこう（する）
71 並列 へいれつ（する）
72 閉業 へいぎょう（する）
73 閉鎖 へいさ（する）
74 別荘 べっそう
75 別途 べっと
76 偏見 へんけん
77 変革 へんかく（する）
78 変更 へんこう（する）
79 変遷 へんせん（する）
80 変動 へんどう（する）
81 変貌 へんぼう（する）
82 片言 かたこと
83 返還 へんかん（する）
84 返却 へんきゃく（する）
85 返済 へんさい（する）
86 便宜 べんぎ
87 便乗 びんじょう（する）
88 弁解 べんかい（する）
89 弁護 べんご（する）
90 弁償 べんしょう（する）
91 弁明 べんめい（する）
92 弁論 べんろん（する）
93 保護 ほご（する）
94 保持 ほじ（する）
95 保障 ほしょう（する）
96 保養 ほよう（する）
97 保留 ほりゅう（する）
98 舗装 ほそう（する）
99 捕獲 ほかく（する）
100 捕虜 ほりょ

モリタン 21日目

1999~2097／4045 名詞(2文字)

英語 中国語 インドネシア語 韓国語 ベトナム語 ミャンマー語
会員登録をして翻訳を見よう！

1	補強	ほきょう（する）
2	補助	ほじょ（する）
3	補償	ほしょう（する）
4	募金	ぼきん（する）
5	募集	ぼしゅう（する）
6	墓地	ぼち
7	報酬	ほうしゅう
8	報復	ほうふく（する）
9	奉仕	ほうし（する）
10	抱負	ほうふ
11	放棄	ほうき（する）
12	放出	ほうしゅつ（する）
13	放置	ほうち（する）
14	放任	ほうにん（する）
15	法案	ほうあん
16	法廷	ほうてい
17	蜂蜜	はちみつ
18	褒美	ほうび
19	豊作	ほうさく
20	飽和	ほうわ
21	妨害	ぼうがい（する）
22	暴騰	ぼうとう（する）
23	暴動	ぼうどう
24	暴風	ぼうふう
25	暴落	ぼうらく（する）
26	暴露	ばくろ（する）
27	冒険	ぼうけん（する）
28	冒頭	ぼうとう
29	膨張	ぼうちょう（する）
30	防衛	ぼうえい（する）
31	防御	ぼうぎょ（する）
32	撲滅	ぼくめつ（する）
33	勃起	ぼっき（する）
34	勃発	ぼっぱつ（する）
35	没収	ぼっしゅう（する）
36	没頭	ぼっとう（する）
37	没落	ぼつらく（する）
38	本筋	ほんすじ
39	本腰	ほんごし
40	本籍	ほんせき
41	翻弄	ほんろう（する）
42	摩擦	まさつ（する）
43	麻酔	ますい
44	麻痺	まひ（する）
45	埋葬	まいそう（する）
46	埋没	まいぼつ（する）

47	末端	まったん
48	万能	ばんのう
49	慢性	まんせい
50	満喫	まんきつ（する）
51	蔓延	まんえん（する）
52	味覚	みかく
53	未練	みれん
54	密集	みっしゅう（する）
55	密度	みつど
56	民衆	みんしゅう
57	無実	むじつ
58	無償	むしょう
59	無駄	むだ（な）
60	無茶	むちゃ（な）
61	無念	むねん（な）
62	矛盾	むじゅん（する）
63	名義	めいぎ
64	名残	なごり
65	名簿	めいぼ
66	名誉	めいよ（な）
67	命中	めいちゅう（する）
68	明暗	めいあん
69	迷信	めいしん
70	滅亡	めつぼう（する）
71	免除	めんじょ（する）
72	面影	おもかげ
73	面識	めんしき
74	面目	めんぼく
75	模型	もけい
76	模索	もさく（する）
77	模範	もはん
78	模倣	もほう（する）
79	妄想	もうそう（する）
80	猛暑	もうしょ
81	盲点	もうてん
82	目先	めさき
83	問屋	とんや
84	門限	もんげん
85	野心	やしん
86	役職	やくしょく
87	役柄	やくがら
88	躍進	やくしん（する）
89	油絵	あぶらえ
90	油断	ゆだん（する）
91	林業	りんぎょう
92	輪郭	りんかく
93	隣接	りんせつ（する）
94	類似	るいじ（する）
95	類推	るいすい（する）
96	冷房	れいぼう
97	零細	れいさい（な）
98	連係	れんけい（する）
99	連携	れんけい（する）

モリタン 22日目

2098~2197／4045　名詞(2文字)・名詞(3文字)

英語　中国語　インドネシア語
韓国語　ベトナム語　ミャンマー語
会員登録をして翻訳を見よう！

1	連帯	れんたい（する）
2	連中	れんちゅう
3	連邦	れんぽう
4	連盟	れんめい
5	路地	ろじ
6	露出	ろしゅつ（する）
7	労力	ろうりょく
8	廊下	ろうか
9	朗読	ろうどく（する）
10	浪費	ろうひ（する）
11	老衰	ろうすい（する）
12	優越	ゆうえつ（する）
13	優勢	ゆうせい
14	幽霊	ゆうれい
15	有機	ゆうき
16	有数	ゆうすう
17	有様	ありさま
18	猶予	ゆうよ（する）
19	由緒	ゆいしょ
20	由来	ゆらい（する）
21	誘因	ゆういん
22	誘拐	ゆうかい（する）
23	誘致	ゆうち（する）
24	誘導	ゆうどう（する）
25	誘発	ゆうはつ（する）
26	誘惑	ゆうわく（する）
27	遊牧	ゆうぼく（する）
28	郵送	ゆうそう（する）
29	融合	ゆうごう（する）
30	融資	ゆうし（する）
31	融通	ゆうずう（する）
32	融和	ゆうわ（する）
33	夕闇	ゆうやみ
34	予断	よだん
35	余暇	よか
36	余興	よきょう
37	余地	よち
38	妖怪	ようかい
39	容赦	ようしゃ（する）
40	様式	ようしき
41	様相	ようそう
42	洋風	ようふう
43	溶液	ようえき
44	用心	ようじん（する）
45	要因	よういん
46	要人	ようじん

47 要望 ようぼう（する）
48 要領 ようりょう
49 養殖 ようしょく（する）
50 抑圧 よくあつ（する）
51 抑制 よくせい（する）
52 欲望 よくぼう
53 羅列 られつ（する）
54 落札 らくさつ（する）
55 落胆 らくたん（する）
56 酪農 らくのう
57 利潤 りじゅん
58 利息 りそく
59 理屈 りくつ
60 理想 りそう
61 理念 りねん
62 率先 そっせん（する）
63 立腹 りっぷく（する）
64 略奪 りゃくだつ（する）
65 留保 りゅうほ（する）
66 了承 りょうしょう（する）
67 両極 りょうきょく
68 良識 りょうしき
69 領域 りょういき
70 領海 りょうかい
71 領土 りょうど
72 領地 りょうち
73 老舗 しにせ

74 論議 ろんぎ（する）
75 論文 ろんぶん
76 論理 ろんり
77 和解 わかい（する）
78 賄賂 わいろ
79 脇役 わきやく
80 惑星 わくせい
81 枠内 わくない
82 腕前 うでまえ
83 腕力 わんりょく
84 嗜好 しこう（する）
85 躊躇 ちゅうちょ（する）
86 嫌味 いやみ（な）
87 目処 めど
88 刺繍 ししゅう
89 裸足 はだし
90 解熱剤 げねつざい
91 感無量 かんむりょう
92 区役所 くやくしょ
93 掲示板 けいじばん
94 香辛料 こうしんりょう
95 取締役 とりしまりやく
96 奨学金 しょうがくきん
97 口喧嘩 くちげんか
98 身代金 みのしろきん
99 精一杯 せいいっぱい
100 大惨事 だいさんじ

モリタン 23日目

2198~2296／4045 名詞(3文字)・名詞(その他)

英語 中国語 インドネシア語 韓国語 ベトナム語 ミャンマー語
会員登録をして翻訳を見よう！

1	年賀状	ねんがじょう
2	披露宴	ひろうえん
3	不可欠	ふかけつ（な）
4	不気味	ぶきみ（な）
5	雰囲気	ふんいき
6	文化財	ぶんかざい
7	文房具	ぶんぼうぐ
8	平行線	へいこうせん
9	放射能	ほうしゃのう
10	有頂天	うちょうてん
11	用心棒	ようじんぼう
12	もろもろ	
13	ありのまま	
14	いざこざ	
15	いびき	
16	うなぎのぼり	
17	おさらい（する）	
18	お揃い	おそろい
19	おまけ	
20	おもちゃ	
21	かかと	
22	かすみ	
23	がっかり（する）	
24	くじ	
25	くじ引き	くじびき
26	けだもの	
27	こつ	
28	逆さま	さかさま
29	仕掛け	しかけ
30	しきたり	
31	しずく	
32	ずぶ濡れ	ずぶぬれ
33	焚き火	たきび
34	たんぱく質	たんぱくしつ
35	ちらし	
36	つかの間	つかのま
37	つじつま	
38	つば	
39	つぼ	
40	つぼみ	
41	できもの	
42	てっぺん	
43	とりこ	
44	にきび	
45	妬み	ねたみ
46	ばい菌	ばいきん

47	ひと休み	ひとやすみ（する）
48	ひび	
49	びら	
50	ひらめき	
51	へま	
52	まぐれ	
53	まなざし	
54	まばたき（する）	
55	もめごと	
56	ゆとり	
57	善し悪し	よしあし
58	よそ見	よそみ（する）
59	よだれ	
60	例え	たとえ
61	下取り	したどり
62	下調べ	したしらべ
63	果て	はて
64	箇条書き	かじょうがき
65	花びら	はなびら
66	悔い	くい
67	割り当て	わりあて
68	株式会社	かぶしきがいしゃ
69	勘違い	かんちがい（する）
70	丸ごと	まるごと
71	顔つき	かおつき
72	気立て	きだて
73	共働き	ともばたらき（する）

74	強み	つよみ
75	恐れ	おそれ
76	橋渡し	はしわたし
77	極み	きわみ
78	筋合い	すじあい
79	金回り	かねまわり
80	区切り	くぎり
81	駆け足	かけあし
82	群れ	むれ
83	憩い	いこい
84	肩書き	かたがき
85	見込み	みこみ
86	見晴らし	みはらし
87	見通し	みとおし
88	軒並み	のきなみ
89	言い合い	いいあい（する）
90	言い訳	いいわけ（する）
91	戸締まり	とじまり（する）
92	行き違い	いきちがい / ゆきちがい
93	行き来	いきき（する）
94	栄養失調	えいようしっちょう
95	根回し	ねまわし（する）
96	災い	わざわい
97	すれ違い	すれちがい
98	仕組み	しくみ
99	仕打ち	しうち

モリタン 24日目

2297~2395／4045 名詞（その他）・動詞（一般）

英語 中国語 インドネシア語
韓国語 ベトナム語 ミャンマー語
会員登録をして翻訳を見よう！

1	仕返し	しかえし（する）
2	質疑応答	しつぎおうとう
3	思い切り	おもいきり
4	指折り	ゆびおり
5	便り	たより
6	持ち込み	もちこみ
7	取り柄	とりえ
8	取り返し	とりかえし
9	手さばき	てさばき
10	手ざわり	てざわり
11	手の平	てのひら
12	手引き	てびき（する）
13	手掛かり	てがかり
14	手続き	てつづき
15	手遅れ	ておくれ
16	手直し	てなおし（する）
17	手つき	てつき
18	手分け	てわけ（する）
19	狩り	かり
20	首飾り	くびかざり
21	受け持ち	うけもち
22	終始一貫	しゅうしいっかん
23	重み	おもみ
24	商い	あきない
25	情け	なさけ
26	色合い	いろあい
27	心構え	こころがまえ
28	振り出し	ふりだし
29	振る舞い	ふるまい
30	身なり	みなり
31	身の回り	みのまわり
32	身振り	みぶり
33	人込み	ひとごみ
34	人事異動	じんじいどう
35	人通り	ひとどおり
36	人並み	ひとなみ
37	成り行き	なりゆき
38	跡継ぎ	あとつぎ
39	戦い	たたかい
40	前かけ	まえかけ
41	前触れ	まえぶれ
42	前置き	まえおき
43	前売り	まえうり
44	素振り	そぶり
45	息抜き	いきぬき（する）
46	打ち合わせ	うちあわせ

47	体つき	からだつき
48	台無し	だいなし
49	第一人者	だいいちにんしゃ
50	断トツ	だんとつ
51	値打ち	ねうち
52	仲直り	なかなおり（する）
53	宙返り	ちゅうがえり（する）
54	兆し	きざし
55	締め切り	しめきり
56	渡り鳥	わたりどり
57	ど忘れ	どわすれ（する）
58	当たり前	あたりまえ（な）
59	当て	あて
60	踏み場	ふみば
61	頭打ち	あたまうち
62	同時進行	どうじしんこう（する）
63	憧れ	あこがれ
64	日取り	ひどり
65	年末年始	ねんまつねんし
66	排せつ	はいせつ（する）
67	抜てき	ばってき（する）
68	表向き	おもてむき
69	辺り	あたり
70	福利厚生	ふくりこうせい
71	無駄遣い	むだづかい（する）
72	目盛り	めもり
73	目当て	めあて
74	目つき	めつき
75	夜更かし	よふかし（する）
76	夜更け	よふけ
77	夜明け	よあけ
78	夕焼け	ゆうやけ
79	夕暮れ	ゆうぐれ
80	予行練習	よこうれんしゅう（する）
81	裏返し	うらがえし
82	立入禁止	たちいりきんし
83	ありふれる	
84	いじける	
85	いじる	
86	いらだつ	
87	いらつく	
88	うかがう	
89	うぬぼれる	
90	うろつく	
91	おごる	
92	おだてる	
93	かさばる	
94	かする	
95	かばう	
96	かわす	
97	くぐる	
98	くじける	
99	くつろぐ	

モリタン 25日目

2396~2495／4045 動詞(一般)

英語 中国語 インドネシア語 韓国語 ベトナム語 ミャンマー語 会員登録をして翻訳を見よう！

1	ぐらつく	
2	けなす	
3	こじれる	
4	こだわる	
5	こぼす	
6	ごまかす	
7	こもる	
8	さえずる	
9	さまよう	
10	さらう	
11	ざわめく	
12	しがみつく	
13	しくじる	
14	しつける	
15	しのぐ	
16	すっぽかす	
17	ずらす	
18	そそる	
19	そびえる	
20	企む	たくらむ
21	称える	たたえる
22	たどる	
23	ためらう	
24	たるむ	
25	つねる	
26	潰す	つぶす
27	つぶやく	
28	つぶる	
29	止める / 留める	とめる / とどめる
30	とぼける	
31	なぞる	
32	なめる	
33	にじむ	
34	ねじれる	
35	ねだる	
36	ののしる	
37	剥げる	はげる
38	化ける	ばける
39	ばてる	
40	はばかる	
41	はまる	
42	はめる	
43	ばらす	
44	ばらまく	
45	ばれる	
46	ひるむ	

47	へりくだる	
48	ぼける	
49	ぼやく	
50	ぼやける	
51	またがる	
52	まとう	
53	みなす	
54	群がる	むらがる
55	めくる	
56	もがく	
57	もてなす	
58	モテる	
59	揺さぶる	ゆさぶる
60	ゆすぐ	
61	安らぐ	やすらぐ
62	威張る	いばる
63	意気込む	いきごむ
64	意気投合する	いきとうごうする
65	慰める	なぐさめる
66	萎える	なえる
67	育む	はぐくむ
68	逸らす	そらす
69	逸れる	それる
70	映える	はえる
71	栄える	さかえる
72	煙る	けむる
73	遠ざかる	とおざかる
74	遠ざける	とおざける
75	応える	こたえる
76	下す	くだす
77	懐く	なつく
78	害する	がいする
79	垣間見る	かいまみる
80	隔たる	へだたる
81	隔てる	へだてる
82	慣らす	ならす
83	甘える	あまえる
84	緩む	ゆるむ
85	緩める	ゆるめる
86	貫く	つらぬく
87	陥る	おちいる
88	企てる	くわだてる
89	危ぶむ	あやぶむ
90	帰す・帰する	きす・きする
91	気負う	きおう
92	偽る	いつわる
93	逆らう	さからう
94	及ぶ	およぶ
95	及ぼす	およぼす
96	急かす	せかす
97	急ぐ	いそぐ
98	朽ちる	くちる
99	牛耳る	ぎゅうじる
100	拒む	こばむ

モリタン 26日目

2496~2595／4045　動詞(一般)

英語　中国語　インドネシア語
韓国語　ベトナム語　ミャンマー語
会員登録をして翻訳を見よう！

1	挙げる	あげる
2	強いる	しいる
3	怯える	おびえる
4	狭める	せばめる
5	脅かす	おびやかす / おどかす
6	脅す	おどす
7	興じる・興ずる	きょうじる・きょうずる
8	仰ぐ	あおぐ
9	凝らす	こらす
10	凝る	こる
11	極まる	きわまる
12	極める	きわめる
13	謹む	つつしむ
14	掘る	ほる
15	恵まれる	めぐまれる
16	掲げる	かかげる
17	携わる	たずさわる
18	継ぐ	つぐ
19	欠く	かく
20	兼ねる	かねる
21	研ぐ	とぐ
22	見せびらかす	みせびらかす
23	見とれる	みとれる
24	枯れる	かれる
25	誇る	ほこる
26	顧みる	かえりみる
27	悟る	さとる
28	誤る	あやまる
29	交える	まじえる
30	交わす	かわす
31	交わる	まじわる
32	口ずさむ	くちずさむ
33	慌てる	あわてる
34	控える	ひかえる
35	耕す	たがやす
36	荒らす	あらす
37	講じる	こうじる
38	告げる	つげる
39	恨む	うらむ
40	催す	もよおす
41	塞がる	ふさがる
42	裁く	さばく
43	際立つ	きわだつ
44	冴える	さえる
45	察する	さっする
46	擦る	する

47	擦れる	すれる
48	仕える	つかえる
49	仕掛ける	しかける
50	仕向ける	しむける
51	仕上がる	しあがる
52	仕切る	しきる
53	仕入れる	しいれる
54	仕分ける	しわける
55	仕立てる	したてる
56	司る	つかさどる
57	志す	こころざす
58	施す	ほどこす
59	至る	いたる
60	治まる	おさまる
61	撒く	まく
62	射る	いる
63	遮る	さえぎる
64	弱る	よわる
65	手掛ける	てがける
66	腫れる	はれる
67	授ける	さずける
68	就く	つく
69	襲う	おそう
70	集う	つどう
71	重んじる・重んずる	おもんじる・おもんずる
72	縮まる	ちぢまる
73	出くわす	でくわす
74	楯突く	たてつく
75	準じる・準ずる	じゅんじる・じゅんずる
76	潤う	うるおう
77	傷める	いためる
78	償う	つぐなう
79	勝る	まさる
80	召す	めす
81	唱える	となえる
82	焦る	あせる
83	省く	はぶく
84	省みる	かえりみる
85	称する	しょうする
86	譲る	ゆずる
87	侵す	おかす
88	慎む	つつしむ
89	浸す	ひたす
90	尽きる	つきる
91	尽くす	つくす
92	垂れる	たれる
93	衰える	おとろえる
94	遂げる	とげる
95	据える	すえる
96	澄む	すむ
97	制する	せいする
98	整う	ととのう
99	調う	ととのう
100	晴らす	はらす

モリタン 27日目

2596~2695／4045 動詞(一般)

英語 中国語 インドネシア語
韓国語 ベトナム語 ミャンマー語
会員登録をして翻訳を見よう！

1	生やす	はやす
2	惜しむ	おしむ
3	説く	とく
4	絶する	ぜっする
5	絶やす	たやす
6	染みる	しみる
7	潜む	ひそむ
8	潜る	もぐる
9	煽る	あおる
10	閃く	ひらめく
11	繕う	つくろう
12	蘇る	よみがえる
13	阻む	はばむ
14	奏でる	かなでる
15	操る	あやつる
16	相次ぐ	あいつぐ
17	葬る	ほうむる
18	装う	よそおう
19	憎む	にくむ
20	促す	うながす
21	即する	そくする
22	捉える	とらえる
23	束ねる	たばねる
24	尊ぶ	とうとぶ
25	貴ぶ	とうとぶ
26	損なう	そこなう
27	損ねる	そこねる
28	耐える	たえる
29	堪える	たえる
30	帯びる	おびる
31	怠る	おこたる
32	滞る	とどこおる
33	退く	しりぞく
34	脱する	だっする
35	嘆く	なげく
36	鍛える	きたえる
37	弾く	ひく／はじく
38	弾む	はずむ
39	値する	あたいする
40	恥じらう	はじらう
41	恥じる	はじる
42	懲りる	こりる
43	挑む	いどむ
44	眺める	ながめる
45	跳ねる	はねる
46	長引く	ながびく

47	捗る	はかどる
48	沈める	しずめる
49	釣る	つる
50	定まる	さだまる
51	定める	さだめる
52	摘む	つむ / つまむ
53	敵う	かなう
54	適う	かなう
55	徹する	てっする
56	添える	そえる
57	転じる・転ずる	てんじる・てんずる
58	妬む	ねたむ
59	途切れる	とぎれる
60	途絶える	とだえる
61	怒る	いかる / おこる
62	投じる・投ずる	とうじる・とうずる
63	逃れる	のがれる
64	透ける	すける
65	動じる・動ずる	どうじる・どうずる
66	突く	つく
67	鈍る	にぶる
68	馴染む	なじむ
69	匂う	におう
70	賑わう	にぎわう
71	任す	まかす
72	忍ぶ	しのぶ
73	粘る	ねばる
74	破ける	やぶける
75	廃れる	すたれる
76	拝む	おがむ
77	背く	そむく
78	培う	つちかう
79	剥がす	はがす
80	博す・博する	はくす・はくする
81	白ける	しらける
82	薄まる	うすまる
83	発する	はっする
84	抜かす	ぬかす
85	伴う	ともなう
86	反る	そる
87	秘める	ひめる
88	被る	こうむる
89	費やす	ついやす
90	備わる	そなわる
91	漂う	ただよう
92	病む	やむ
93	富む	とむ
94	浮かれる	うかれる
95	腐る	くさる
96	負う	おう
97	侮る	あなどる
98	舞う	まう
99	覆す	くつがえす
100	覆る	くつがえる

モリタン 28日目

2696~2795／4045 動詞(一般)・動詞(複合)

英語 中国語 インドネシア語
韓国語 ベトナム語 ミャンマー語
会員登録をして翻訳を見よう！

1	沸く	わく
2	噴く	ふく
3	憤る	いきどおる
4	紛らす・紛らわす	まぎらす・まぎらわす
5	紛れる	まぎれる
6	偏る	かたよる
7	募る	つのる
8	慕う	したう
9	報いる	むくいる
10	報じる・報ずる	ほうじる・ほうずる
11	捧げる	ささげる
12	縫う	ぬう
13	妨げる	さまたげる
14	暴く	あばく
15	暴れる	あばれる
16	膨れる	ふくれる
17	頬張る	ほおばる
18	磨く	みがく
19	明かす	あかす
20	滅びる	ほろびる
21	滅ぶ	ほろぶ
22	滅ぼす	ほろぼす
23	免れる	まぬかれる
24	面くらう	めんくらう
25	面する	めんする
26	儲かる	もうかる
27	目論む	もくろむ
28	癒す	いやす
29	有する	ゆうする
30	揺する	ゆする
31	揺らぐ	ゆらぐ
32	揺るがす	ゆるがす
33	要する	ようする
34	来る	くる / きたる
35	来す	きたす
36	絡める	からめる
37	乱す	みだす
38	乱れる	みだれる
39	裏付ける	うらづける
40	裏返す	うらがえす
41	率いる	ひきいる
42	臨む	のぞむ
43	冷やかす	ひやかす
44	励む	はげむ
45	劣る	おとる
46	裂く	さく

47	裂ける	さける
48	練る	ねる
49	連なる	つらなる
50	連ねる	つらねる
51	弄ぶ	もてあそぶ
52	漏らす	もらす
53	漏れる	もれる
54	老いる	おいる
55	老ける	ふける
56	和む	なごむ
57	和らぐ	やわらぐ
58	和らげる	やわらげる
59	歪む	ゆがむ
60	賄う	まかなう
61	惑う	まどう
62	惑わす	まどわす
63	詫びる	わびる
64	揉む	もむ
65	揉める	もめる
66	甦る	よみがえる
67	睨む	にらむ
68	手当てする	てあてする
69	近寄る	ちかよる
70	こなす	
71	掻き回す	かきまわす
72	噛み切る	かみきる
73	たどり着く	たどりつく
74	怒鳴り込む	どなりこむ
75	やり遂げる	やりとげる
76	やり通す	やりとおす
77	引きずる	ひきずる
78	引き下げる	ひきさげる
79	引き寄せる	ひきよせる
80	引き起こす	ひきおこす
81	引き取る	ひきとる
82	引き受ける	ひきうける
83	引き上げる	ひきあげる
84	引き締める	ひきしめる
85	引き落とす	ひきおとす
86	引っ掻く	ひっかく
87	飲み込む	のみこむ
88	押し寄せる	おしよせる
89	押し切る	おしきる
90	押し付ける	おしつける
91	割り込む	わりこむ
92	寄り掛かる	よりかかる
93	吸い上げる	すいあげる
94	朽ち果てる	くちはてる
95	競い合う	きそいあう
96	駆けつける	かけつける
97	繰り下げる	くりさげる
98	繰り上げる	くりあげる
99	繰り返す	くりかえす
100	結び付く	むすびつく

モリタン 29日目

2796~2894／4045 動詞(複合)

英語 中国語 インドネシア語
韓国語 ベトナム語 ミャンマー語
会員登録をして翻訳を見よう！

1	結び付ける	むすびつける
2	見計らう	みはからう
3	見合わせる	みあわせる
4	見失う	みうしなう
5	見守る	みまもる
6	見習う	みならう
7	見出す	みいだす
8	見積もる	みつもる
9	見損なう	みそこなう
10	見渡す	みわたす
11	見逃す	みのがす
12	見入る	みいる
13	見抜く	みぬく
14	立て直す	たてなおす
15	見分ける	みわける
16	見落とす	みおとす
17	言いふらす	いいふらす
18	言い残す	いいのこす
19	言い張る	いいはる
20	言い渡す	いいわたす
21	言い放つ	いいはなつ
22	呼び込む	よびこむ
23	込み上げる	こみあげる
24	込み入る	こみいる
25	差し引く	さしひく
26	差し支える	さしつかえる
27	差し出す	さしだす
28	使いこなす	つかいこなす
29	思い詰める	おもいつめる
30	思い上がる	おもいあがる
31	思い返す	おもいかえす
32	似通う	にかよう
33	持ち越す	もちこす
34	持ち直す	もちなおす
35	取りそろえる	とりそろえる
36	取りとめる	とりとめる
37	取り扱う	とりあつかう
38	取り押さえる	とりおさえる
39	取り下げる	とりさげる
40	取り外す	とりはずす
41	取り巻く	とりまく
42	取り寄せる	とりよせる
43	取り仕切る	とりしきる
44	取り持つ	とりもつ
45	取り次ぐ	とりつぐ
46	取り除く	とりのぞく

47	取り消す	とりけす
48	取り組む	とりくむ
49	取り調べる	とりしらべる
50	取り締まる	とりしまる
51	取り入る	とりいる
52	取り付ける	とりつける
53	取り戻す	とりもどす
54	取り立てる	とりたてる
55	受け継ぐ	うけつぐ
56	受け入れる	うけいれる
57	蹴飛ばす	けとばす
58	出直す	でなおす
59	乗っ取る	のっとる
60	乗り越える	のりこえる
61	食い違う	くいちがう
62	食い込む	くいこむ
63	食い止める	くいとめる
64	振り返る	ふりかえる
65	申し込む	もうしこむ
66	申し出る	もうしでる
67	申し入れる	もうしいれる
68	積み立てる	つみたてる
69	切り捨てる	きりすてる
70	切り出す	きりだす
71	組み合わせる	くみあわせる
72	組み込む	くみこむ
73	打ち込む	うちこむ
74	打ち消す	うちけす
75	打ち切る	うちきる
76	打ち明ける	うちあける
77	待ち望む	まちのぞむ
78	着飾る	きかざる
79	張り合う	はりあう
80	張り出す	はりだす
81	貼り出す	はりだす
82	張り切る	はりきる
83	張り裂ける	はりさける
84	跳ね上がる	はねあがる
85	跳ね返る	はねかえる
86	跳び上がる	とびあがる
87	追い込む	おいこむ
88	投げ出す	なげだす
89	当てはめる	あてはめる
90	踏み込む	ふみこむ
91	突き止める	つきとめる
92	突っ張る	つっぱる
93	粘り着く	ねばりつく
94	飛び越す	とびこす
95	飛び掛かる	とびかかる
96	飛び散る	とびちる
97	飛び抜ける	とびぬける
98	備え付ける	そなえつける
99	付け加える	つけくわえる

モリタン 30日目

2895~2994／4045　動詞(複合)・い形容詞

英語　中国語　インドネシア語
韓国語　ベトナム語　ミャンマー語
会員登録をして翻訳を見よう！

1	浮かび上がる	うかびあがる
2	抱え込む	かかえこむ
3	放り込む	ほうりこむ
4	問い合わせる	といあわせる
5	落ち合う	おちあう
6	立ち寄る	たちよる
7	立ち向かう	たちむかう
8	立て替える	たてかえる
9	あくどい	
10	あさましい	
11	あっけない	
12	あどけない	
13	危なっかしい	あぶなっかしい
14	いやらしい	
15	うっとうしい	
16	敵わない	かなわない
17	ぎこちない	
18	くすぐったい	
19	しぶとい	
20	しんどい	
21	ずうずうしい	
22	すがすがしい	
23	すさまじい	
24	せこい	
25	そそっかしい	
26	そっけない	
27	たくましい	
28	だらしない	
29	だるい	
30	つつましい	
31	とてつもない	
32	とんでもない	
33	なれなれしい	
34	儚い	はかない
35	ばかばかしい	
36	みすぼらしい	
37	みずみずしい	
38	もっともらしい	
39	もどかしい	
40	やかましい	
41	やましい	
42	やむを得ない	やむをえない
43	ややこしい	
44	よそよそしい	
45	意地悪い	いじわるい
46	鋭い	するどい

47	煙たい	けむたい
48	汚らわしい	けがらわしい
49	何気ない	なにげない
50	華々しい	はなばなしい
51	回りくどい	まわりくどい
52	快い	こころよい
53	怪しい	あやしい
54	悔しい	くやしい
55	懐かしい	なつかしい
56	緩い	ゆるい
57	疑わしい	うたがわしい
58	恐ろしい	おそろしい
59	虚しい	むなしい
60	激しい	はげしい
61	決まり悪い	きまりわるい
62	潔い	いさぎよい
63	見苦しい	みぐるしい
64	賢い	かしこい
65	厳しい	きびしい
66	厚かましい	あつかましい
67	好ましい	このましい
68	慌ただしい	あわただしい
69	荒い	あらい
70	荒っぽい	あらっぽい
71	細かい	こまかい
72	仕方ない	しかたない
73	思いがけない	おもいがけない
74	手ぬるい	てぬるい
75	手厳しい	てきびしい
76	手厚い	てあつい
77	手荒い	てあらい
78	柔らかい	やわらかい
79	渋い	しぶい
80	詳しい	くわしい
81	情けない	なさけない
82	情け深い	なさけぶかい
83	心強い	こころづよい
84	心苦しい	こころぐるしい
85	心細い	こころぼそい
86	心地よい	ここちよい
87	心ない	こころない
88	申し分ない	もうしぶんない
89	真ん丸い	まんまるい
90	親しい	したしい
91	甚だしい	はなはだしい
92	清い	きよい
93	生温い	なまぬるい
94	生臭い	なまぐさい
95	脆い	もろい
96	惜しい	おしい
97	疎い	うとい
98	疎ましい	うとましい
99	素早い	すばやい
100	相応しい	ふさわしい

モリタン 31日目

2995~3094／4045　い形容詞・な形容詞

英語　中国語　インドネシア語
韓国語　ベトナム語　ミャンマー語
会員登録をして翻訳を見よう！

1	尊い	とうとい
2	貴い	とうとい
3	待ち遠しい	まちどおしい
4	淡い	あわい
5	注意深い	ちゅういぶかい
6	著しい	いちじるしい
7	途方もない	とほうもない
8	鈍い	にぶい
9	粘り強い	ねばりづよい
10	悩ましい	なやましい
11	濃い	こい
12	薄暗い	うすぐらい
13	煩わしい	わずらわしい
14	卑しい	いやしい
15	否めない	いなめない
16	貧しい	まずしい
17	幅広い	はばひろい
18	分厚い	ぶあつい
19	紛らわしい	まぎらわしい
20	乏しい	とぼしい
21	望ましい	のぞましい
22	忙しない	せわしない
23	満たない	みたない
24	名高い	なだかい
25	目まぐるしい	めまぐるしい
26	目覚ましい	めざましい
27	勇ましい	いさましい
28	幼い	おさない
29	用心深い	ようじんぶかい
30	欲深い	よくぶかい
31	あべこべな	
32	あやふやな	
33	ありがちな	
34	ありきたりな	
35	いくじなしな	
36	いんちきな	
37	おおらかな	
38	きざな	
39	生真面目な	きまじめな
40	きゃしゃな	
41	ささやかな	
42	しなやかな	
43	ずさんな	
44	せっかちな	
45	でたらめな	
46	にこやかな	

47	のどかな	
48	はるかな	
49	ひたむきな	
50	冷ややかな	ひややかな
51	ぶかぶかな	
52	まちまちな	
53	まめな	
54	むちゃくちゃな	
55	やんちゃな	
56	わずかな	
57	わんぱくな	
58	偉大な	いだいな
59	異色な	いしょくな
60	一途な	いちずな
61	淫らな	みだらな
62	円滑な	えんかつな
63	円満な	えんまんな
64	旺盛な	おうせいな
65	臆病な	おくびょうな
66	穏やかな	おだやかな
67	穏和な	おんわな
68	果敢な	かかんな
69	華やかな	はなやかな
70	過酷な	かこくな
71	過密な	かみつな
72	画一的な	かくいつてきな
73	格別な	かくべつな
74	画期的な	かっきてきな
75	滑らかな	なめらかな
76	滑稽な	こっけいな
77	堪能な	たんのうな
78	寛大な	かんだいな
79	寛容な	かんような
80	簡潔な	かんけつな
81	簡素な	かんそな
82	緩やかな	ゆるやかな
83	肝心な	かんじんな
84	頑なな	かたくなな
85	頑固な	がんこな
86	奇妙な	きみょうな
87	希薄な	きはくな
88	気さくな	きさくな
89	気まぐれな	きまぐれな
90	気掛かりな	きがかりな
91	稀な	まれな
92	貴重な	きちょうな
93	客観的な	きゃっかんてきな
94	急激な	きゅうげきな
95	窮屈な	きゅうくつな
96	強引な	ごういんな
97	強気な	つよきな
98	強硬な	きょうこうな
99	強情な	ごうじょうな
100	強大な	きょうだいな

モリタン 32日目

3095~3194／4045 な形容詞

英語 中国語 インドネシア語
韓国語 ベトナム語 ミャンマー語
会員登録をして翻訳を見よう！

1	強烈な	きょうれつな
2	極端な	きょくたんな
3	勤勉な	きんべんな
4	具体的な	ぐたいてきな
5	軽快な	けいかいな
6	軽薄な	けいはくな
7	軽率な	けいそつな
8	健やかな	すこやかな
9	堅実な	けんじつな
10	懸命な	けんめいな
11	謙虚な	けんきょな
12	険悪な	けんあくな
13	顕著な	けんちょな
14	厳かな	おごそかな
15	厳粛な	げんしゅくな
16	厳正な	げんせいな
17	厳密な	げんみつな
18	巧みな	たくみな
19	巧妙な	こうみょうな
20	幸いな	さいわいな
21	控えめな	ひかえめな
22	肯定的な	こうていてきな
23	高尚な	こうしょうな
24	高慢な	こうまんな
25	豪華な	ごうかな
26	些細な	ささいな
27	細やかな	こまやかな
28	散々な	さんざんな
29	残酷な	ざんこくな
30	質素な	しっそな
31	弱気な	よわきな
32	弱腰な	よわごしな
33	手近な	てぢかな
34	手頃な	てごろな
35	手薄な	てうすな
36	従順な	じゅうじゅんな
37	柔軟な	じゅうなんな
38	重厚な	じゅうこうな
39	消極的な	しょうきょくてきな
40	真摯な	しんしな
41	神聖な	しんせいな
42	親密な	しんみつな
43	迅速な	じんそくな
44	地道な	じみちな
45	粋な	いきな
46	性急な	せいきゅうな

47	静的な	せいてきな
48	清らかな	きよらかな
49	清純な	せいじゅんな
50	精密な	せいみつな
51	精力的な	せいりょくてきな
52	誠実な	せいじつな
53	絶大な	ぜつだいな
54	浅はかな	あさはかな
55	繊細な	せんさいな
56	鮮やかな	あざやかな
57	鮮烈な	せんれつな
58	前向きな	まえむきな
59	善良な	ぜんりょうな
60	疎かな	おろそかな
61	疎遠な	そえんな
62	壮大な	そうだいな
63	爽やかな	さわやかな
64	早急な	さっきゅうな / そうきゅうな
65	相当な	そうとうな
66	相対的な	そうたいてきな
67	速やかな	すみやかな
68	多忙な	たぼうな
69	怠慢な	たいまんな
70	退屈な	たいくつな
71	大げさな	おおげさな
72	大ざっぱな	おおざっぱな
73	大まかな	おおまかな
74	大胆な	だいたんな
75	妥当な	だとうな
76	達者な	たっしゃな
77	達筆な	たっぴつな
78	単調な	たんちょうな
79	淡白な	たんぱくな
80	端的な	たんてきな
81	着実な	ちゃくじつな
82	中途半端な	ちゅうとはんぱな
83	著名な	ちょめいな
84	定かな	さだかな
85	定期的な	ていきてきな
86	的確な	てきかくな
87	適度な	てきどな
88	唐突な	とうとつな
89	特殊な	とくしゅな
90	独裁的な	どくさいてきな
91	鈍感な	どんかんな
92	濃厚な	のうこうな
93	濃密な	のうみつな
94	莫大な	ばくだいな
95	抜群な	ばつぐんな
96	抜本的な	ばっぽんてきな
97	半端な	はんぱな
98	繁雑な	はんざつな
99	煩雑な	はんざつな
100	卑劣な	ひれつな

モリタン 33日目

3195~3294／4045 な形容詞・副詞(一般)

英語 中国語 インドネシア語
韓国語 ベトナム語 ミャンマー語
会員登録をして翻訳を見よう！

1	悲惨な	ひさんな
2	微かな	かすかな
3	微妙な	びみょうな
4	貧弱な	ひんじゃくな
5	頻繁な	ひんぱんな
6	敏感な	びんかんな
7	不穏な	ふおんな
8	不振な	ふしんな
9	不服な	ふふくな
10	不毛な	ふもうな
11	不用意な	ふよういな
12	不利な	ふりな
13	物好きな	ものずきな
14	粉々な	こなごなな
15	平凡な	へいぼんな
16	膨大な	ぼうだいな
17	密かな	ひそかな
18	無残な	むざんな
19	無邪気な	むじゃきな
20	無情な	むじょうな
21	無造作な	むぞうさな
22	無鉄砲な	むてっぽうな
23	無謀な	むぼうな
24	明瞭な	めいりょうな
25	明朗な	めいろうな
26	綿密な	めんみつな
27	猛烈な	もうれつな
28	厄介な	やっかいな
29	愉快な	ゆかいな
30	優雅な	ゆうがな
31	勇敢な	ゆうかんな
32	憂鬱な	ゆううつな
33	有望な	ゆうぼうな
34	余計な	よけいな
35	理不尽な	りふじんな
36	裏腹な	うらはらな
37	律儀な	りちぎな
38	率直な	そっちょくな
39	流暢な	りゅうちょうな
40	倫理的な	りんりてきな
41	冷酷な	れいこくな
42	冷淡な	れいたんな
43	露骨な	ろこつな
44	朗らかな	ほがらかな
45	和やかな	なごやかな
46	傲慢な	ごうまんな

47	几帳面な	きちょうめんな
48	曖昧な	あいまいな
49	緻密な	ちみつな
50	貪欲な	どんよくな
51	斬新な	ざんしんな
52	不吉な	ふきつな
53	不審な	ふしんな
54	良質な	りょうしつな
55	いつの間にか	いつのまにか
56	あいにく	
57	あえて	
58	あたかも	
59	いかに	
60	いかにも	
61	いざ	
62	いたって	
63	いっそ	
64	偽りなく	いつわりなく
65	いとも	
66	いやに	
67	おおむね	
68	おおよそ	
69	おかまいなく	
70	おのずと	
71	かえって	
72	かつ	
73	かつて	

74	こぞって
75	ことごとく
76	ことのほか
77	さしあたり
78	さぞ
79	さぞかし
80	さぞや
81	さも
82	しいて
83	じかに
84	しきりに
85	すかさず
86	どうにか
87	どうやら
88	どうりで
89	とかく
90	とっくに
91	とっさに
92	とりわけ
93	なお
94	なにかと
95	にわかに
96	ひいては
97	ひたすら
98	ひとまず
99	ふいに
100	ふんだんに

モリタン 34日目

3295~3396／4045

副詞(一般)・副詞(オノマトペ)

英語 中国語 インドネシア語
韓国語 ベトナム語 ミャンマー語
会員登録をして翻訳を見よう！

1	ほどほどに	
2	まさしく	
3	まして	
4	全く	まったく
5	まともに	
6	まるっきり	
7	まんざら	
8	むやみに	
9	もはや	
10	もれなく	
11	もろに	
12	やけに	
13	やたらに	
14	よくも	
15	よほど	
16	ろくに	
17	安静に	あんせいに
18	案の定	あんのじょう
19	依然	いぜん
20	一概に	いちがいに
21	一気に	いっきに
22	一挙に	いっきょに
23	一向に	いっこうに
24	一際	ひときわ
25	一切	いっさい
26	一層	いっそう
27	一躍	いちやく
28	果たして	はたして
29	隔週	かくしゅう
30	丸々	まるまる
31	危うく	あやうく
32	幾多	いくた
33	格段に	かくだんに
34	気安く	きやすく
35	気兼ねなく	きがねなく
36	急遽	きゅうきょ
37	極めて	きわめて
38	極力	きょくりょく
39	決して	けっして
40	兼ねて	かねて
41	嫌々	いやいや
42	故意に	こいに
43	交互に	こうごに
44	公然と	こうぜんと
45	今や	いまや
46	散々	さんざん
47	思うまま	おもうまま
48	思う存分	おもうぞんぶん

49	時折	ときおり
50	若干	じゃっかん
51	主として	しゅとして
52	瞬間的に	しゅんかんてきに
53	所詮	しょせん
54	徐々に	じょじょに
55	少なからず	すくなからず
56	尚更	なおさら
57	真っ先に	まっさきに
58	真っ二つに	まっぷたつに
59	辛うじて	かろうじて
60	人一倍	ひといちばい
61	先立って	さきだって
62	専ら	もっぱら
63	前もって	まえもって
64	相当	そうとう
65	相変わらず	あいかわらず
66	総じて	そうじて
67	即座に	そくざに
68	即時に	そくじに
69	大して	たいして
70	大概	たいがい
71	大方	おおかた
72	断じて	だんじて
73	断然	だんぜん
74	中途半端に	ちゅうとはんぱに
75	当分	とうぶん
76	当面	とうめん
77	満遍なく	まんべんなく
78	適宜	てきぎ
79	突如	とつじょ
80	念入りに	ねんいりに
81	漠然と	ばくぜんと
82	並びに	ならびに
83	呆然と	ぼうぜんと
84	未だ	いまだ
85	無性に	むしょうに
86	無論	むろん
87	予め	あらかじめ
88	容赦なく	ようしゃなく
89	臨機応変に	りんきおうへんに
90	歴然と	れきぜんと
91	到底	とうてい
92	ざらに	
93	未然に	みぜんに
94	試しに	ためしに
95	あっさり	
96	うきうき	
97	うっかり	
98	うっとり	
99	うとうと	
100	おどおど	
101	がさがさ	
102	がっちり	

モリタン 35日目

3397~3496／4045

副詞(オノマトペ)・カタカナ

英語 中国語 インドネシア語 韓国語 ベトナム語 ミャンマー語
会員登録をして翻訳を見よう！

1 からっと
2 がらりと
3 きちっと
4 きっちり
5 きっぱり
6 きょろきょろ
7 くっきり
8 ぐっすり
9 ぐったり
10 くよくよ
11 ぐらぐら
12 げっそり
13 こそこそ
14 こっそり
15 ごろごろ
16 ざっと
17 さっぱり
18 さらさら
19 しっとり
20 じめじめ
21 じりじり
22 じろりと
23 じわじわ
24 しんなり
25 すくすく
26 すっきり
27 ずばり
28 すらすら
29 ずらっと
30 ずるずる
31 すんなり
32 そわそわ
33 だぶだぶ
34 だらだら
35 ちやほや
36 ちょくちょく
37 ちらっと
38 ちらりと
39 てきぱき
40 どたばた
41 とろとろ
42 どろどろ
43 どんより
44 ねちねち
45 のびのび
46 のろのろ

47 のんびり
48 はっきり
49 はらはら
50 びくびく
51 ひしひし
52 ひそひそ
53 ひっそり
54 ひらひら
55 ぴんぴん
56 ひんやり
57 ぶかぶか
58 ふらふら
59 ぶらぶら
60 ふんわり
61 ぺこぺこ
62 へとへと
63 べとべと
64 ぺらぺら
65 ぼうっと
66 ほっと
67 ぼつぼつ
68 ぽつぽつ
69 みるみる
70 めきめき
71 めそめそ
72 やんわり
73 ゆるゆる

74 まるまる
75 うんざり
76 きっかり
77 ぐっと
78 じっくり
79 さっと
80 ちょっぴり
81 つくづく
82 てっきり
83 はっと
84 はるばる
85 ふと
86 ひょっと
87 生き生き いきいき
88 長々 ながなが
89 アクセス（する）
90 アシスタント
91 アタック（する）
92 アドバイス（する）
93 アピール（する）
94 アプローチ（する）
95 アポイント
96 アマチュア
97 アンコール
98 イメージ（する）
99 インサイド
100 インスピレーション

モリタン 36日目

3497~3596／4045 カタカナ

英語 中国語 インドネシア語 韓国語 ベトナム語 ミャンマー語
会員登録をして翻訳を見よう！

1 インターチェンジ
2 インターナショナル
3 インターフォン
4 インターン
5 インテリ
6 インテリア
7 インフォメーション
8 インプット（する）
9 インフレ
10 ウエート
11 ウエット
12 ウェブ
13 エレガント
14 エンターテイメント
15 エントリー（する）
16 オートマチック
17 オプション
18 オリエンテーション
19 ガード（する）
20 ガードマン
21 ガードレール
22 カウンセラー
23 カテゴリー
24 カムバック（する）
25 カルテ
26 ガレージ
27 カレンダー
28 カンニング（する）
29 キープ（する）
30 ギブアップ（する）
31 キャスター
32 キャスト
33 キャッチ（する）
34 キャップ
35 ギャップ
36 キャプテン
37 クール
38 クレーム
39 クローズアップ（する）
40 ケア（する）
41 コーディネーター
42 コーディネート（する）
43 ゴールイン（する）
44 コスト
45 コネクション・コネ
46 コマーシャル

47 コミッション
48 コンクール
49 コンセプト
50 コンディション
51 コンテスト
52 コントラスト
53 コントロール（する）
54 コンプレックス
55 サイクル
56 サポーター
57 シークレット
58 シート
59 シェア（する）
60 シック
61 シナリオ
62 シビア
63 ジャズ
64 シャトル
65 ジャンボ
66 ジャンル
67 ジンクス
68 スクラップ
69 スケール
70 スチーム
71 ステーション
72 ステータス
73 ステップアップ（する）
74 ストック（する）
75 ストライキ
76 ストレート
77 スプリング
78 スポンサー
79 スムーズ
80 スリル
81 スローガン
82 セキュリティー
83 セクション
84 セクハラ（する）
85 セレモニー
86 ソックス
87 ターゲット
88 タイムリー
89 ダメージ
90 チーフ
91 チャージ（する）
92 チャイム
93 チャンピオン
94 ティッシュ
95 データ
96 データベース
97 デコレーション（する）
98 デッサン（する）
99 テナント
100 デビュー（する）

モリタン 37日目

3597~3696／4045

カタカナ・接続詞・接頭語

英語 中国語 インドネシア語
韓国語 ベトナム語 ミャンマー語
会員登録をして翻訳を見よう！

1 デフレ
2 デリケート
3 トーン
4 ドライ
5 トリック
6 ドリル
7 トレーニング（する）
8 ナンセンス
9 ニュアンス
10 ネック
11 ノイローゼ
12 ノルマ
13 ハード
14 ハードル
15 ハーモニー
16 バックアップ（する）
17 バッジ
18 バッテリー
19 バット
20 パトカー
21 バトル
22 パトロール（する）
23 パニック
24 バロメーター
25 パワハラ
26 ピーク
27 ピンチ
28 フィルター
29 フェリー
30 フォーム
31 フォーラム
32 フォロー（する）
33 ブザー
34 プライベート
35 フラッシュ
36 ブランク
37 フランク
38 プレゼンテーション・プレゼン
39 プロセス
40 ブロック
41 プロフィール
42 プロローグ
43 フロント
44 ペア
45 ベテラン
46 ボイコット（する）

47 ホース
48 ポーズ（する）
49 ポジション
50 ボディーガード
51 マスコミ
52 マスメディア
53 マッチ（する）
54 マニュアル
55 ミスプリント
56 ムード
57 メカニズム
58 メンテナンス（する）
59 モダン
60 ユーモア
61 ユニーク
62 ランク
63 リアリティー
64 リード（する）
65 リストアップ（する）
66 リハーサル（する）
67 リベンジ（する）
68 リミット
69 リラックス（する）
70 ルーズ
71 ルート
72 レース
73 レギュラー

74 レバー
75 レントゲン
76 ロープ
77 ロケーション
78 ワット
79 ワンパターン
80 ワンマン
81 あるいは
82 しかも
83 したがって
84 すなわち
85 すると
86 その上　そのうえ
87 それとも
88 ついては
89 ところが
90 ところで
91 にもかかわらず
92 もしくは
93 及び　および
94 悪循環　あくじゅんかん
95 悪影響　あくえいきょう
96 誤操作　ごそうさ
97 誤作動　ごさどう
98 誤報　ごほう
99 誤字　ごじ
100 超満員　ちょうまんいん

モリタン 38日目

3697~3796／4045 接頭語・接尾語

英語 中国語 インドネシア語
韓国語 ベトナム語 ミャンマー語
会員登録をして翻訳を見よう！

1	超高速	ちょうこうそく
2	超特急	ちょうとっきゅう
3	超高層	ちょうこうそう
4	超能力	ちょうのうりょく
5	超人	ちょうじん
6	当日	とうじつ
7	当人	とうにん
8	被保険者	ひほけんしゃ
9	被選挙権	ひせんきょけん
10	被雇用者	ひこようしゃ
11	被扶養者	ひふようしゃ
12	不平等	ふびょうどう
13	不注意	ふちゅうい
14	不十分	ふじゅうぶん
15	不器用	ぶきよう
16	不真面目	ふまじめ
17	未完成	みかんせい
18	未経験	みけいけん
19	無条件	むじょうけん
20	無自覚	むじかく
21	無計画	むけいかく
22	無愛想	ぶあいそう
23	無秩序	むちつじょ
24	無意味	むいみ
25	猛反対	もうはんたい
26	猛勉強	もうべんきょう
27	猛練習	もうれんしゅう
28	猛暑日	もうしょび
29	猛攻撃	もうこうげき
30	猛特訓	もうとっくん
31	猛犬	もうけん
32	猛毒	もうどく
33	従業員	じゅうぎょういん
34	警備員	けいびいん
35	特派員	とくはいん
36	幼稚園	ようちえん
37	動物園	どうぶつえん
38	温暖化	おんだんか
39	活性化	かっせいか
40	過疎化	かそか
41	高齢化	こうれいか
42	専門家	せんもんか
43	建築家	けんちくか
44	使命感	しめいかん
45	拒否感	きょひかん
46	謙譲語	けんじょうご

47	尊敬語	そんけいご
48	看護師	かんごし
49	美容師	びようし
50	応接室	おうせつしつ
51	研究室	けんきゅうしつ
52	閲覧室	えつらんしつ
53	担当者	たんとうしゃ
54	既婚者	きこんしゃ
55	権力者	けんりょくしゃ
56	候補者	こうほしゃ
57	死傷者	ししょうしゃ
58	配偶者	はいぐうしゃ
59	被疑者	ひぎしゃ
60	容疑者	ようぎしゃ
61	統率者	とうそつしゃ
62	後援者	こうえんしゃ
63	被害者	ひがいしゃ
64	契約書	けいやくしょ
65	履歴書	りれきしょ
66	領収書	りょうしゅうしょ
67	企画書	きかくしょ
68	報告書	ほうこくしょ
69	好奇心	こうきしん
70	自尊心	じそんしん
71	可能性	かのうせい
72	危険性	きけんせい
73	耐久性	たいきゅうせい

74	自主性	じしゅせい
75	取引先	とりひきさき
76	連絡先	れんらくさき
77	被災地	ひさいち
78	植民地	しょくみんち
79	行楽地	こうらくち
80	保守派	ほしゅは
81	正統派	せいとうは
82	廃棄物	はいきぶつ
83	危険物	きけんぶつ
84	競争率	きょうそうりつ
85	合格率	ごうかくりつ
86	手数料	てすうりょう
87	入場料	にゅうじょうりょう
88	汚職がらみ	おしょくがらみ
89	仕事がらみ	しごとがらみ
90	恋愛がらみ	れんあいがらみ
91	金銭がらみ	きんせんがらみ
92	犯罪がらみ	はんざいがらみ
93	家族ぐるみ	かぞくぐるみ
94	地域ぐるみ	ちいきぐるみ
95	組織ぐるみ	そしきぐるみ
96	土地ぐるみ	とちぐるみ
97	町ぐるみ	まちぐるみ
98	会社ぐるみ	かいしゃぐるみ
99	繁華街	はんかがい
100	商店街	しょうてんがい

モリタン 39日目

3797~3896／4045　接尾語・慣用表現

英語　中国語　インドネシア語
韓国語　ベトナム語　ミャンマー語
会員登録をして翻訳を見よう！

1	人生観	じんせいかん
2	価値観	かちかん
3	歴史観	れきしかん
4	先入観	せんにゅうかん
5	世界観	せかいかん
6	相談係	そうだんがかり
7	案内係	あんないがかり
8	英語圏	えいごけん
9	首都圏	しゅとけん
10	合格圏	ごうかくけん
11	安全圏	あんぜんけん
12	大気圏	たいきけん
13	文化圏	ぶんかけん
14	アジア圏	あじあけん
15	主導権	しゅどうけん
16	選挙権	せんきょけん
17	収入源	しゅうにゅうげん
18	情報源	じょうほうげん
19	供給源	きょうきゅうげん
20	発信源	はっしんげん
21	税源	ぜいげん
22	発生源	はっせいげん
23	語源	ごげん
24	音源	おんげん
25	エネルギー源	えねるぎーげん
26	税務署	ぜいむしょ
27	警察署	けいさつしょ
28	乗り心地	のりごこち
29	住み心地	すみごこち
30	居心地	いごこち
31	触り心地	さわりごこち
32	書き心地	かきごこち
33	寝心地	ねごこち
34	報道陣	ほうどうじん
35	経営陣	けいえいじん
36	講師陣	こうしじん
37	幹部陣	かんぶじん
38	男性陣	だんせいじん
39	女性陣	じょせいじん
40	取材陣	しゅざいじん
41	捜索隊	そうさくたい
42	探検隊	たんけんたい
43	部隊	ぶたい
44	自衛隊	じえいたい
45	警察隊	けいさつたい
46	支援隊	しえんたい

47	出発点	しゅっぱつてん
48	着地点	ちゃくちてん
49	改訂版	かいていばん
50	実写版	じっしゃばん
51	所持品	しょじひん
52	特産品	とくさんひん
53	情報網	じょうほうもう
54	通信網	つうしんもう
55	放送網	ほうそうもう
56	監視網	かんしもう
57	交通網	こうつうもう
58	安全網	あんぜんもう
59	道路網	どうろもう
60	流通網	りゅうつうもう
61	連絡網	れんらくもう
62	国籍欄	こくせきらん
63	広告欄	こうこくらん
64	概要欄	がいようらん
65	記入欄	きにゅうらん
66	住所欄	じゅうしょらん
67	空欄	くうらん
68	解答欄	かいとうらん
69	求人欄	きゅうじんらん
70	職歴欄	しょくれきらん
71	コメント欄	こめんとらん
72	舞台裏	ぶたいうら
73	路地裏	ろじうら

74	いわゆる	
75	あらゆる	
76	お手上げ	おてあげ
77	肩を持つ	かたをもつ
78	ぐっと来る	ぐっとくる
79	これといった	
80	さじを投げる	さじをなげる
81	そっぽを向く	そっぽをむく
82	どうしようもない	
83	鼻にかける	はなにかける
84	腹を決める	はらをきめる
85	ピークに達する	ぴーくにたっする
86	ふに落ちる	ふにおちる
87	もってのほか	
88	やきもちをやく	
89	良しとする	よしとする
90	一目置く	いちもくおく
91	顔が広い	かおがひろい
92	気が済む	きがすむ
93	気に障る	きにさわる
94	気を使う	きをつかう
95	気を晴らす	きをはらす
96	口がかたい	くちがかたい
97	口出し	くちだし（する）
98	指を折る	ゆびをおる
99	手を焼く	てをやく
100	首になる	くびになる

モリタン 40日目

3897~3995/4045 慣用表現・尊敬語・謙譲語・敬語表現

英語 中国語 インドネシア語 韓国語 ベトナム語 ミャンマー語
会員登録をして翻訳を見よう！

1	焼け石に水	やけいしにみず
2	席を外す	せきをはずす
3	準備万端	じゅんびばんたん
4	長い目で見る	ながいめでみる
5	途方に暮れる	とほうにくれる
6	頭打ちになる	あたまうちになる
7	波に乗る	なみにのる
8	鼻をつく	はなをつく
9	平行線をたどる	へいこうせんをたどる
10	本末転倒	ほんまつてんとう
11	満場一致	まんじょういっち
12	面倒を見る	めんどうをみる
13	目に見える	めにみえる
14	躍起になる	やっきになる
15	体の具合	からだのぐあい
16	お祭りムード一色	おまつりむーどいっしょく
17	会心の一撃	かいしんのいちげき
18	優柔不断	ゆうじゅうふだん
19	ムラがある	むらがある
20	腹が立つ	はらがたつ
21	なんだかんだ	
22	みるみるうちに	
23	いらっしゃる	
24	おいでになる	
25	おっしゃる	
26	おわかりになる	
27	お越しになる	おこしになる
28	お会いになる	おあいになる
29	お掛けになる	おかけになる
30	お帰りになる	おかえりになる
31	お気に召す	おきにめす
32	お休みになる	おやすみになる
33	お求めになる	おもとめになる
34	お見えになる	おみえになる
35	お考えになる	おかんがえになる
36	お受け取りになる	おうけとりになる
37	お召しになる	おめしになる
38	お待ちくださる	おまちくださる
39	お待ちになる	おまちになる
40	お伝えになる	おつたえになる
41	お読みになる	およみになる
42	お年を召す	おとしをめす
43	お買いになる	おかいになる
44	お聞きになる	おききになる
45	くださる	
46	ご覧になる	ごらんになる

47	ご利用になる	ごりようになる
48	ご理解いただく	ごりかいいただく
49	なさる	
50	召し上がる	めしあがる
51	致す	いたす
52	頂く	いただく
53	伺う	うかがう
54	賜る	たまわる
55	承る	うけたまわる
56	おる	
57	お待ちする	おまちする
58	お目にかかる	おめにかかる
59	かしこまる	
60	検討いたす	けんとういたす
61	させていただく	
62	差し上げる	さしあげる
63	存じる	ぞんじる
64	存じ上げる	ぞんじあげる
65	頂戴する	ちょうだいする
66	拝見する	はいけんする
67	拝借する	はいしゃくする
68	拝聴する	はいちょうする
69	拝読する	はいどくする
70	参る	まいる
71	申し上げる	もうしあげる
72	申し伝える	もうしつたえる
73	申す	もうす

74	あいにくですが、	
75	いかがですか。	
76	いたしかねます。	
77	お気になさらないでください。	おきになさらないでください。
78	お見舞い申し上げます。	おみまいもうしあげます。
79	お言葉を返すようですが、	おことばをかえすようですが、
80	お手数をおかけする。	おてすうをおかけする。
81	お世話になっております。	おせわになっております。
82	お早めにご連絡ください。	おはやめにごれんらくください。
83	お力添えありがとうございます。	おちからぞえありがとうございます。
84	お詫び申し上げます。	おわびもうしあげます。
85	かしこまりました。	
86	くれぐれもお気をつけください。	くれぐれもおきをつけください。
87	ご贔屓いただきありがとうございます。	ごひいきいただきありがとうございます。
88	ご存じです。	ごぞんじです。
89	ごゆっくりお過ごしください。	ごゆっくりおすごしください。
90	ご遠慮ください。	ごえんりょください。
91	ご検討願います。	ごけんとうねがいます。
92	ご厚意に感謝いたします。	ごこういにかんしゃいたします。
93	ご無沙汰しております。	ごぶさたしております。
94	恐れ入りますが、	おそれいりますが、
95	恐縮ではございますが、	きょうしゅくではございますが、
96	御愛顧いただきありがとうございます。	ごあいこいただきありがとうございます。
97	御礼申し上げます。	おれい / おんれい もうしあげます。
98	差し支えなければ、	さしつかえなければ、
99	失礼ですが、	しつれいですが、

モリタン 41日目

3996~4045／4045

敬語表現・敬語と一緒に使う言葉

英語 中国語 インドネシア語 韓国語 ベトナム語 ミャンマー語
会員登録をして翻訳を見よう！

1	承知しました。	しょうちしました。
2	申し上げにくいのですが、	もうしあげにくいのですが、
3	早速ですが、	さっそくですが、
4	なんなりとお申し付けください。	なんなりとおもうしつけください。
5	取り急ぎご報告させていただきました。	とりいそぎごほうこくさせていただきました。
6	何卒よろしくお願いします。	なにとぞよろしくおねがいします。
7	よろしいでしょうか。	
8	～ほど	
9	あちら	
10	こちら	
11	この度	このたび
12	そちら	
13	どちら	
14	どなた様	どなたさま
15	私	わたし / わたくし
16	一昨日	おととい / いっさくじつ
17	一昨年	おととし / いっさくねん
18	昨日	きのう / さくじつ
19	昨年	さくねん
20	昨晩	さくばん
21	昨夜	さくや
22	少々	しょうしょう
23	誠に	まことに

24	後程	のちほど
25	先程	さきほど
26	先日	せんじつ
27	大変	たいへん
28	只今	ただいま
29	本日	ほんじつ
30	本年	ほんねん
31	明後日	あさって / みょうごにち
32	明朝	みょうちょう
33	明日	あした / あす / みょうにち
34	ご子息	ごしそく
35	拝啓	はいけい
36	敬具	けいぐ
37	不手際	ふてぎわ
38	所存	しょぞん
39	貴校	きこう
40	貴行	きこう
41	貴社	きしゃ
42	貴店	きてん
43	御校	おんこう
44	御行	おんこう
45	御社	おんしゃ
46	弊校	へいこう
47	弊行	へいこう
48	弊社	へいしゃ
49	弊店	へいてん
50	ご健勝	ごけんしょう

2 練習問題

問題の形式は、全部で4種類あります。（問題数は変動する可能性があります。）

問題1	漢字読み	6問
問題2	文脈規定	7問
問題3	言い換え類義	6問
問題4	用法	6問

1 漢字読み

○問題1（例）

問題1 ＿＿＿の言葉の読み方として最もよいものを、1・2・3・4から一つ選びなさい。

1 彼の業績は素晴らしい。

1 ごうせき　2 ぎょうせき　3 ごうさい　4 ぎょうさい

2 上司の命令に背く。

1 はいく　2 せむく　3 そむく　4 せいく

正答 ①2 ②3

問題1では、漢字の読み方を答える問題が6問出題されます。選択肢の中には、迷うものがたくさんあると思います。音読みや訓読み、長音（ー）促音（っ）濁音（゛）半濁音（゜）などに注意しながら、読み方を確認していきましょう。

○間違いやすい例

- 承認→しょうにん（○）、しょにん（×）
- 上級→じょうきゅう（○）、しょうきゅう（×）
- 実際→じっさい（○）、じつさい（×）
- 隠蔽→いんぺい（○）、いんへい（×）

問題1 ＿＿＿の言葉の読み方として最もよいものを、1・2・3・4から一つ選びなさい。

1 自分の失敗を、謙虚に受け止めることができない。

1 けんきょう　2 げんきょう　3 けんきょ　4 げんきょ

2 ヴェルサイユ宮殿に行ってみたいと思っている。

1 きゅうてん　2 きゅうでん　3 くてん　4 くでん

3 背が伸びたせいで、部屋が窮屈に感じる。

1 きゅうくつ　2 しゃくつ　3 きゅうしゅつ　4 しゃしゅつ

4 お客様には、迅速かつ丁寧な対応を心がけなさい。

1 じんそく　2 じゅうそく　3 じゅっそく　4 じっそく

5 この会社の新しい製品は欠陥だらけだ。

1 けっきゅう　2 けっかい　3 けっさん　4 けっかん

6 電子書籍の普及で、新聞の概念は大きく変わった。

1 きねん　2 がいねん　3 ぎねん　4 かいねん

7 比喩を使って説明すると一気にわかりやすくなる。

1 ひう　2 ひや　3 ひゆ　4 ひゆう

8 裁判で虚偽の証言をすることは、犯罪である。

1 きょい　2 きょうい　3 きょぎ　4 きょうぎ

9 彼女は嗜好が偏っていて一緒に食事しても楽しくない。

1 さこう　2 しこう　3 せこう　4 すこう

10 戸籍とは、国民の身分関係を証明するものである。

1 こさい　2 こせき　3 とせき　4 とさい

正答 ①3 ②2 ③1 ④1 ⑤4 ⑥2 ⑦3 ⑧3 ⑨2 ⑩2

問題1　＿＿＿の言葉の読み方として最もよいものを、1・2・3・4から一つ選びなさい。

1 相互に納得いくまで議論しましょう。

1　あいこ　2　そうご　3　あいご　4　そうこ

2 会議では、安易に結論を出さず慎重に検討するべきだ。

1　しんじゅう　2　しんちょう　3　しんちゅう　4　しんじゅ

3 私の肌はとても敏感で、すぐに乾燥してしまう。

1　しゅんかん　2　まいかん　3　びんかん　4　じんかん

4 犯人の特徴は、右目の下にあるほくろだ。

1　とくちょう　2　とくよう　3　とくちょ　4　とくび

5 騒音問題について、近所の人たちと話し合いを行った。

1　こうおん　2　ぞうおん　3　そうおん　4　ちょうおん

6 舞台用の衣装を作る仕事を任された。

1　いるい　2　いそう　3　いふく　4　いしょう

7 森にはたくさんの樹木が生えています。

1　じゅぼく　2　きぎ　3　じゅもく　4　じゅき

8 彼女には人を引き寄せる不思議な魅力がある。

1　きりょく　2　みりょく　3　みんりょく　4　びりょく

9 今日の午後、首相が会見を開くそうだ。

1　しゅうそ　2　しゅしょ　3　しゅしょう　4　しゅそう

10 彼は感情の起伏が激しい人だ。

1　きけん　2　きよう　3　きだい　4　きふく

正答　①2　②2　③3　④1　⑤3　⑥4　⑦3　⑧2　⑨3　⑩4

問題1 ＿＿＿の言葉の読み方として最もよいものを、1・2・3・4から一つ選びなさい。

1 去年始めた仕事が、ようやく軌道に乗ってきた。

1 くどう　　2 じんどう　　3 じどう　　4 きどう

2 庭の花壇に何の花を植えるか迷っている。

1 かでん　　2 かだん　　3 かじょう　　4 かどう

3 芸能人の不倫疑惑がニュースで取り上げられている。

1 ぎわく　　2 ぎはく　　3 ぎしん　　4 こんわく

4 「ロミオとジュリエット」は世界的に有名な戯曲である。

1 げっきょく　　2 ゆうきょく　　3 ぎきょく　　4 きょきょく

5 イタリアにはたくさんの遺跡が存在する。

1 きせき　　2 いせき　　3 きそく　　4 いそく

6 強盗に銀行のお金を全て盗まれてしまった。

1 ごうどう　　2 ごうとう　　3 きょうと　　4 きょうとう

7 台風の影響で日本各地に猛烈な大雨が降り続いている。

1 もうれつ　　2 しれつ　　3 きょうれつ　　4 ぼうれつ

8 一人でたくさんの敵と戦うとは、勇敢というより無謀だ。

1 ゆうか　　2 ゆうけん　　3 ゆうかん　　4 ゆうこう

9 軍隊に入っていたとき、捕虜になった経験がある。

1 ほきょ　　2 ほひ　　3 ほりょ　　4 ほしゅ

10 彼はまだ20代だが、なんだか貫禄がある。

1 かんりょく　　2 きろく　　3 かんろく　　4 かんらく

正答 ①4 ②2 ③1 ④3 ⑤2 ⑥2 ⑦1 ⑧3 ⑨3 ⑩3

問題1 ＿＿＿の言葉の読み方として最もよいものを、1・2・3・4から一つ選びなさい。

1 あの会社は、たくさんの負債を抱えている。

1 ふせき　2 ふさい　3 ぶせき　4 ぶさい

2 アフリカには広大なサハラ砂漠が広がっている。

1 さばく　2 さきゅう　3 さぼう　4 さまく

3 東京近郊のいろんな場所に住んだことがあります。

1 きんこう　2 きんしょう　3 きんぺい　4 こんこう

4 部下の前で失敗をして、上司としての名誉が傷ついた。

1 めいよ　2 なよ　3 めいほ　4 めよ

5 ビル・ゲイツは、世界一の大富豪である。

1 ふんごう　2 ふごう　3 とごう　4 ぶごう

6 何でも切れるこの包丁は万能だ。

1 ばんのう　2 まんのう　3 ばんの　4 まんの

7 相手の巧妙な作戦に手も足も出なかった。

1 こうにょう　2 きみょう　3 こうみょう　4 こうじょう

8 会社が倒産し、膨大な借金を抱えることになった。

1 こうだい　2 ほうだい　3 ぼうだい　4 きょうだい

9 貴族と庶民の生活には、経済的に大きな差がある。

1 しょみん　2 しゅうみん　3 じょみん　4 しょうみん

10 私は生涯、教師として生きていくつもりだ。

1 せいがい　2 しょうがい　3 せいけい　4 しょうけい

正答 ①2　②1　③1　④1　⑤2　⑥1　⑦3　⑧3　⑨1　⑩2

問題1 ＿＿＿の言葉の読み方として最もよいものを、1・2・3・4から一つ選びなさい。

1 私の失態で、上司の面目を潰してしまった。

1 おもおく　2 めんめ　3 めんぼく　4 おもめ

2 飢餓で苦しむ人を救うための新しいサービスを生み出した。

1 ぎが　2 こか　3 こが　4 きが

3 動物が好きなので、酪農の仕事がしたいと思っている。

1 かくのう　2 しゅのう　3 らくのう　4 きょうのう

4 上司の前で無礼極まりない態度をとる。

1 ぶんれい　2 むれい　3 ふれい　4 ぶれい

5 既婚者の方は、こちらに配偶者の名前を書いてください。

1 ぎこん　2 がいこん　3 げこん　4 きこん

6 事故の経緯を当事者に事細かく聞いて回る。

1 けいろ　2 きょうい　3 けいい　4 けい

7 荷物の積み込み作業のため、船舶が港に停泊している。

1 せんはく　2 はんぷく　3 せんぱく　4 せんせん

8 便宜を図る見返りに大金を受け取る。

1 びんぎ　2 べんぎ　3 べんかつ　4 びんかつ

9 2000年前の陶器が、きれいな状態で発見された。

1 とうき　2 すいき　3 とおき　4 かんき

10 妊娠中の無理な運動は禁物だ。

1 きんもん　2 きんもの　3 きんもつ　4 きもつ

正答 ①3 ②4 ③3 ④4 ⑤4 ⑥3 ⑦3 ⑧2 ⑨1 ⑩3

問題1　＿＿＿の言葉の読み方として最もよいものを、1・2・3・4から一つ選びなさい。

1 冬になって、雪の<u>結晶</u>を見ることができた。

1　けっしょう　　2　けっせい　　3　けっぴ　　4　けっぱく

2 彼は事件の詳細を述べず、ずっと<u>無言</u>のままだ。

1　むげん　　2　むごん　　3　むゆう　　4　むこと

3 彼はいつも話を誇張する<u>悪癖</u>がある。

1　あくひ　　2　おくせ　　3　わるくせ　　4　あくへき

4 宇宙の<u>神秘</u>に迫るため、世界中で研究が行われている。

1　しんぴ　　2　かみひ　　3　しんひ　　4　かんぴ

5 私の上司は、あまり<u>融通</u>が利かない人だ。

1　ゆうつう　　2　ゆうとう　　3　ゆうずう　　4　ゆつう

6 <u>一概</u>に部下の意見を非難することはできない。

1　ひとがい　　2　いっき　　3　いちがい　　4　いちき

7 <u>突如</u>、目の前で交通事故が起きた。

1　とつじょ　　2　とつぜん　　3　とつにょ　　4　とっちょ

8 契約書を書くときは必ず<u>印鑑</u>が必要だ。

1　いんけん　　2　いんかん　　3　いんきん　　4　いんきょう

9 「<u>拝啓</u>」とは、手紙のはじめに書く挨拶の言葉である。

1　はいけい　　2　はいきゅう　　3　はいしゃく　　4　はんけい

10 キャベツには、たくさんの食物<u>繊維</u>が含まれている。

1　そうい　　2　しい　　3　ぜんい　　4　せんい

正答　①1　②2　③4　④1　⑤3　⑥3　⑦1　⑧2　⑨1　⑩4

問題1 ＿＿＿の言葉の読み方として最もよいものを、1・2・3・4から一つ選びなさい。

1 このブランドの服は、どれも斬新なデザインだ。

1 さっしん　2 さんしん　3 せっしん　4 ざんしん

2 世界中が不幸になるような陰謀をたくらんでいる。

1 かげばい　2 いんばい　3 かげぼう　4 いんぼう

3 プロジェクトの趣旨をリーダーが説明する。

1 しゅひ　2 しゅし　3 しゅじ　4 じゅし

4 娘は怪獣のぬいぐるみを見て、泣き叫んでいる。

1 けいじゅう　2 けいけん　3 かいじゅう　4 けいちょう

5 裁判官に賄賂を渡そうとしたが、受け取ってもらえなかった。

1 ゆうろ　2 ゆうらく　3 うらく　4 わいろ

6 この二つは同じようなシャツだが、微妙に素材が違う。

1 びみょう　2 びにょう　3 ちょうみょう　4 びんみょう

7 ベトナム出張の実費を会社に請求する。

1 じっひ　2 じっぴ　3 じつひ　4 みっぴ

8 この車は、世界に一台しかない貴重な車だ。

1 きちょう　2 きちょ　3 きじゅう　4 きじょう

9 記者会見の冒頭で社長が頭を下げた。

1 もくとう　2 こうとう　3 ぼんとう　4 ぼうとう

10 この病院は夜中に幽霊が出ると言われている。

1 ぼうれい　2 げんれい　3 ゆうれい　4 しんれい

正答 ①4 ②4 ③2 ④3 ⑤4 ⑥1 ⑦2 ⑧1 ⑨4 ⑩3

問題1　＿＿＿＿の言葉の読み方として最もよいものを、1・2・3・4から一つ選びなさい。

1 日本人には本音と<u>建前</u>があると言われている。

1　けんぜん　　2　たてまえ　　3　けんまえ　　4　たてぜん

2 明日から新人の先生が来るなんて、<u>初耳</u>だ。

1　はつみみ　　2　しょみみ　　3　しょじ　　4　はつじ

3 放課後になると、いつもピアノの<u>音色</u>が聞こえてくる。

1　おとしき　　2　おといろ　　3　ねしき　　4　ねいろ

4 彼はいつも<u>口先</u>だけの約束ばかりしている。

1　こうせん　　2　くちせん　　3　くちさき　　4　こうさき

5 彼はハンサムで、学校でも<u>一際</u>目立つ存在だった。

1　いっさい　　2　ひときわ　　3　いちきわ　　4　ひとさい

6 やることをいちいち<u>指図</u>されることが大嫌いだ。

1　しと　　2　しず　　3　さしと　　4　さしず

7 賃貸契約の多くは、契約時に<u>敷金</u>の支払いが必要だ。

1　しきかね　　2　しきん　　3　しききん　　4　しくきん

8 <u>老舗</u>というだけあって味もサービスも素晴らしい。

1　しみせ　　2　ろうぼ　　3　ろうぽ　　4　しにせ

9 冬山を登るときは、<u>雪崩</u>に気を付けなければならない。

1　なだれ　　2　ゆきくずれ　　3　ゆきかい　　4　せっかい

10 天気のいい午後に、<u>日向</u>で猫が昼寝をしている。

1　ひこう　　2　にっこう　　3　ひなた　　4　にちむかい

正答　①2　②1　③4　④3　⑤2　⑥4　⑦3　⑧4　⑨1　⑩3

問題1 ＿＿＿の言葉の読み方として最もよいものを、1・2・3・4から一つ選びなさい。

1 彼女が台所で<u>手際</u>よくお味噌汁を作っている。

1 てぎわ　2 てさい　3 しゅっさい　4 しゅさい

2 今日の給食の<u>献立</u>は、カレーライスだ。

1 こんりつ　2 けんりつ　3 こんだて　4 けんだて

3 彼は刑務所が<u>手薄</u>になった時間に脱獄した。

1 しゅはく　2 てうす　3 しゅばく　4 てばく

4 犯人が<u>人質</u>をとっているので、むやみに行動できない。

1 じんしち　2 ひとしち　3 じんしつ　4 ひとじち

5 <u>図星</u>を突かれて、何も言えなくなってしまった。

1 とせい　2 ずせい　3 とぼし　4 ずぼし

6 <u>獲物</u>を見つけたハイエナの目は恐ろしい。

1 ほもの　2 かくもの　3 えもの　4 しゅもの

7 <u>問屋</u>が休みで、商品の仕入れができない。

1 とうや　2 とんや　3 もんや　4 とや

8 砂浜には、たくさんの<u>貝殻</u>が落ちている。

1 かいかく　2 がいかく　3 かいがら　4 かいけい

9 仕事の<u>合間</u>に隠れてゲームをしている。

1 ごうかん　2 あいま　3 あうま　4 がっかん

10 <u>小銭</u>がないので、一万円札を出した。

1 しょうぜん　2 こせん　3 しょうせん　4 こぜに

正答 ①1 ②3 ③2 ④4 ⑤4 ⑥3 ⑦2 ⑧3 ⑨2 ⑩4

問題1　＿＿＿の言葉の読み方として最もよいものを、1・2・3・4から一つ選びなさい。

1 <u>悪循環</u>を断つために、今日からお酒をやめます。

1　あくじゅんかん　2　おもくかん　3　あくじょうかん　4　おじゅんかん

2 日本は3歳から<u>幼稚園</u>に通うことができる。

1　ようじえん　2　ようちえん　3　ようきえん　4　よういえん

3 この事故による<u>死傷者</u>は100人を超えると報道された。

1　ししゅうしゃ　2　しじょうしゃ　3　ししょうしゃ　4　しようしゃ

4 <u>取締役</u>の仕事は誰にでもできるものではない。

1　しゅしやく　2　とりしまりやく　3　しゅていやく　4　とりていやく

5 都心以外の地域では<u>過疎化</u>が進んでいる。

1　かそくか　2　かそか　3　かしょうか　4　かきか

6 古い屋敷の時計が、<u>不気味</u>な音を立てて鳴った。

1　ぶきあじ　2　ふきみ　3　ふきあじ　4　ぶきみ

7 尊敬する上司の意見には<u>無条件</u>で賛成してしまう。

1　ぶじょうけん　2　むしょうけん　3　むじょうけん　4　ぶしょうけん

8 彼女が入社してから、 会社の<u>雰囲気</u>が明るくなった。

1　ふいんき　2　ふんいき　3　ふいいんき　4　ぶんいき

9 インド料理には多種多様な<u>香辛料</u>が使われている。

1　こうしんりょう　2　かしんりょう　3　こうこうりょう　4　かこうりょう

10 机の上にある資料は<u>無秩序</u>に並べられている。

1　ぶちつじょ　2　むしつじょ　3　むちつじょ　4　ぶしつじょ

正答　①1　②2　③3　④2　⑤2　⑥4　⑦3　⑧2　⑨1　⑩3

問題1 ＿＿＿の言葉の読み方として最もよいものを、1・2・3・4から一つ選びなさい。

1 愛犬は<u>老衰</u>により死んでしまった。

1 ろうすい　2 ろうあい　3 ろうきょう　4 ろうしょう

2 賞味期限が過ぎた食品は<u>廃棄</u>しなければならない。

1 はいか　2 はっき　3 はき　4 はいき

3 彼はまだ、自分の置かれた状況を<u>把握</u>できていない。

1 しょうあく　2 ひあく　3 はあく　4 ふあく

4 街の図書館に足を運び、本を<u>閲覧</u>する。

1 えつらん　2 えっけん　3 かんらん　4 えつけん

5 この地域に住むと、高額な住民税を<u>徴収</u>される。

1 ちょうしゅ　2 ちょうしゅう　3 てっしゅ　4 てっしゅう

6 僧侶になるために過酷な<u>修行</u>を乗り越える必要がある。

1 しゅごう　2 しゅきょう　3 しゅうぎょう　4 しゅぎょう

7 インターネットで他人を<u>中傷</u>してはならない。

1 ちゅうしょう　2 ちゅうけい　3 じゅうしょう　4 じゅうけい

8 日本語教育を通して世界に<u>貢献</u>していきたいと思っています。

1 こうごん　2 こうなん　3 こうけん　4 こうげん

9 毎年秋には家族総出で米の<u>収穫</u>を行う。

1 しゅうしゅう　2 しゅうせき　3 しゅうかく　4 しゅかく

10 高ぶる感情を<u>抑制</u>し、冷静に対処する。

1 げいせい　2 よくせい　3 やくせい　4 ぎょうせい

正答 ①1 ②4 ③3 ④1 ⑤2 ⑥4 ⑦1 ⑧3 ⑨3 ⑩2

問題1 ＿＿＿の言葉の読み方として最もよいものを、1・2・3・4から一つ選びなさい。

1 結婚相手を決めるときは、簡単に<u>妥協</u>してはいけない。

1 じょきょう　2 だきょう　3 もうきょう　4 だっきょう

2 あのリンゴは<u>腐敗</u>していて食べることができない。

1 ふばい　2 ぷはい　3 ふはい　4 ぶはい

3 けがのため、競技を途中で<u>棄権</u>する。

1 きけん　2 きっけん　3 きごん　4 きこん

4 彼の話は、どこか<u>矛盾</u>していて信じられない。

1 ふじゅん　2 むたく　3 むじゅん　4 じゅうじゅん

5 前大統領は、国民の経済格差の<u>是正</u>に取り組んでいた。

1 かせい　2 ぜせい　3 ぜしょう　4 しょうせい

6 地元の商店街の<u>振興</u>に力を入れる。

1 しんきょう　2 しんこう　3 しんぎょう　4 しんごう

7 これから、憲法改正案の<u>審議</u>を行います。

1 じんぎ　2 はんぎ　3 しんぎ　4 ばんぎ

8 私は幼い頃から、仏教を<u>信仰</u>しています。

1 しんげい　2 しんきょう　3 しんこう　4 しんぎょう

9 キャプテンは部員を<u>統率</u>する力がなければ務まらない。

1 とうりつ　2 とうそつ　3 とおりつ　4 とっそつ

10 私の書いた記事が、雑誌に<u>掲載</u>された。

1 けいしゃ　2 けいさい　3 かっさい　4 きさい

正答 ①2 ②3 ③1 ④3 ⑤2 ⑥2 ⑦3 ⑧3 ⑨2 ⑩2

問題1 ＿＿＿の言葉の読み方として最もよいものを、1・2・3・4から一つ選びなさい。

1 連日の残業で、疲労が体に蓄積する。

1 かんせき　2 ちくさい　3 せきさい　4 ちくせき

2 包丁に自分の名前を彫刻する。

1 しゅうこく　2 しゅうごく　3 ちょうこく　4 ちょうごく

3 借金の連帯保証人になる話は勘弁してもらった。

1 かんぺん　2 かんべん　3 ひつべん　4 かんじょう

4 生活に苦しむ人々を救済する方法を考える。

1 きゅうさん　2 きゅうざい　3 きゅうさい　4 きゅうせい

5 被災地の復興に全力を注ぐ。

1 ふこう　2 ふっきょう　3 ふっこう　4 ふっこく

6 オーケストラの演奏が19時から始まる予定です。

1 えんしょう　2 えんきょう　3 えんそう　4 えんこう

7 もう私の交友関係に干渉しないでください。

1 かんしょう　2 かんほ　3 ひしょう　4 ひほ

8 被災地は食料品や飲料水が欠乏している。

1 けつぼう　2 けつじょ　3 けつにょ　4 けってい

9 勉強のために自由な時間を束縛されてしまった。

1 そくばく　2 そくてい　3 そっけい　4 そっせん

10 世界は時代の流れにつれて変遷する。

1 へんかん　2 へんせん　3 へんぺん　4 へんきょう

正答 ①4 ②3 ③2 ④3 ⑤3 ⑥3 ⑦1 ⑧1 ⑨1 ⑩2

問題1　＿＿＿の言葉の読み方として最もよいものを、1・2・3・4から一つ選びなさい。

1　定年を迎えたので、田舎でゆっくりと隠居生活を送る。

1　いんきょ　　2　いんきょう　　3　いんぎょう　　4　りんぎょう

2　会社の理念に共鳴して入社を決めた。

1　きょうきょう　　2　きょうめい　　3　きょうちょう　　4　きょうきゅう

3　警察はその事件について引き続き捜査を行うようだ。

1　しゅうさ　　2　そうさ　　3　しゅさ　　4　そうさく

4　過去の事例から、今回の事件を類推する。

1　るいすい　　2　るいし　　3　るいじ　　4　るいしん

5　取引先との大きな交渉が成立した。

1　こうほ　　2　こうじょう　　3　こうほう　　4　こうしょう

6　交通事故にあって下半身が麻痺してしまった。

1　まぴ　　2　まひ　　3　まび　　4　まっぴ

7　週刊誌に掲載されるコラムを執筆している。

1　しひつ　　2　しつひつ　　3　しっぴつ　　4　しっひつ

8　治療が困難だと言われていた病を克服した。

1　こくふく　　2　かっぷく　　3　こっぷく　　4　かくふく

9　相手の事情を考慮する必要があります。

1　こうりょう　　2　こうりょ　　3　しりょ　　4　こうし

10　販売を促進するために、新しい広告を打つことにした。

1　こくしん　　2　ていしん　　3　ぞくしん　　4　そくしん

正答　①1　②2　③2　④1　⑤4　⑥2　⑦3　⑧1　⑨2　⑩4

問題1　＿＿＿＿の言葉の読み方として最もよいものを、1・2・3・4から一つ選びなさい。

1 彼は、もう24時間も沈黙を続けている。

1　しんもく　　2　ちんぼつ　　3　ちんもく　　4　しんばく

2 社会に奉仕することは素晴らしい。

1　ほうじ　　2　ほうし　　3　そうし　　4　そうじ

3 買い物をする時は、よく吟味して買うことにしている。

1　ぎんみ　　2　きんみ　　3　しょうみ　　4　こんみ

4 数学のテスト問題を電卓を使わずに暗算する。

1　あさん　　2　あんさん　　3　あざん　　4　あんざん

5 彼はアパレル業界の第一線で活躍している人物だ。

1　かつよく　　2　かつよう　　3　かつやく　　4　かっそく

6 このクラスは連帯感が欠如しているように感じる。

1　けっこう　　2　けつにょ　　3　けっちょ　　4　けつじょ

7 あのラーメン屋はとても繁盛している。

1　びんせい　　2　はんじょう　　3　はんせい　　4　びんじょう

8 医師は、運動とバランスの取れた食事を奨励している。

1　しょうりき　　2　しょうりょく　　3　しょうれい　　4　しょうまん

9 交通事故の知らせを聞いて激しく動揺する。

1　どうよう　　2　どうしん　　3　どうやく　　4　どうさん

10 日本語には名詞を修飾する言葉がたくさんある。

1　しょしょく　　2　そうしょく　　3　しゅうさい　　4　しゅうしょく

正答　①3　②2　③1　④4　⑤3　⑥4　⑦2　⑧3　⑨1　⑩4

問題1　＿＿＿の言葉の読み方として最もよいものを、1・2・3・4から一つ選びなさい。

1 動画の編集作業を他の会社に<u>委託</u>した。

1　きにん　2　いたく　3　きたく　4　いにん

2 会社の規則に違反した社員を<u>処罰</u>する。

1　しょけい　2　しょぶん　3　しょばつ　4　しょうばつ

3 上司から耐え難い<u>侮辱</u>を受ける。

1　ふじょく　2　ぶじょく　3　ふしん　4　ぶしん

4 一万円札を大量に<u>偽造</u>した。

1　きそう　2　ぎそう　3　いぞう　4　ぎぞう

5 効率の良い勉強方法を<u>模索</u>してみよう。

1　もさく　2　ぼさく　3　かさく　4　たんさく

6 たくさん嘘をついたせいで教室で<u>孤立</u>してしまった。

1　しりつ　2　そりつ　3　こだち　4　こりつ

7 一つの事に<u>執着</u>して、他の事が手につかなくなる性格だ。

1　しっちゃく　2　しゅうちゃく　3　しゅちゃく　4　しつちゃく

8 日本の生活に<u>順応</u>できず、一か月で帰国した。

1　じゅうの　2　じゅんお　3　じゅんのう　4　じゅうおう

9 お金持ちになるためには<u>忍耐</u>が必要なのかもしれない。

1　しんてい　2　にんたい　3　にんてい　4　しんたい

10 戦争で奪った領土を全て<u>返還</u>する。

1　へんきゃく　2　へんぺい　3　へんせん　4　へんかん

正答　①2　②3　③2　④4　⑤1　⑥4　⑦2　⑧3　⑨2　⑩4

問題1 ＿＿＿の言葉の読み方として最もよいものを、1・2・3・4から一つ選びなさい。

1 部長は、会社を辞める事を示唆するような発言をした。

1 しさん　　2 しす　　3 しさ　　4 しすい

2 自分のことを卑下せず、自信を持ちなさい。

1 ひか　　2 びげ　　3 びか　　4 ひげ

3 タバコをポイ捨てする人を、激しく軽蔑してしまう。

1 けいそつ　　2 けいけい　　3 けいべつ　　4 けいきん

4 小学校のとき、理科の授業でカエルの解剖をした。

1 かいばい　　2 かいぼう　　3 げばい　　4 げぼう

5 飛行機が墜落して多くの死者が出た。

1 ちくらく　　2 たいらく　　3 いつらく　　4 ついらく

6 いつも周りの人に配慮する山田（やまだ）さんは、とても素敵だ。

1 はいきょ　　2 はいりょう　　3 はいりょ　　4 はいきょう

7 山登りをする時は、遭難に注意してください。

1 そんなん　　2 こんなん　　3 そうなん　　4 あいなん

8 部長の机は、いつも整頓されていてきれいだ。

1 せいとく　　2 せいたく　　3 せいたん　　4 せいとん

9 デング熱は、蚊が媒介することで伝染する病気である。

1 ぼうかい　　2 ばいがい　　3 ばいかい　　4 ぼうがい

10 友人と言い合いになり、興奮して思わず殴ってしまった。

1 こうふん　　2 きょうふん　　3 こうしん　　4 きょうしん

正答 ①3 ②4 ③3 ④2 ⑤4 ⑥3 ⑦3 ⑧4 ⑨3 ⑩1

問題1　＿＿＿の言葉の読み方として最もよいものを、1・2・3・4から一つ選びなさい。

1 会社の飲み会で、マジックを<u>披露</u>した。

1　ひろう　　2　ひろお　　3　ぴろ　　4　ひろ

2 意見の食い違いで父との間に<u>摩擦</u>が生じた。

1　しょうさつ　　2　ますり　　3　しゅさつ　　4　まさつ

3 ライバル会社に対して<u>訴訟</u>を起こす。

1　そこう　　2　そしょう　　3　きこう　　4　きしょう

4 工場から流れた水が、川の水を<u>汚染</u>する。

1　よせん　　2　おしん　　3　おせん　　4　おそめ

5 来年、新しい条例が<u>施行</u>される予定です。

1　しこう　　2　せっこう　　3　そこう　　4　しっこう

6 会社の無駄な予算を<u>削減</u>した。

1　しょうげん　　2　さくげん　　3　さくめつ　　4　さくぼつ

7 <u>蒸留</u>はウイスキーを作る上で大切な工程の一つである。

1　しょうりゅう　　2　じょうる　　3　じょうりゅう　　4　しょうる

8 <u>酸化</u>した油を使うのはあまり体に良くない。

1　さんか　　2　すか　　3　すけ　　4　さんげ

9 食糧が届かず、<u>餓死</u>する寸前まで追い詰められた。

1　しょくし　　2　かし　　3　ひんし　　4　がし

10 収入と支出の<u>均衡</u>を保った生活を送る。

1　きんごう　　2　ぎんこう　　3　きんこう　　4　きんしょう

正答　①1　②4　③2　④3　⑤1　⑥2　⑦3　⑧1　⑨4　⑩3

問題1　＿＿＿の言葉の読み方として最もよいものを、1・2・3・4から一つ選びなさい。

1 大学を卒業してから、現在に至るまでの経緯を話す。

1　いたる　　2　たどる　　3　かたる　　4　ちる

2 新型ウイルスが流行し、人々の不安は募る一方だ。

1　つかる　　2　つける　　3　つぼる　　4　つのる

3 葬儀は亡くなった人を葬るための儀式だ。

1　ほこる　　2　ほうむる　　3　さがる　　4　こうむる

4 海に潜って魚を捕まえるのは、人生で初めてだ。

1　さぐって　　2　かえって　　3　たどって　　4　もぐって

5 夏休みの終わりが迫っているが全く宿題に手をつけていない。

1　さこって　　2　せまって　　3　きまって　　4　はくって

6 前方を走る大きな車が行く手を遮る。

1　さえぎる　　2　ささえる　　3　さまたげる　　4　はける

7 今年のワインは例年と比べ、味も香りも劣っている。

1　たどって　　2　はかって　　3　おちいって　　4　おとって

8 日本の人口は、東京や大阪などの大都市に偏っている。

1　へだたって　　2　かたよって　　3　さまよって　　4　からまって

9 私の夢は、リュック一つで世界中を巡ることである。

1　めくる　　2　めぐる　　3　さぐる　　4　はまる

10 表情や行動を見て、気持ちを悟ることができる。

1　かたる　　2　さとる　　3　はかる　　4　しとる

正答　①1　②4　③2　④4　⑤2　⑥1　⑦4　⑧2　⑨2　⑩2

問題1　＿＿＿の言葉の読み方として最もよいものを、1・2・3・4から一つ選びなさい。

1 私は10年間日本語教育に<u>携わって</u>います。

1　たずさわって　　2　こだわって　　3　かかわって　　4　そなわって

2 ほほに赤みを<u>帯びた</u>女性はとても色っぽい。

1　ほびた　　2　おびた　　3　さびた　　4　あびた

3 友達に昨日発売したばかりの化粧品を<u>勧める</u>。

1　すすめる　　2　たかめる　　3　しかめる　　4　つとめる

4 窓から夕焼けを<u>眺める</u>のが一番の楽しみだ。

1　いどめる　　2　ながめる　　3　めざめる　　4　ねがめる

5 この化粧水は、保湿と美白の効果を<u>兼ねて</u>いる。

1　けねて　　2　はねて　　3　こねて　　4　かねて

6 この家は部屋を<u>隔てる</u>壁がないので広く感じる。

1　くわだてる　　2　へだてる　　3　かくてる　　4　あてる

7 失敗を繰り返さないために、自分の行動を<u>省みる</u>。

1　しょうみる　　2　かんがみる　　3　かえりみる　　4　こころみる

8 仕事が忙しくて、周りの人を<u>顧みる</u>ことができない。

1　かんがみる　　2　かえりみる　　3　かへりみる　　4　はかりみる

9 税金を<u>納める</u>ことは、国民の義務である。

1　おさめる　　2　のめる　　3　からめる　　4　こめる

10 彼はゴールした瞬間、力が<u>尽きて</u>倒れてしまった。

1　わきて　　2　おきて　　3　ずきて　　4　つきて

正答　①1　②2　③1　④2　⑤4　⑥2　⑦3　⑧2　⑨1　⑩4

問題1　＿＿＿の言葉の読み方として最もよいものを、1・2・3・4から一つ選びなさい。

1 いい化粧水を使うと、肌が潤うのを感じる。

1　うるおう　　2　ととのう　　3　まかなう　　4　うきおう

2 カフェに入ると、コーヒーとケーキの香りが漂ってきた。

1　よみがえって　　2　ひろがって　　3　ただよって　　4　におって

3 幼い頃から手をかけてくれた彼を、実の兄のように慕う。

1　そう　　2　しまう　　3　こう　　4　したう

4 私が犯した罪は、謝罪しても償うことはできません。

1　つぎなう　　2　つげなう　　3　つぐなう　　4　つがなう

5 アルバイトをして、生活費を賄う必要がある。

1　まかなう　　2　あらがう　　3　こう　　4　たまう

6 はさみがなかったので、手で紙を二つに裂いた。

1　むいた　　2　といた　　3　さいた　　4　きいた

7 あまりにも早すぎる親友の死を、心から嘆く。

1　なげく　　2　おどろく　　3　まねく　　4　くじく

8 この川の水は、底が見えるほど透明で澄んでいる。

1　はんで　　2　とんで　　3　しんで　　4　すんで

9 日本代表としての責任を感じながら、試合に臨む。

1　はげむ　　2　いどむ　　3　ひそむ　　4　のぞむ

10 大切なお客様に対して失礼がないように、言葉を慎む。

1　おがむ　　2　たくらむ　　3　はらむ　　4　つつしむ

正答　①1　②3　③4　④3　⑤1　⑥3　⑦1　⑧4　⑨4　⑩4

問題1　＿＿＿の言葉の読み方として最もよいものを、1・2・3・4から一つ選びなさい。

1 可愛いものを見ると心が<u>癒される</u>。

1　さとされる　　2　いやされる　　3　はなされる　　4　みたされる

2 黄色い線の内側に立つよう注意を<u>促す</u>。

1　たがやす　　2　うながす　　3　ほどこす　　4　たす

3 年々増える税金の支払いが家計を<u>脅かす</u>。

1　おびやかす　　2　おどろかす　　3　およびかす　　4　おののかす

4 少子高齢化に対して、政府が新たな策を<u>施す</u>。

1　ほどす　　2　ほかす　　3　ほどかす　　4　ほどこす

5 毎週金曜日に、日本語の勉強会を<u>催す</u>予定です。

1　うながす　　2　さとす　　3　もよおす　　4　ほのめかす

6 ここのお店のスタッフは、どんな要望にも<u>快く</u>対応してくれる。

1　こころよく　　2　すがすがしく　　3　いさぎよく　　4　ここちよく

7 家と会社の往復で、変化に<u>乏しい</u>日々にうんざりする。

1　とましい　　2　ひとしい　　3　いとしい　　4　とぼしい

8 「田中(たなか)さん」がクラスに10人もいるので、本当に<u>紛らわしい</u>。

1　まじらわしい　　2　まだらわしい　　3　まぎらわしい　　4　まどらわしい

9 有名人のような<u>華々しい</u>人生に憧れている。

1　はなばなしい　　2　かかしい　　3　はなはなしい　　4　はればれしい

10 漢字を2000個も覚えるのは本当に<u>煩わしい</u>。

1　まぎらわしい　　2　わずらわしい　　3　わざわざしい　　4　けがらわしい

正答　①2　②2　③1　④4　⑤3　⑥1　⑦4　⑧3　⑨1　⑩2

2 文脈規定

○問題2（例）

問題2　（　　　）に入れるのに最もよいものを、1・2・3・4から一つ選びなさい。

1 改めて仕事の（　　　）とやり方を考え直す。

1　味方　　2　方面　　3　方角　　4　方針

正答　4

問題2では、（　　　）の中にぴったり当てはまる言葉を選ぶ問題が7問出題されます。4つの選択肢は、意味が似ている言葉や同じ漢字を使った言葉になっていることが多いです。（例題の選択肢では味方、方面、方角、方針）単語一つ一つの意味をしっかりと理解しておきましょう。

問題2　（　　　）に入れるのに最もよいものを、1・2・3・4から一つ選びなさい。

1 アルコールを（　　　）に摂取するのは体に良くない。

1　過剰　　2　過敏　　3　過密　　4　過激

2 年末の忘年会で（　　　）をすることになっている。

1　征服　　2　余興　　3　言動　　4　克服

3 台風の影響で、インターネットの（　　　）が遮断された。

1　下線　　2　沿線　　3　回線　　4　内線

4 決勝戦の相手は、負け知らずと言われる（　　　）だ。

1　強引　　2　猛烈　　3　強豪　　4　強烈

5 この街の家賃の（　　　）は、一か月7万円程度だ。

1　相場　　2　相性　　3　評価　　4　定価

6 私が住んでいる寮の（　　　）は、夜の10時だ。

1　期限　　2　門限　　3　限界　　4　権限

7 いろんな考えが浮かんで、頭の中が（　　　）とする。

1　根拠　　2　歴然　　3　混沌　　4　堂々

8 提出した書類に（　　　）があったため返却されてしまった。

1　予備　　2　不備　　3　予選　　4　備蓄

9 少子高齢化問題が（　　　）として取り上げられた。

1　議会　　2　議論　　3　議題　　4　議決

正答　①1　②2　③3　④3　⑤1　⑥2　⑦3　⑧2　⑨3

問題2 （ ）に入れるのに最もよいものを、1・2・3・4から一つ選びなさい。

1 今回の地震で、多数の死者と多額の（　　　）が出た。

1 損害　　2 危害　　3 弊害　　4 障害

2 この紅茶の（　　　）は、世界で一番だと思う。

1 味覚　　2 色調　　3 口調　　4 風味

3 彼はとても（　　　）なので、私の好意に全く気付かない。

1 鈍感　　2 臆病　　3 敏感　　4 頑固

4 この会社には、（　　　）10名のスタッフがいます。

1 総額　　2 総勢　　3 総括　　4 総合

5 未成年なのに（　　　）と酒を飲んで、退学になった。

1 公然　　2 漠然　　3 歴然　　4 呆然

6 パスポートには、必ず（　　　）が記載されている。

1 書籍　　2 証拠　　3 根拠　　4 本籍

7 彼が犯人ではないかという（　　　）が証拠により確信に変わった。

1 疑惑　　2 義理　　3 誘惑　　4 理性

8 だいたい同じだが、（　　　）に言えば多少異なる。

1 厳粛　　2 厳重　　3 厳密　　4 頻繁

9 この細い（　　　）には、野良猫がたくさん住んでいる。

1 路面　　2 路地　　3 跡地　　4 路線

正答 ①1 ②4 ③1 ④2 ⑤1 ⑥4 ⑦1 ⑧3 ⑨2

問題2 （　　　）に入れるのに最もよいものを、1・2・3・4から一つ選びなさい。

1 警察署から逃げ出した犯人の（　　　）は、今も不明だ。

1 配属　　2 所有　　3 所在　　4 気配

2 仕事のミスは、まず（　　　）の上司に相談するべきだ。

1 直前　　2 直接　　3 直通　　4 直属

3 クラスで一人だけ満点をとり、（　　　）を感じている。

1 親近感　　2 一体感　　3 優越感　　4 正義感

4 会社のルールを（　　　）することは、社会人として当然だ。

1 厳守　　2 護衛　　3 守備　　4 装備

5 我が社は複数の事業を展開しており、中でも（　　　）となっているのが飲食業です。

1 中核　　2 心中　　3 本場　　4 郷土

6 彼と私の考え方は、（　　　）から違っている。

1 手本　　2 見本　　3 原本　　4 根本

7 体力の（　　　）まで走り続ける。

1 極限　　2 先頭　　3 両極　　4 先端

8 この万年筆は、亡くなった父の（　　　）だ。

1 形式　　2 形勢　　3 形状　　4 形見

9 日本の会社では、残業するのが当たり前という（　　　）がある。

1 風潮　　2 配慮　　3 風習　　4 構想

正答 ①3 ②4 ③3 ④1 ⑤1 ⑥4 ⑦1 ⑧4 ⑨1

問題2 （　　）に入れるのに最もよいものを、1・2・3・4から一つ選びなさい。

1 他の書類と、（　　　）を合わせてください。

1 形見　　2 清書　　3 書式　　4 体制

2 病気の時は、家で（　　　）にしなければならない。

1 慎重　　2 安易　　3 無効　　4 安静

3 地震の影響で大きな（　　　）の停電が起こる恐れがある。

1 規格　　2 規範　　3 規模　　4 規約

4 （　　　）は、親戚が全員祖母の家に集まる。

1 地元　　2 年頃　　3 元旦　　4 身元

5 会社に働き手が少ないので従業員を（　　　）する。

1 急募　　2 急変　　3 応募　　4 採集

6 このアニメは海外で大きな（　　　）がある。

1 反乱　　2 判決　　3 判断　　4 反響

7 働く女性の増加に（　　　）して、新しい商品が作られた。

1 着手　　2 着地　　3 着眼　　4 執着

8 彼の発明は、旅行の（　　　）を覆すものだった。

1 概念　　2 概略　　3 概要　　4 気概

9 社長室には（　　　）で立ち入ってはいけない。

1 無休　　2 無償　　3 不断　　4 無断

正答 ①3 ②4 ③3 ④3 ⑤1 ⑥4 ⑦3 ⑧1 ⑨4

問題2 （　　　）に入れるのに最もよいものを、1・2・3・4から一つ選びなさい。

1 彼女は（　　　）があってとても美しい女性だ。

1 気品　　2 気質　　3 情緒　　4 性質

2 妻を喜ばせるために、プレゼントを買ったことは（　　　）にしている。

1 密接　　2 内緒　　3 厳密　　4 丁重

3 （　　　）な人は、何事もよく考えてから行動をするので失敗が少ない。

1 適当　　2 軽薄　　3 厄介　　4 慎重

4 ビル建設で重要なことは、強固な（　　　）をつくる事だ。

1 土台　　2 土手　　3 土俵　　4 土砂

5 あの居酒屋の主人はいつも（　　　）がいい。

1 気前　　2 気象　　3 気味　　4 気配

6 会社の（　　　）で銀行口座を開設する。

1 名残　　2 名産　　3 名誉　　4 名義

7 ペットの世話を怠り餓死させるという（　　　）な事件が増えている。

1 貪欲　　2 残酷　　3 弱気　　4 冷静

8 あの新入社員は（　　　）が悪いので、とにかく仕事が遅い。

1 要点　　2 要領　　3 儀式　　4 行儀

9 先生の机の上は、いつも（　　　）されていてすっきりしている。

1 整頓　　2 規制　　3 設置　　4 分別

正答 ①1　②2　③4　④1　⑤1　⑥4　⑦2　⑧2　⑨1

問題2 （　　）に入れるのに最も よいものを、1・2・3・4から一つ選びなさい。

1 サービス業はお客様の（　　　）に立つことが大切である。

1 視覚　　2 観点　　3 視点　　4 目先

2 病院へ行って、医者に体の（　　　）を訴える。

1 不信　　2 不況　　3 不動　　4 不調

3 今月号の雑誌の（　　　）は、可愛いポーチだった。

1 付録　　2 目次　　3 付属　　4 目録

4 彼は面倒な事を先延ばしにする（　　　）がある。

1 傾斜　　2 傾向　　3 負担　　4 動向

5 人がたくさん来ることを（　　　）に置いて準備する。

1 先頭　　2 中腹　　3 念頭　　4 上腕

6 彼女には（　　　）が備わっている。

1 品格　　2 人格　　3 骨格　　4 体格

7 大学を（　　　）して、アメリカへ留学する予定だ。

1 引退　　2 後退　　3 中継　　4 中退

8 彼の発想はいつも（　　　）で他の人にはないアイデアを持っている。

1 独創的　　2 肯定的　　3 画一的　　4 精力的

9 彼は自分と（　　　）だと思っていたが、違ったようだ。

1 合同　　2 平常　　3 同類　　4 平行

正答 ①3　②4　③1　④2　⑤3　⑥1　⑦4　⑧1　⑨3

問題2　（　　　）に入れるのに最もよいものを、1・2・3・4から一つ選びなさい。

1 息子が夜中に高熱を出し、（　　　）に対応する病院に行った。

1　玄人　　2　急患　　3　顧客　　4　災害

2 好きなことをしながらお金が稼げるこの仕事は私にとって（　　　）だ。

1　天職　　2　役職　　3　就職　　4　職務

3 彼と話をして、自分の考えが（　　　）から覆された。

1　背後　　2　根底　　3　軌道　　4　窮地

4 次の試験に合格できるかどうか（　　　）だ。

1　微妙　　2　微量　　3　巧妙　　4　奇妙

5 彼は子どもの時から、スター選手になる（　　　）があった。

1　素材　　2　理性　　3　元素　　4　素質

6 この会社の（　　　）に共感し、志望いたしました。

1　理性　　2　理念　　3　物理　　4　心理

7 私が浮気していたことを、妻に（　　　）した。

1　申請　　2　白状　　3　忠告　　4　告発

8 彼が部長に選ばれるのは（　　　）だと思う。

1　仕業　　2　手間　　3　人質　　4　妥当

9 事故から5年の（　　　）が流れ、娘は高校に入学した。

1　歳月　　2　季節　　3　時代　　4　映像

正答　①2　②1　③2　④1　⑤4　⑥2　⑦2　⑧4　⑨1

問題2 （　　）に入れるのに最も良いものを、1・2・3・4から一つ選びなさい。

1 一年ぶりに会った友達に、（　　　）をたずねた。

1 好況　　2 不況　　3 近郊　　4 近況

2 犯行現場に犯人の（　　　）が残されていた。

1 指紋　　2 根拠　　3 指図　　4 証明

3 （　　　）、大きな地震が起こった。

1 急遽　　2 極力　　3 当分　　4 突如

4 人口が減る一方だった地方に工場を（　　　）し、地域の活性化を試みる。

1 誘惑　　2 弁償　　3 持参　　4 誘致

5 使い方を（　　　）で説明いたしますので、メモを取ってください。

1 口先　　2 口頭　　3 一目　　4 口論

6 日本語の森の社長とは（　　　）がある。

1 面識　　2 認識　　3 面影　　4 良識

7 特定の地域にのみ（　　　）している生き物を探す。

1 発育　　2 生息　　3 生産　　4 生育

8 友達と目的地が同じだったので、タクシーに（　　　）させてもらった。

1 搭乗　　2 転送　　3 輸送　　4 便乗

9 他の会社に（　　　）して、自社製品の値段をさらに安くした。

1 対抗　　2 反抗　　3 抵抗　　4 抗議

正答 ①4 ②1 ③4 ④4 ⑤2 ⑥1 ⑦2 ⑧4 ⑨1

問題2　（　　　）に入れるのに最も良いものを、1・2・3・4から一つ選びなさい。

1 両親が事故にあったと聞いて、激しく（　　　）した。

1　予言　　2　起動　　3　動揺　　4　暴動

2 六千万年以上前に恐竜は（　　　）したと言われている。

1　絶賛　　2　絶滅　　3　拒絶　　4　断絶

3 大事なのは、与えられた業務の重要性を（　　　）して働くことだ。

1　弁解　　2　和解　　3　緩和　　4　認識

4 その資料は不要なので（　　　）してください。

1　棄権　　2　破棄　　3　放棄　　4　投棄

5 小学生の時に交通事故で（　　　）して以来、生活が大きく変わった。

1　失明　　2　紛失　　3　失言　　4　喪失

6 チームメイトが、けがから（　　　）した。

1　復帰　　2　修復　　3　復旧　　4　帰省

7 長年（　　　）していたかばんが壊れてしまった。

1　用心　　2　嗜好　　3　割愛　　4　愛用

8 この学校に（　　　）している生徒は100名を超える。

1　在住　　2　在職　　3　在籍　　4　在留

9 年末の大掃除で、不要なものを全て（　　　）する。

1　処分　　2　処刑　　3　処罰　　4　処置

正答　①3　②2　③4　④2　⑤1　⑥1　⑦4　⑧3　⑨1

問題2 （　　）に入れるのに最もよいものを、1・2・3・4から一つ選びなさい。

1 強くなるためにも、人生で一度は（　　）する経験を味わった方が良い。

1 挫折　2 絶滅　3 滅亡　4 屈折

2 身長と体重は、必ずしも（　　）するわけではない。

1 並列　2 比例　3 比較　4 対比

3 ごみを（　　）する日は、月曜日と水曜日です。

1 編集　2 募集　3 収穫　4 収集

4 妻との口喧嘩は、いつも私が先に（　　）する。

1 参照　2 降参　3 参上　4 持参

5 大型ごみが不法に（　　）されることについて市は対策を練っている。

1 投稿　2 投入　3 投棄　4 投資

6 あの二人の性格はとても（　　）だ。

1 対抗的　2 対照的　3 相対的　4 科学的

7 がんが転移し、胃を（　　）することになった。

1 摘出　2 摘発　3 指摘　4 脱出

8 私の運勢を（　　）するような出来事があった。

1 掲示　2 暗示　3 暗記　4 暗算

9 このパーティーは日本大使館が（　　）している。

1 主演　2 指導　3 主張　4 主催

正答 ①1　②2　③4　④2　⑤3　⑥2　⑦1　⑧2　⑨4

問題2　（　　　）に入れるのに最もよいものを、1・2・3・4から一つ選びなさい。

1 お客様の意見を（　　　）して商品を作る。

1　加減　　2　加味　　3　加工　　4　添加

2 自分の失敗を認めず、（　　　）し続ける。

1　弁解　　2　弁償　　3　代行　　4　代弁

3 新しい条例が（　　　）されるのは、来年以降である。

1　進行　　2　運行　　3　連行　　4　施行

4 事件に関与したと思われる人物に事情を（　　　）する。

1　伝来　　2　搾取　　3　聴講　　4　聴取

5 太陽の光が鏡に（　　　）して、とてもまぶしい。

1　反射　　2　反省　　3　反響　　4　反発

6 営業部へ（　　　）することになった。

1　変動　　2　起動　　3　異動　　4　作動

7 新しいスマホの代金を（　　　）して支払う。

1　分配　　2　分裂　　3　分別　　4　分割

8 尊敬する恩師の言葉に（　　　）を受けた。

1　指摘　　2　感銘　　3　依頼　　4　承認

9 彼はオリンピックで世界新記録を（　　　）した。

1　自立　　2　設立　　3　樹立　　4　成立

正答　①2　②1　③4　④4　⑤1　⑥3　⑦4　⑧2　⑨3

問題2 （ ）に入れるのに最もよいものを、1・2・3・4から一つ選びなさい。

1 定員より応募が多かった場合、チケットは（ ）で販売いたします。
1 抽選 2 特選 3 確率 4 決勝

2 嘘をついた息子に厳しく（ ）する。
1 布教 2 宣教 3 説教 4 警戒

3 新しいプロジェクトについて社内で（ ）することになった。
1 検査 2 検討 3 検定 4 検索

4 大阪は東京に（ ）するほど大きな都市である。
1 敵視 2 適応 3 適用 4 匹敵

5 大学合格を（ ）するために神社へ行く。
1 祈願 2 志願 3 拝見 4 待望

6 反則という判定に対して、審判に（ ）する。
1 決議 2 審議 3 協議 4 抗議

7 卒業論文の中で、指摘された部分を（ ）する。
1 是正 2 訂正 3 改正 4 不正

8 当社が定めた条件に（ ）する方のみ、サービスを利用できます。
1 配当 2 当惑 3 該当 4 信仰

9 災害に備え、一週間分の水と食料を（ ）する。
1 確保 2 保守 3 確信 4 確立

正答 ①1 ②3 ③2 ④4 ⑤1 ⑥4 ⑦2 ⑧3 ⑨1

問題2 （　　）に入れるのに最もよいものを、1・2・3・4から一つ選びなさい。

1 対戦相手の体格に（　　　）されてしまった。

1 圧迫　　2 圧勝　　3 圧倒　　4 鎮圧

2 全ての教室にクーラーを（　　　）する予定だ。

1 結成　　2 完結　　3 守備　　4 完備

3 イベント開催に伴い、会場を（　　　）する。

1 支配　　2 手配　　3 配布　　4 配属

4 新入社員の意見を（　　　）して、新商品を作る。

1 採取　　2 採用　　3 雇用　　4 起用

5 彼と（　　　）を始めたが、価値観が合わないので別れることになった。

1 同情　　2 同伴　　3 同行　　4 同棲

6 万引きを目撃したので、警察に（　　　）した。

1 通用　　2 通報　　3 通訳　　4 通達

7 不作により、野菜の価格が（　　　）している。

1 暴騰　　2 乱暴　　3 爆撃　　4 爆破

8 韓国の会社と（　　　）して、新しい事業を展開する。

1 提出　　2 提供　　3 提示　　4 提携

9 弊社では、リモートワークを（　　　）しています。

1 進行　　2 推進　　3 昇進　　4 行進

正答 ①3 ②4 ③2 ④2 ⑤4 ⑥2 ⑦1 ⑧4 ⑨2

問題2 （　　）に入れるのに最もよいものを、1・2・3・4から一つ選びなさい。

1 彼は周囲の（　　　）に負けず、自分を信じて行動し続けた。

1 審判　　2 批判　　3 判決　　4 判別

2 各国が（　　　）し、ワクチンの研究開発に取り組む。

1 混同　　2 連行　　3 同伴　　4 連携

3 有名な絵画を一億円で（　　　）した。

1 落胆　　2 落札　　3 暴落　　4 脱落

4 先生にスマホを（　　　）されてしまった。

1 吸収　　2 収穫　　3 没収　　4 撤収

5 母親は脳の病気になり、（　　　）なしでは生活できなくなってしまった。

1 介護　　2 介入　　3 弁護　　4 警護

6 彼は自分の意見ばかり主張する（　　　）が欠けた人だ。

1 一貫性　　2 協調性　　3 多様性　　4 独創性

7 けがやトラブルがないように、会場内を（　　　）する。

1 閲覧　　2 監視　　3 観覧　　4 乱用

8 家族が増えたので、家を（　　　）して二階建てにした。

1 増進　　2 増加　　3 増強　　4 増築

9 取引先の意向を（　　　）しながら、商品の値段を調整する。

1 考案　　2 考慮　　3 発明　　4 選考

正答 ①2　②4　③2　④3　⑤1　⑥2　⑦2　⑧4　⑨2

問題2　（　　　）に入れるのに最もよいものを、1・2・3・4から一つ選びなさい。

1 自分の感情を（　　　）することができない。

1　規制　　2　強制　　3　制覇　　4　抑制

2 彼は上司の（　　　）を全く聞かない。

1　忠告　　2　告発　　3　告白　　4　申告

3 知事が県民に外出を控えるように（　　　）した。

1　要約　　2　要請　　3　祈願　　4　追求

4 仕事が忙しいからといって、睡眠を（　　　）してはいけない。

1　軽蔑　　2　軽視　　3　重宝　　4　重複

5 景気の悪化により取引先との商談が（　　　）する。

1　決裂　　2　決行　　3　決意　　4　決断

6 大統領が国を（　　　）している。

1　率先　　2　解決　　3　引率　　4　統治

7 僕は真面目で熱心な彼を生徒会長に（　　　）した。

1　推薦　　2　勧告　　3　催促　　4　促進

8 私の祖父は山で熊と（　　　）し、熊を倒したことがあるらしい。

1　紛争　　2　争奪　　3　格闘　　4　興奮

9 公園で、美しい桜の花を（　　　）する。

1　参観　　2　観賞　　3　受賞　　4　閲覧

正答　①4　②1　③2　④2　⑤1　⑥4　⑦1　⑧3　⑨2

問題2 （　　）に入れるのに最も よいものを、1・2・3・4から一つ選びなさい。

1 信号が（　　　）したあと、すぐに赤色になった。

1　減点　　2　点滅　　3　点検　　4　幻滅

2 そんなに（　　　）しないで、たくさん食べてください。

1　遠慮　　2　遠征　　3　軽視　　4　軽蔑

3 地震で壊れてしまった橋を（　　　）するため工事を行う。

1　重複　　2　複合　　3　復旧　　4　復縁

4 長時間パソコンを使うと肩が（　　　）。

1　滞る　　2　劣る　　3　凝る　　4　潜る

5 彼に危険が（　　　）いることに誰も気が付かなかった。

1　図って　　2　迫って　　3　携わって　　4　遮って

6 若者の行動を見ていると、目に（　　　）ものがある。

1　至る　　2　去る　　3　誤る　　4　余る

7 納期が迫り、気持ちが（　　　）。

1　焦る　　2　反る　　3　釣る　　4　粘る

8 年を取るごとに、頭の回転が（　　　）いるのを感じる。

1　悟って　　2　鈍って　　3　損なって　　4　勝って

9 無罪から有罪に判決が（　　　）。

1　はかどった　　2　ふけった　　3　さからった　　4　くつがえった

正答 ①2　②1　③3　④3　⑤2　⑥4　⑦1　⑧2　⑨4

問題2 （　　）に入れるのに最もよいものを、1・2・3・4から一つ選びなさい。

1 試合に勝つために、戦略を（　　　）。

1 配る　　2 練る　　3 操る　　4 測る

2 仕事を辞めたら世界中の観光名所を（　　　）つもりだ。

1 巡る　　2 陥る　　3 浸る　　4 誇る

3 学校に存在する、理不尽な規則に（　　　）。

1 憤る　　2 滞る　　3 遮る　　4 潤う

4 前方で渋滞が起こっているので、車の速度を（　　　）。

1 込める　　2 納める　　3 沈める　　4 緩める

5 友人の健康のために、禁煙を（　　　）。

1 辞める　　2 勧める　　3 固める　　4 努める

6 環境破壊問題は、解決に困難を（　　　）。

1 定める　　2 治まる　　3 絡まる　　4 極める

7 かばんに（　　　）大きさのパソコンが欲しい。

1 収まる　　2 定まる　　3 溜まる　　4 染まる

8 先生の話を聞いて、より理解が（　　　）。

1 静まった　　2 深まった　　3 薄まった　　4 強まった

9 前方を走るランナーとの差が徐々に（　　　）。

1 深まる　　2 締まる　　3 治まる　　4 縮まる

正答 ①2 ②1 ③1 ④4 ⑤2 ⑥4 ⑦1 ⑧2 ⑨4

問題2 （　　）に入れるのに最もよいものを、1・2・3・4から一つ選びなさい。

1 必死に勉強して、なんとか不合格を（　　　）。

1 崩れた　　2 敗れた　　3 廃れた　　4 免れた

2 ストレスを感じる時は、犬と遊ぶと気が（　　　）。

1 紛れる　　2 膨れる　　3 こじれる　　4 暴れる

3 自分の才能に（　　　）はいけない。

1 はばかって　　2 うぬぼれて　　3 とぼけて　　4 ののしって

4 上司の期待に（　　　）のが、部下の役目だ。

1 構える　　2 応える　　3 揃える　　4 与える

5 息子は、節分（せつぶん）の日にやってくる鬼に（　　　）いる。

1 怯えて　　2 冴えて　　3 衰えて　　4 控えて

6 田舎にたくさんの若い人が移住し、町が（　　　）。

1 耐える　　2 そびえる　　3 鍛える　　4 栄える

7 年齢を重ねる度に、顔が（　　　）いると思う。

1 老けて　　2 設けて　　3 授けて　　4 とぼけて

8 長年、愛用していた鞄が（　　　）。

1 ぼけた　　2 やぶけた　　3 ぼやけた　　4 ほどけた

9 友人のつまらない話で、場が（　　　）。

1 空ける　　2 白ける　　3 背ける　　4 透ける

正答 ①4　②1　③2　④2　⑤1　⑥4　⑦1　⑧2　⑨2

問題2 （　　　）に入れるのに最も良いものを、1・2・3・4から一つ選びなさい。

1 彼らの勇気ある行動は、称賛に（　　　）。

1　発する　　2　徹する　　3　恋する　　4　値する

2 集合時間に遅刻しないよう、渋滞を（　　　）。

1　裂ける　　2　避ける　　3　控える　　4　留める

3 他人の気分を（　　　）行動は慎むべきだ。

1　称する　　2　害する　　3　制する　　4　決する

4 知らない人に突然声をかけられ、（　　　）。

1　狙った　　2　負った　　3　戸惑った　　4　損なった

5 彼女は最後まで犯人を（　　　）ような発言を繰り返した。

1　かばう　　2　さらう　　3　うかがう　　4　したう

6 家族を（　　　）ために、毎日一生懸命働く。

1　拭う　　2　養う　　3　賄う　　4　囲う

7 信頼できる友人に、自分の秘密を（　　　）。

1　明かす　　2　果たす　　3　脅かす　　4　交わす

8 のんびりと出発の準備をしている子どもを（　　　）。

1　速める　　2　凝らす　　3　仰ぐ　　4　急かす

9 新型ウイルスは、世界各国に大きな影響を（　　　）。

1　済ました　　2　及ぼした　　3　減した　　4　催した

正答　①4　②2　③2　④3　⑤1　⑥2　⑦1　⑧4　⑨2

問題2 （　　）に入れるのに最もよいものを、1・2・3・4から一つ選びなさい。

1 退屈を（　　）ために、近くの公園まで散歩をする。
1 逸らす　2 紛らす　3 もてなす　4 けなす

2 空いている時間は、全て日本語の勉強に（　　）。
1 凝らす　2 促す　3 荒らす　4 費やす

3 恋人と別れ、傷心している友人を（　　）。
1 冷ます　2 励ます　3 浸す　4 尽くす

4 趣味が同じ人と話すと、話が（　　）。
1 滅ぶ　2 及ぶ　3 弾む　4 歪む

5 目上の人の前では、軽はずみな言動を（　　）べきだ。
1 歩む　2 慎む　3 励む　4 妬む

6 自分より強い相手に戦いを（　　）。
1 励む　2 挑む　3 拝む　4 組む

7 このアイスクリームは大自然の中で（　　）牛からしぼった牛乳で作りました。
1 育まれた　2 踏まえられた　3 発せられた　4 営まれた

8 このペンはよく手に（　　）使いやすい。
1 目論んで　2 馴染んで　3 好んで　4 危ぶんで

9 彼がいるだけで、なんとなく場が（　　）。
1 富む　2 病む　3 拒む　4 和む

正答 ①2　②4　③2　④3　⑤2　⑥2　⑦1　⑧2　⑨4

問題2　（　　　）に入れるのに最もよいものを、1・2・3・4から一つ選びなさい。

1 今後の対策を（　　　）必要がある。

1　動じる　　2　講じる　　3　軽んじる　　4　重んじる

2 大好きな俳優が、ドラマで主役を（　　　）。

1　演じる　　2　応じる　　3　案じる　　4　生じる

3 日本の株価暴落について、ニュースで（　　　）。

1　投じる　　2　興じる　　3　転じる　　4　報じる

4 その場の雰囲気を（　　　）、彼は部屋を出て行った。

1　発して　　2　察して　　3　及ぼして　　4　抜かして

5 大通りに（　　　）場所に、行きつけの居酒屋がある。

1　面する　　2　題する　　3　有する　　4　要する

6 地震による日本経済への影響は、想像を（　　　）ものだった。

1　絶する　　2　得する　　3　発する　　4　揺さぶる

7 日本の伝統文化を（　　　）、守り続けていきたい。

1　持ち越し　　2　待ち望み　　3　受け継ぎ　　4　言い渡し

8 開店時間と同時に、お店に人が（　　　）。

1　割り込んだ　　2　押し寄せた　　3　立ち向かった　　4　込み入った

9 彼とは、成績の順位を（　　　）良きライバルだ。

1　競い合う　　2　取り巻く　　3　抱え込む　　4　押し切る

正答 ①2　②1　③4　④2　⑤1　⑥1　⑦3　⑧2　⑨1

問題2 （　　）に入れるのに最もよいものを、1・2・3・4から一つ選びなさい。

1 彼女は、証拠があるにも関わらず自分は無実だと（　　　）いる。

1 立て替えて　　2 付け加えて　　3 言い合って　　4 言い張って

2 野良猫が私の足元に（　　　）来た。

1 似通って　　2 着飾って　　3 近寄って　　4 見守って

3 当店では毎朝、漁港から新鮮な魚を（　　　）います。

1 取り寄せて　　2 引き寄せて　　3 差し引いて　　4 取り仕切って

4 A社は5月から、電話料金を（　　　）予定だ。

1 引き取る　　2 取り押さえる　　3 引き下げる　　4 引き落とす

5 仕事帰りにスーパーに（　　　）、夜ご飯の材料を買った。

1 立ち寄って　　2 立ち向かって　　3 立て直して　　4 押し寄せて

6 裁判官は、冷静に判決を（　　　）。

1 言いふらした　　2 言い張った　　3 張り切った　　4 言い渡した

7 ラーメン屋さんの列に並んでいたら、マナーの悪い客が列に（　　　）きた。

1 割り当てて　　2 割り込んで　　3 食い込んで　　4 打ち込んで

8 感染症の拡大を（　　　）ことに成功した。

1 引き止める　　2 食い止める　　3 取りとめる　　4 突き止める

9 長年の試行錯誤の末、やっと満足のいく味に（　　　）。

1 取り付いた　　2 持ち越した　　3 たどり着いた　　4 繰り上げた

正答 ①4 ②3 ③1 ④3 ⑤1 ⑥4 ⑦2 ⑧2 ⑨3

問題2 （　　　）に入れるのに最も よいものを、1・2・3・4から一つ選びなさい。

1 長年付き合ってきた恋人に別れ話を（　　　）のは勇気のいることだ。

1 切り出す　2 投げ出す　3 差し出す　4 見出す

2 新しいマンション建設の計画は、お金の問題で（　　　）。

1 仕切られた　2 打ち明けられた　3 打ち切られた　4 打ち込まれた

3 この映画は、困難に（　　　）勇気を与えてくれた。

1 張り裂ける　2 思い上がる　3 押し寄せる　4 立ち向かう

4 彼女に恋人がいることを知って（　　　）身を引いた。

1 潔く　2 あくどく　3 しぶとく　4 安っぽく

5 はっきりとした色よりも（　　　）色のほうが好きだ。

1 ゆるい　2 もろい　3 あわい　4 つたない

6 彼女はいつでも（　　　）仕事を引き受けてくれる。

1 快く　2 だるく　3 もろく　4 尊く

7 旅館のスタッフの（　　　）もてなしで、長旅の疲れが癒された。

1 手厚い　2 手ぬるい　3 心強い　4 分厚い

8 試合が（　　　）終わってしまって、なんだかつまらない。

1 そっけなく　2 あっけなく　3 大人げなく　4 たまらなく

9 服装が（　　　）と第一印象が悪くなる。

1 せつない　2 なさけない　3 頼りない　4 だらしない

正答 ①1　②3　③4　④1　⑤3　⑥1　⑦1　⑧2　⑨4

問題2 （　　）に入れるのに最もよいものを、1・2・3・4から一つ選びなさい。

1 本人がいないところで悪口を言うなんて（　　）人だ。

1 ややこしい　2 なれなれしい　3 いやらしい　4 おびただしい

2 自分の能力に（　　）給料をもらっている。

1 はなはだしい　2 ふさわしい　3 わずらわしい　4 やましい

3 クラスに佐藤（さとう）という名前の人がたくさんいて（　　）。

1 著しい　2 忙しい　3 望ましい　4 紛らわしい

4 だんだん伸びてきた前髪が（　　）なってきた。

1 待ち遠しく　2 うっとうしく　3 疑わしく　4 はなばなしく

5 小さかった息子が、（　　）成長する。

1 しぶとく　2 もどかしく　3 はかなく　4 たくましく

6 彼の運転は（　　）て見ていられない。

1 あぶなっかしく　2 みすぼらしく　3 ほほえましく　4 けがらわしく

7 息子は遊びに夢中で、勉強が（　　）になっている。

1 なごやか　2 おろそか　3 なめらか　4 ささやか

8 今月行われる忘年会の予算を（　　）計算する。

1 おおまかに　2 きざに　3 いかに　4 とっくに

9 （　　）体を作るために、毎日ストレッチをしている。

1 おおらかな　2 こまやかな　3 のどかな　4 しなやかな

正答 ①3 ②2 ③4 ④2 ⑤4 ⑥1 ⑦2 ⑧1 ⑨4

問題2　（　　　）に入れるのに最もよいものを、1・2・3・4から一つ選びなさい。

1 情報の（　　　）な管理が、今回のトラブルを引き起こした。

1　たくみ　　2　ずさん　　3　かすか　　4　ひそか

2 彼女はいつも（　　　）笑顔で、周囲の人を元気にする。

1　速やかな　　2　朗らかな　　3　厳かな　　4　緩やかな

3 娘の婚約相手は、見たところ（　　　）男性だ。

1　まともな　　2　ささやかな　　3　つぶらな　　4　うつろな

4 この事件に（　　　）関与していないと証言する。

1　一見　　2　一躍　　3　一切　　4　若干

5 赤いスカートのほうが（　　　）似合っていると思う。

1　依然　　2　断然　　3　終始　　4　到底

6 重い病気にかかったので、（　　　）学校に行けないだろう。

1　当分　　2　極力　　3　先日　　4　突如

7 風が吹いて、桜の花びらが（　　　）と空を舞っている。

1　ひらひら　　2　ふらふら　　3　びくびく　　4　ひそひそ

8 先生に見つからないように、（　　　）と教室を出た。

1　だらだら　　2　こそこそ　　3　さらさら　　4　そこそこ

9 彼は先生が現れると、突然（　　　）し始めた。

1　まるまる　　2　すくすく　　3　そわそわ　　4　ちやほや

正答　①2　②2　③1　④3　⑤2　⑥1　⑦1　⑧2　⑨3

問題2　（　　）に入れるのに最も良いものを、1・2・3・4から一つ選びなさい。

1 他人の目が気になり、（　　　）と辺りを見回した。

1　うとうと　　2　きょろきょろ　　3　ぐらぐら　　4　じゃんじゃん

2 田舎に住めば、子どもは（　　　）と育つだろう。

1　のそのそ　　2　めきめき　　3　もたもた　　4　のびのび

3 日本語が（　　　）書けるようになった。

1　はらはら　　2　ひらひら　　3　すらすら　　4　ぺらぺら

4 大きなライオンがこちらを（　　　）にらんでいる。

1　じろりと　　2　ほっと　　3　にこりと　　4　ちらりと

5 4月になって、生活環境が（　　　）変わった。

1　からっと　　2　がらりと　　3　ちらりと　　4　じっと

6 恋人の腕を（　　　）引き寄せ、抱きしめる。

1　ひょっと　　2　ほっと　　3　ぐっと　　4　ざっと

7 突然飛び出してきた車に、（　　　）ひかれるところだった。

1　いち早く　　2　危うく　　3　気兼ねなく　　4　いつわりなく

8 親しい関係ではないのに、（　　　）話しかけないでほしい。

1　気安く　　2　なんとなく　　3　同じく　　4　ことごとく

9 店長は厳しいので、新人の田中（たなか）くんにも（　　　）怒る。

1　はかなく　　2　満遍なく　　3　もれなく　　4　容赦なく

正答　①2　②4　③3　④1　⑤2　⑥3　⑦2　⑧1　⑨4

問題2　（　　　）に入れるのに最もよいものを、1・2・3・4から一つ選びなさい。

1 時間に（　　　）で遅刻ばかりする人は嫌われる。

1　ルーズ　　2　スリム　　3　シビア　　4　シェア

2 考えようによっては、（　　　）はチャンスになる。

1　シェア　　2　カット　　3　フィット　　4　ピンチ

3 朝から夜まで働きっぱなしで、（　　　）一日だった。

1　ルーズな　　2　ハードな　　3　デリケートな　　4　ストレートな

4 仕事が滞ってしまうのは、作業の（　　　）に問題があるからだ。

1　プロセス　　2　フロント　　3　マスコミ　　4　アクセス

5 部下の前で叱られて、（　　　）が傷ついた。

1　カテゴリー　　2　プライド　　3　ストック　　4　ハンガー

6 私の人生の（　　　）には、結婚をする予定はない。

1　ジンクス　　2　スケール　　3　トリック　　4　シナリオ

7 この商品の（　　　）について話し合いましょう。

1　アプローチ　　2　コンセプト　　3　リクエスト　　4　コンプレックス

8 赤ちゃんの肌は（　　　）なので、注意する必要がある。

1　ネガティブ　　2　スムーズ　　3　ストレート　　4　デリケート

9 5年間の交際を経て、二人はめでたく（　　　）した。

1　セット　　2　ゴールイン　　3　インプット　　4　アピール

正答　①1　②4　③2　④1　⑤2　⑥4　⑦2　⑧4　⑨2

3 言い換え類義

○問題3（例）

問題3　＿＿＿＿の言葉に意味が最も近いものを、1・2・3・4から一つ選びなさい。

1　毎日のようにカップラーメンを食べているので<u>飽きて</u>しまった。

1　嫌になって　　2　好きになって　　3　はまって　　4　いらだって

正答　1

問題3では、下線の言葉と最も意味が近い言葉を選ぶ問題が6問出題されます。つまり、日本語で語彙の意味を説明する問題です。

問題3 ＿＿＿の言葉に意味が最も近いものを、1・2・3・4から一つ選びなさい。

1 メディアはいつも人々の不安を<u>あおる</u>ニュースを流す。

1 否定する　2 刺激する　3 同感する　4 主張する

2 政府に不満を抱く国民が、首相の暗殺を<u>くわだてた</u>。

1 開始した　2 計画した　3 実行した　4 提案した

3 簡単に合格できると思って<u>あなどって</u>はいけない。

1 喜んで　2 安心して　3 軽くみて　4 期待して

4 午後より午前の方が、 仕事が<u>はかどる</u>。

1 順調に進む　2 時間がかかる　3 忙しい　4 やりやすい

5 その事件は、政治家が手を回して闇に<u>ほうむった</u>。

1 暴露した　2 広げた　3 引き戻した　4 捨て去った

6 かつてドイツは東西が<u>へだたって</u>いた。

1 分離して　2 分解して　3 分布して　4 分別して

7 風邪が<u>こじれて</u>肺炎になってしまった。

1 改善して　2 飛び散って　3 長引いて　4 悪化して

8 彼女は10か国語を<u>あやつる</u>素晴らしい才能の持ち主だ。

1 知っている　2 うまく使う　3 発言する　4 命令する

9 取引先の失敗により、不利益を<u>こうむった</u>。

1 受けた　2 与えた　3 出した　4 生んだ

10 大きいデパートができて以来、この街は<u>さかえて</u>きた。

1 見慣れて　2 静かになって　3 崩れて　4 発展して

正答 ①2　②2　③3　④1　⑤4　⑥1　⑦4　⑧2　⑨1　⑩4

問題3 ＿＿＿の言葉に意味が最も近いものを、1・2・3・4から一つ選びなさい。

1 今日の会議は、みんなで意見をかわす時間にしましょう。

1 交換する　2 一方的に聞く　3 避ける　4 確認する

2 冬の季節は、マスク着用をうながすべきだ。

1 やめさせる　2 呼びかける　3 義務付ける　4 心がける

3 急遽、会議をもよおすことになった。

1 要する　2 仕切る　3 行う　4 促す

4 彼は、自分は頭がいいとうぬぼれている。

1 自信をなくして　2 演技をして　3 思い込んで　4 説得して

5 今回の研究結果は、歴史をくつがえすような発見だ。

1 巻き込む　2 肯定する　3 繰り返す　4 ひっくり返す

6 転校生は、初日からすっかりクラスになじんでいる。

1 関わって　2 溶け込んで　3 呼び込んで　4 嫌われて

7 従業員が半数も休むと、業務がとどこおってしまう。

1 停滞して　2 不明になって　3 進行して　4 負担になって

8 ネット上で人の悪口を言う人は、他人をねたんでいるのだろう。

1 恨んで　2 憎んで　3 嫉妬して　4 嫌って

9 彼は、ゆがんだ性格をしている。

1 きつい　2 まっすぐな　3 荒い　4 曲がった

10 社長は海外市場への進出をもくろんでいる。

1 計画して　2 目指して　3 夢見て　4 思いついて

正答 ①1　②2　③3　④3　⑤4　⑥2　⑦1　⑧3　⑨4　⑩1

問題3 ＿＿＿の言葉に意味が最も近いものを、1・2・3・4から一つ選びなさい。

1 うちで飼っている犬は、母親になついている。

1 逆らって　2 従って　3 憧れて　4 親しんで

2 将来は、温かい家庭をきずきたい。

1 作りたい　2 開きたい　3 始めたい　4 広げたい

3 彼は、30歳で現役をしりぞくこととなった。

1 活躍する　2 引退する　3 征服する　4 決心する

4 先生が学校を辞めると聞いて、全校生徒がざわめいた。

1 落ち込んだ　2 叫んだ　3 心配した　4 騒がしくなった

5 シャワーを浴びている時に、いいアイデアがひらめいた。

1 光った　2 ちょっと見えた　3 浮かんだ　4 なくなった

6 この化石は、かつて恐竜が存在していたという事実を示唆している。

1 暗示　2 警告　3 指示　4 報告

7 料理の腕前は母よりも上だと自負している。

1 自慢して　2 うぬぼれて　3 自信をもって　4 負けを認めて

8 逃走中の殺人犯は、自首したそうだ。

1 罪を告白した　2 見つかった　3 謝った　4 助けを求めた

9 今年は全国的に作物が育たないのではないかと懸念されている。

1 想定　2 心配　3 予想　4 計画

10 ドイツ語や英語は、ラテン語から派生してできた言語だ。

1 媒介　2 通過　3 統一　4 由来

正答 ①4 ②1 ③2 ④4 ⑤3 ⑥1 ⑦3 ⑧1 ⑨2 ⑩4

問題3 ＿＿＿の言葉に意味が最も近いものを、1・2・3・4から一つ選びなさい。

1 インターネットの情報は事実を誇張したものが多い。

1 大げさにした　2 隠した　3 作り上げた　4 予想した

2 君の仕事への熱意には本当に脱帽するよ。

1 動揺　2 感心　3 安心　4 落胆

3 時間の都合上、一部説明を割愛させていただきます。

1 調節　2 追加　3 省略　4 分割

4 友達の車に便乗して、買い物に行った。

1 待ち合わせて　2 一緒に乗って　3 無理に乗って　4 付いて行って

5 もう少しの辛抱だから、一緒に頑張ろう。

1 厳しさ　2 道　3 努力　4 我慢

6 会社に入ったばかりの頃は、相当気負っていた。

1 威張って　2 落ち込んで　3 意気込んで　4 自信をなくして

7 彼女が嬉しそうにパンをほおばっている。

1 選んで　2 食べて　3 買って　4 眺めて

8 不況により、多くの会社が相次いで倒産した。

1 連続して　2 負けて　3 仲間同士で　4 気の毒にも

9 クラスの中でも、彼女の肌の白さは際立っていた。

1 間違って　2 透明になって　3 目立って　4 奇妙に見えて

10 若い頃は、上司にたて突くことがたくさんあった。

1 命令する　2 反抗する　3 賛成する　4 提案する

正答 ①1　②2　③3　④2　⑤4　⑥3　⑦2　⑧1　⑨3　⑩2

問題3 ＿＿＿の言葉に意味が最も近いものを、1・2・3・4から一つ選びなさい。

1 新商品の発売を見合わせることになった。

1 急ぐ　2 発表する　3 保留する　4 取りやめる

2 この辺りは、似通った家が立ち並んでいる。

1 高級な　2 同じような　3 一般的な　4 全く違った

3 一年二組は、委員長がクラスを牛耳っているらしい。

1 支配して　2 乱して　3 引っ張って　4 盛り上げて

4 明日、いつものカフェで落ち合いましょう。

1 食事し　2 打ち合わせし　3 語り合い　4 待ち合わせし

5 営業を再開できないのは、込み入った事情があるようだ。

1 複雑な　2 やむを得ない　3 世間的な　4 たくさんの

6 チームメイト同士で意見が食い違うこともある。

1 一致しない　2 喧嘩になる　3 間違う　4 譲り合わない

7 親友が結婚すると聞いて、面食らってしまった。

1 にらんで　2 驚いて　3 落ち込んで　4 叫んで

8 クールな彼女の、可愛い一面を垣間見た。

1 暴いた　2 隠した　3 露出した　4 少し見た

9 君がこんなミスをするとは、見損なったよ。

1 驚いた　2 期待はずれだ　3 見落とした　4 知らなかった

10 倒産しかけた会社がなんとか持ち直した。

1 支えられた　2 売り出された　3 回復した　4 落ち込んだ

正答 ①3　②2　③1　④4　⑤1　⑥1　⑦2　⑧4　⑨2　⑩3

問題3 ＿＿＿の言葉に意味が最も近いものを、1・2・3・4から一つ選びなさい。

1 今やっているトレーニングの趣旨をよく理解する。

1 方法　　2 用途　　3 意図　　4 方針

2 友人と好きな異性の仕草について、朝まで語り合った。

1 性格　　2 声　　3 顔　　4 動作

3 大勢の前で自分の意見を主張するには、度胸が必要だ。

1 勇気　　2 信頼　　3 忍耐　　4 地位

4 美しい景色が脳裏に焼き付いている。

1 歴史　　2 記憶　　3 映像　　4 写真

5 SNS上では、匿名で様々な意見が書き込まれている。

1 本名　　2 命令　　3 指名　　4 偽名

6 くいが残らないように、最後まで全力で戦いましょう。

1 失敗　　2 後悔　　3 痛み　　4 下心

7 彼の言うことは、あまりあてにならない。

1 頼り　　2 正解　　3 間違い　　4 予想通り

8 彼は一言わびを言って、その場を去った。

1 挨拶　　2 言い訳　　3 謝罪　　4 お礼

9 午後から突然天気が変わり、ふぶきになった。

1 大雨になった　　2 激しい雪が降った

3 強い風が吹いた　　4 青空になった

10 日本語能力試験に合格できたのは、ただのまぐれだ。

1 必然　　2 実力　　3 夢物語　　4 偶然

正答 ①3 ②4 ③1 ④2 ⑤4 ⑥2 ⑦1 ⑧3 ⑨2 ⑩4

問題3　______の言葉に意味が最も近いものを、1・2・3・4から一つ選びなさい。

1 ウニを毎日食べられるなんて、ぜいたくのきわみである。

1　奇跡　　2　超過　　3　幻　　4　究極

2 後半にねばりを見せ、逆転勝利をおさめた。

1　根気　　2　やる気　　3　正気　　4　熱気

3 敵のねらいは、こちらの情報をつかむことだ。

1　作戦　　2　目的　　3　戦略　　4　姿勢

4 申込書のひかえは、大切に保管してください。

1　用紙　　2　原本　　3　証明　　4　写し

5 どうぞ、気がねなく話しかけてください。

1　元気に　　2　遠慮せず　　3　いつでも　　4　出来るだけ

6 不景気だったが、回復のきざしが見えてきた。

1　宿命　　2　企画　　3　概要　　4　兆候

7 彼はアニメの話になると、急に顔つきが変わる。

1　表情　　2　顔面　　3　声色　　4　雰囲気

8 このクラスの学生は、飲み込みが早い。

1　反応　　2　理解　　3　出席率　　4　連帯感

9 温泉旅行に行って、つかのまの休暇を楽しんだ。

1　非日常　　2　仕事の合間　　3　短い時間　　4　長い時間

10 昨日クラスで、何かいざこざがあったらしい。

1　クレーム　　2　サプライズ　　3　イベント　　4　トラブル

正答　①4　②1　③2　④4　⑤2　⑥4　⑦1　⑧2　⑨3　⑩4

問題3 ＿＿＿の言葉に意味が最も近いものを、1・2・3・4から一つ選びなさい。

1 技術の進歩により、人々の生活はいちじるしく変化した。

1 徐々に　2 非常に　3 多少　4 恐らく

2 風邪を引いてしまったのか、なんとなく体がだるい。

1 重い　2 熱い　3 寒い　4 軽い

3 並んでいるところに横から入ってくるなんて、ずうずうしい人だ。

1 注意深い　2 情け深い　3 ぎこちない　4 厚かましい

4 みんなは彼をいやしい人だと言うが、私はそう思わない。

1 下品な　2 謙虚な　3 内気な　4 なれなれしい

5 仕事をたくさんこなすことは、とてもしんどい。

1 気持ちがいい　2 疲れる　3 嬉しい　4 忙しい

6 彼は私に対して、いつもよそよそしい態度をとる。

1 慌ただしい　2 親しくない　3 いらだった　4 嫌そうな

7 自分の気持ちをうまく説明できないと、もどかしい。

1 いらいらする　2 こそこそする　3 どきどきする　4 はらはらする

8 家族4人で、つつましい生活を送っている。

1 幸せな　2 貧しい　3 大変な　4 控えめな

9 彼女は、テニスの世界大会でめざましい成績をおさめた。

1 素晴らしい　2 散々な　3 予想外の　4 満足できる

10 ややこしい話は後にして、とりあえず飲みましょう。

1 高度な　2 面倒な　3 真面目な　4 気分が悪い

正答 ①2 ②1 ③4 ④1 ⑤2 ⑥2 ⑦1 ⑧4 ⑨1 ⑩2

問題3 ＿＿＿の言葉に意味が最も近いものを、1・2・3・4から一つ選びなさい。

1 戦争なんて愚かなことは無くすべきだ。

1 見苦しい　2 ばかな　3 悲しい　4 異常な

2 今、かすかに人の声が聞こえた。

1 はっきり　2 かすれた　3 大きく　4 わずかに

3 都会から少し車を走らせると、のどかな風景が広がってきた。

1 何もない　2 広々とした　3 のんびりした　4 懐かしい

4 ひそかに誕生日プレゼントを用意してきた。

1 秘密で　2 大量に　3 すてきな　4 仕方なく

5 この国では、タクシー代を騙し取られることはざらだ。

1 珍しい　2 よくある　3 ありえない　4 犯罪だ

6 私は、日本で生活したいと切実に願っています。

1 本心から　2 うわべだけ　3 ひそかに　4 なんとなく

7 大学の卒業式が、おごそかに行われた。

1 厳粛に　2 豪華に　3 盛大に　4 厳密に

8 彼女の体は、とてもしなやかだ。

1 柔軟　2 奇妙　3 快調　4 活発

9 子どもが生まれたら、すこやかに育ってほしい。

1 堅実に　2 素直に　3 温厚に　4 健康に

10 彼がいるだけで、なごやかな雰囲気になる。

1 華やかな　2 楽しい　3 穏やかな　4 にぎやかな

正答 ①2 ②4 ③3 ④1 ⑤2 ⑥1 ⑦1 ⑧1 ⑨4 ⑩3

問題3 ＿＿＿の言葉に意味が最も近いものを、1・2・3・4から一つ選びなさい。

1 ささやかな気遣いができる人は素敵だ。

1 大人びた　2 目立たない　3 優しい　4 誠実な

2 勉強をおろそかにすると、将来苦労しますよ。

1 曖昧にする　2 なまける　3 真剣にする　4 時間をかける

3 このペンを買えば合格できるというのは、いんちきだ。

1 うわさだ　2 本当だ　3 当たり前だ　4 大うそだ

4 将来への不安は、学生にありがちな悩みだ。

1 必ずある　2 よくある　3 不可欠な　4 珍しい

5 何度質問をしても、彼はいいかげんな返事ばかりする。

1 まとまりのない　2 適切な　3 無責任な　4 微妙な

6 彼女はいつも、肝心なことを話してくれない。

1 小さな　2 本当の　3 内緒の　4 大切な

7 彼の行動は、いつでも大胆だ。

1 適当だ　2 勇敢だ　3 大げさだ　4 無責任だ

8 私は幼い頃から、とても臆病な人間だ。

1 気が弱い　2 病気がちな　3 鈍感な　4 頭が悪い

9 痩せるために、極端な食生活をしている。

1 整った　2 偏った　3 特別な　4 量を減らした

10 もうこれ以上、不毛な話し合いはしたくない。

1 激しい　2 意味のない　3 つまらない　4 永遠に続く

正答 ①2 ②2 ③4 ④2 ⑤3 ⑥4 ⑦2 ⑧1 ⑨2 ⑩2

問題3 ＿＿＿の言葉に意味が最も近いものを、1・2・3・4から一つ選びなさい。

1 一人になると、じわじわと寂しさが込み上げてくる。

1 なんとなく　2 すぐに　3 一気に　4 少しずつ

2 大学生の頃は、だらだらした生活を送っていた。

1 だらしない　2 目立たない　3 規則正しい　4 余裕のある

3 妹は毎日ピアノを練習し、めきめきと腕を上げている。

1 次々と　2 目に見えて　3 簡単に　4 一瞬で

4 明日の面接に備え、質問に対する答えをあらかじめ準備しておく。

1 実際に　2 事前に　3 真面目に　4 熱心に

5 話し方から、彼の人柄の良さがひしひしと伝わってくる。

1 だんだんと　2 目に見えて　3 切実に　4 なんとなく

6 彼女は社会人になってから、みるみる美しくなっていった。

1 自分の力で　2 他と差をつけて　3 以前に比べて　4 すごい速さで

7 目に見えないウイルスにびくびくしながら暮らしている。

1 注意し　2 怯え　3 驚き　4 戦い

8 今回の試験は、さんざんな結果に終わった。

1 素晴らしい　2 ひどい　3 まあまあな　4 少し悪い

9 彼女はてきぱきと仕事をこなし、家に帰っていった。

1 熱心に　2 手際よく　3 まじめに　4 適当に

10 彼はしょっちゅうこの居酒屋に来る。

1 ときどき　2 気が向いたら　3 いつも　4 めったに

正答 ①4 ②1 ③2 ④2 ⑤3 ⑥4 ⑦2 ⑧2 ⑨2 ⑩3

問題3 ＿＿＿の言葉に意味が最も近いものを、1・2・3・4から一つ選びなさい。

1 彼女に思い切って告白したが、あっさり断られてしまった。
1 何度も　2 しつこく　3 丁寧に　4 簡単に

2 てっきり知り合いだと思って話しかけたら、人違いだった。
1 やっぱり　2 間違いなく　3 以前から　4 思った通り

3 行きたくないなら、きっぱり断るべきだと思う。
1 丁寧に　2 やんわりと　3 明確に　4 直接

4 フレンチトーストは、弱火でじっくり焼くと美味しい。
1 念入りに　2 弱めに　3 少しだけ　4 短い時間

5 日本に留学したいと言ったら、両親はすんなり許してくれた。
1 スローに　2 スムーズに　3 フリーに　4 オープンに

6 彼の案が実現するとは、到底考えられない。
1 なんとなく　2 どうしても　3 おそらく　4 さすがに

7 土砂崩れのため、この道路は当分閉鎖されるだろう。
1 そのうち　2 ずっと　3 やがて　4 しばらく

8 世代によって、仕事に対する考え方に若干違いがある。
1 少々　2 かなり　3 大きく　4 まったく

9 卒業後の進路について、漠然と考えている。
1 具体的に　2 はっきりと　3 のんびり　4 ぼんやりと

10 不要不急の外出は、極力控えてください。
1 絶対に　2 できるだけ　3 何が何でも　4 少しだけ

正答 ①4 ②2 ③3 ④1 ⑤2 ⑥2 ⑦4 ⑧1 ⑨4 ⑩2

問題3　＿＿＿の言葉に意味が最も近いものを、1・2・3・4から一つ選びなさい。

1 あの先生は学生を見る目がとてもシビアだ。

1　適当だ　　2　厳しい　　3　細かい　　4　優しい

2 社員を全員集めて、コスト削減について話し合った。

1　廃棄物　　2　無駄　　3　資源　　4　費用

3 今回の仕事は、今までとはスケールが違う。

1　やり方　　2　規模　　3　目標　　4　期待

4 彼は人一倍、お金にルーズな人だ。

1　けちな　　2　だらしない　　3　慎重な　　4　執着しない

5 彼の一言で、私の怒りはピークに達した。

1　最低　　2　地面　　3　頭　　4　頂点

6 取引先の担当者にアポイントを取る。

1　謝罪　　2　予約　　3　連絡　　4　許可

7 新商品の情報を、全て頭にインプットしておく。

1　重複　　2　消去　　3　共有　　4　記憶

8 この部屋の温度は、自動でコントロールされている。

1　調節　　2　検査　　3　記録　　4　把握

9 彼女の顔を見ると、なぜかリラックスする。

1　いらいらする　　2　どんよりする　　3　落ち着く　　4　緊張する

10 彼女はストレートに感情をぶつける。

1　強めに　　2　正直に　　3　即座に　　4　自己中心的に

正答　①2　②4　③2　④2　⑤4　⑥2　⑦4　⑧1　⑨3　⑩2

4 用法

○問題4（例）

問題4　次の言葉の使い方として最もよいものを、1・2・3・4から一つ選びなさい。

1 誤差

1　誤差のない平和な社会を目指すべきだ。

2　ハノイと東京は二時間の誤差がある。

3　計算していた数と実際の数に誤差が出てしまった。

4　ここの道路は、十字に誤差している。

正答　3（1格差 2時差 4交差）

問題4では、一つの単語が正しく使われている文章を選ぶ問題が6問出題されます。選択肢4つは全て出題語彙（例題の出題語彙は「誤差」）が含まれている文になっています。

問題4　次の言葉の使い方として最もよいものを、1・2・3・4から一つ選びなさい。

1 由来

1　「サボる」という言葉は、フランス語に由来している。

2　人類の由来は、三十万年前にまでさかのぼる。

3　日本では、年の初めに見る夢に富士山（ふじさん）が出てくると由来が良いとされている。

4　この人物が今回の事件に由来している可能性は低そうだ。

2 矛盾

1　太陽の光が窓に矛盾してまぶしい。

2　山田（やまだ）君が昇進したことにより、上司と部下の立場が矛盾した。

3　彼の言っていることは、前に言っていたことと矛盾している。

4　インターネット上で、矛盾を書き込んだ人に謝罪を求めた。

3 一貫

1　彼は、高級車を一貫払いで購入したそうだ。

2　昨日の台風とは一貫、今日は雲一つない晴天になった。

3　子どもが生まれて以来、一貫たばこを吸っていない。

4　彼は会議の間、一貫して反対意見を変えなかった。

4 反発

1　中学生の頃は、親によく反発していた。

2　窓に光が反発して、写真がうまく撮れない。

3　新商品に対するお客様の反発は、予想より良かった。

4　彼の身勝手な発言に、反発を抱いている。

5 克服

1　隣の国を克服しようと、もくろんでいる。

2　一番苦手だった数学を、何とか克服できた。

3　一か月で3キロ痩せるという目標を克服した。

4　地震の被害があった街を克服するために寄付を募る。

6 免除

1 会社の金を盗んだ疑いで、会社を免除になった。
2 試験中の不正行為が発覚し、教室から免除された。
3 彼は成績優秀だったため、学費が免除された。
4 交通規則を守らなかった場合、免除停止になる可能性がある。

7 発散

1 一万円相当のお宝を発散するイベントに参加した。
2 勉強のストレスを発散するには、飲み会が一番だ。
3 日本語教育については、彼女が一番発散している。
4 日本から全世界に事業を発散する予定だ。

8 発足

1 人気漫画の新刊が発足されるのは来月の予定だ。
2 留学生をサポートする団体を発足することに決めた。
3 東京行きの電車は一番乗り場から発足します。
4 お風呂場にはカビが発足しやすいので、こまめに換気しましょう。

9 調達

1 20歳の時に、運転免許を調達した。
2 一か月以内に税金を納めるように役所から調達が来た。
3 二日間かけて山を登り、ようやく山頂に調達した。
4 会社をおこすために資金を調達しなければならない。

正答

①1（2起源 3縁起 4関与）
②3（1反射 2逆転 4中傷）
③4（1一括 2一転 3一切）
④1（2反射 3反応 4反感）
⑤2（1征服 3達成 4復興）
⑥3（1解雇 2追い出 4免許）
⑦2（1発掘 3理解 4拡大）
⑧2（1発売 3発車 4発生）
⑨4（1取得 2通達 3到達）

問題4　次の言葉の使い方として最もよいものを、1・2・3・4から一つ選びなさい。

1 指図

1　先生は、彼の間違いを<u>指図</u>した。
2　彼に<u>指図</u>される筋合いはない。
3　彼は地図の上を<u>指図</u>しながら道を説明してくれた。
4　子どもの頃、よく砂の上に<u>指図</u>して遊んでいたものだ。

2 執着

1　お金に<u>執着</u>しすぎると、幸せになれないですよ。
2　この電車は、3番線に<u>執着</u>いたします。
3　このかばんは使いやすいので、8年間も<u>執着</u>しています。
4　肌に薬品が<u>執着</u>した場合はすぐに水で洗い流してください。

3 両立

1　忘れ物をして、会社と家を<u>両立</u>した。
2　駅の前に二つのコンビニが<u>両立</u>している。
3　二人の希望をなんとか<u>両立</u>してあげたい。
4　家事と育児の<u>両立</u>は、想像以上に大変だ。

4 欠如

1　この火災は、注意力の<u>欠如</u>が原因で起こった。
2　授業を<u>欠如</u>する際は、学校に連絡してください。
3　最近夜遅くまでドラマを見ていて、睡眠が<u>欠如</u>している。
4　机の上に置いてあった本が<u>欠如</u>してしまった。

5 満喫

1　友達と海水浴に行って、夏休みを<u>満喫</u>しました。
2　この条件を<u>満喫</u>した人に限り、キャンペーンに応募できます。
3　この動物園は見どころ<u>満喫</u>ですので、是非遊びに来てください。
4　大好きな食べ物を、<u>満喫</u>いくまでたくさん食べたい。

6 昇進

1　3年ぶりに地元へ帰ると、街が随分昇進していて驚いた。

2　今回の部長昇進の話はなかったことにします。

3　只今撮影中のドラマは、3月から全国で昇進されます。

4　地球の平均気温は、年々昇進していく一方だ。

7 見失う

1　あまりの美しさに、仕事を忘れてしばらく見失ってしまった。

2　教師として、学生の不正は見失うことができない。

3　なんとかして、彼女の秘密を見失うつもりだ。

4　試験中止の知らせを聞いて、目標を見失った。

8 見守る

1　能力に見守った給料をもらえないなら、転職するしかない。

2　この国では、法律を見守らなければならない。

3　私たちには、ことの成り行きを見守ることしかできなかった。

4　完成度が低いため、新商品の発売は見守ることになった。

9 見出（みいだ）す

1　自分で書いた小説に題名を見出した。

2　3時間にわたる会議の末、ついに解決策を見出した。

3　お菓子工場の中を見出すツアーに参加する。

4　新型ウイルスに関する研究結果が見出された。

正答

①2（1指摘 3指差し 4指で書いて）
②1（2到着 3愛用 4付いた）
③4（1往復 2建って 3両方叶えて）
④1（2欠席 3不足 4紛失）
⑤1（2満たした 3満載 4満足）
⑥2（1発展 3配信 4上昇）
⑦4（1見とれて 2見逃す 3見破る）
⑧3（1見合った 2守ら 4見送る）
⑨2（1つけた 3見学する 4発表された）

問題4　次の言葉の使い方として最もよいものを、1・2・3・4から一つ選びなさい。

1 取り持つ

1　取引先との交渉が成立し、契約を取り持つ。
2　雨が降ってきたので、急いで洗濯物を取り持った。
3　大型家電を取り持つ店は、市内に一店舗しかない。
4　先生が、私と彼の仲を取り持ってくれた。

2 投げ出す

1　彼は全ての仕事を投げ出して、家でのんびり過ごしているらしい。
2　月曜日にごみを投げ出しておいてください。
3　入社一年目の社員が、画期的なアイデアを投げ出した。
4　事件に関する重要な情報を投げ出すことができた。

3 持ち越す

1　先週、新しい家に持ち越した。
2　弟の身長は、もう少しで兄の身長を持ち越しそうだ。
3　東京オリンピックは来年に持ち越されることとなった。
4　100万人を持ち越す人たちがキャンペーンに応募した。

4 恐れ入る

1　高いところが恐れ入るので、観覧車が苦手です。
2　彼はいつも恐れ入っているが、実は世界的に有名なピアニストらしい。
3　津波が来る恐れ入りますので、避難してください。
4　恐れ入りますが、私が書いた作文を見ていただけないでしょうか。

5 抱え込む

1　好きな人に抱え込んで告白した。
2　この金額は、消費税も抱え込んでいます。
3　一人で抱え込まないで、悩み事があれば相談してくださいね。
4　てっきり、ゆか先生は大阪出身だと抱え込んでいた。

6 打ち込む

1 彼は毎日、日本語の勉強に打ち込んでいる。

2 テストの結果が悪くて、ひどく打ち込んだ。

3 プライベートまでかなり打ち込んだ話をした。

4 リュックに必要なものだけ打ち込んで旅に出た。

7 言いふらす

1 言葉で言いふらすことができないほど、美しい景色でした。

2 田中（たなか）さんに秘密を話したら、すぐに言いふらしてしまうだろう。

3 先生の言いふらすことを守れば、合格できるでしょう。

4 裁判官が、判決を言いふらした。

8 こみ上げる

1 残り5分というところで、相手チームがこみ上げてきた。

2 景気が良くなるにつれて、物価がだんだんこみ上げてきた。

3 道路がこみ上げている時間を避けて出勤する。

4 大学合格の知らせを聞いて、嬉しい気持ちがこみ上げてきた。

9 引き締める

1 電話料金は毎月10日に指定の口座から引き締められます。

2 ネクタイを引き締めて、会社へ向かう。

3 試合まであと3日なので、気を引き締めて練習に励んだ。

4 警察がスピード違反を引き締まっている。

正答

①4（1交わす 2取り込んだ 3取り扱う）
②1（2捨てて 3出した 4聞き出す）
③3（1引っ越した 2追い越し 4上回る）
④4（1恐い 2謙遜して 3恐れがある）
⑤3（1思い切って 2含んで 4思い込んで）
⑥1（2落ち込んだ 3踏み込んだ 4詰め込んで）
⑦2（1言い表す 3言う 4言い渡した）
⑧4（1追い込んで 2上がって 3混んで）
⑨3（1引き落とされ 2締めて 4取り締まって）

問題4　次の言葉の使い方として最もよいものを、1・2・3・4から一つ選びなさい。

1 おごる

1　新しいパソコンを、会社の経費でおごってもらった。

2　クッキーを作ったので、会社の人たちにおごりました。

3　彼女の誕生日にネックレスをおごった。

4　昨日の飲み会は先輩がおごってくれました。

2 しのぐ

1　寒さをしのぐために、雪に穴を掘って中に入った。

2　この峠をしのいだら、目的地はもうすぐです。

3　長年の努力の末、夢をしのぐことができました。

4　陸路から国境をしのぐには、この橋を渡ります。

3 こなす

1　仕事をこなすときは、常に会社の制服を着なければならない。

2　寒くなってきたので、夏服を全てこなした。

3　彼女は、てきぱきと仕事をこなした。

4　自分の長所をこなした仕事に就きたい。

4 うろつく

1　お酒を飲み過ぎて、足がうろつく。

2　雪がうろついていたが午後にはすぐに溶けた。

3　AランチとBランチ、どちらもご飯とお味噌汁がうろつきます。

4　怪しい人が外をうろついている。

5 いらつく

1　脂っこいものを食べ過ぎて、胸がいらつく。

2　車がいらついてきたので、そろそろ買い替えようと思う。

3　何をしても続かない自分にいらつく。

4　プラスチックごみは環境にいらつくものです。

6 ぐらつく

1 休みが取れたら、温泉でぐらつきたい。
2 虫歯のせいで、歯がぐらついている。
3 初めてのオンライン授業にぐらつく。
4 息子は、夫に怒られて部屋にこもってぐらついている。

7 つぶやく

1 文句があるのか、彼は何かぶつぶつとつぶやいている。
2 仲間とつぶやき合って楽しくお酒を飲む。
3 田んぼから虫がつぶやいている声が聞こえる。
4 名前を呼ばれたら、大きな声でつぶやいてください。

8 ののしる

1 学生の間違いを優しくののしった。
2 親が子どもをののしるのは、子どもを思ってのことです。
3 先生は、私のレポートをののしってくれた。
4 汚い言葉でののしり合う姿は、見るにたえない。

9 すっぽかす

1 彼女との約束をすっぽかしてしまった。
2 私の家族は、私をすっぽかして5人です。
3 勉強したことをもう全部すっぽかしてしまった。
4 高速道路で前の車をすっぽかす。

正答

①4（1買って 2あげ 3プレゼントした）
②1（2越えたら 3叶える 4越える）
③3（1する 2片付けた 4活かした）
④4（1ふらつく 2ちらついて 3つきます）
⑤3（1むかつく 2古くなって 4悪い）
⑥2（1くつろぎ 3戸惑う 4いじけて）
⑦1（2笑い 3鳴いて 4返事をして）
⑧4（1注意した 2叱る 3ほめて）
⑨1（2抜いて 3忘れて 4抜かす）

問題4　次の言葉の使い方として最もよいものを、1・2・3・4から一つ選びなさい。

1 異議

1　消費税の値上げに対して、異議するデモが行われた。

2　部長の意見に対して、異議を唱えた者はいなかった。

3　私は両親の異議を押し切って、留学することを決めた。

4　地球温暖化について、専門家たちが会議で異議している。

2 便宜

1　24時間営業の店は、夜中に働く人にとって便宜だ。

2　彼女にプロポーズする便宜を見計らっている。

3　忘年会の日にちを決めようと思いますので、便宜のいい日を教えてください。

4　利用者の便宜を図り、バスの路線を増やすことになった。

3 軌道

1　この漫画の最新刊は、来年の3月に発売される軌道だ。

2　日本の結婚式は、決められた軌道で進められるのが一般的だ。

3　3年前に始めた会社が、やっと軌道に乗ってきた。

4　祖父の家まで、軌道に乗ったら車で約一時間半くらいかかる。

4 気配

1　電車の中では、他の人に気配してスマホでの通話は控えましょう。

2　一人暮らしを始めてから、母は気配になってよく電話をくれる。

3　勝手に自分の日記を見られて、気配になった。

4　誰もいないはずだが、後ろに人の気配がする。

5 手際

1　彼は手際よく大量の洗濯物を干していった。

2　犯人はどの事件も同じ手際で鍵を開けて侵入している。

3　家賃や光熱費などを支払ったら、手際に残るお金は一万円くらいだ。

4　母が手際をかけて作ってくれたご飯は美味しいものだ。

6 忠実

1 勉強は自分のペースで忠実に力をつけることが大事だ。
2 この映画は、元となった漫画のストーリーを忠実に再現している。
3 今年こそは痩せたいと忠実に願っている。
4 彼は忠実に嬉しい時しか笑わない。

7 目先

1 自動車ショーでは、技術の目先を行く製品が数多く展示されていた。
2 目先の利益ばかりにとらわれて、将来のことを全く考えない。
3 リーダーが目先に立って、チーム全体を引っ張っていくべきだ。
4 彼は試合を目先に控えているので、少しピリピリしている。

8 仕業

1 田中さんの料理の仕業は、料理人並みだ。
2 彼の仕業がたたえられて、社内で賞が与えられた。
3 大学生時代、アルバイトで接客の仕業を学んだ。
4 うちの畑をこんなに荒らしたのは、きつねの仕業に違いない。

9 禁物

1 練習試合で勝った相手といっても、油断は禁物だ。
2 この薬品はとても禁物ですので、取り扱いに十分ご注意ください。
3 学生寮では、夜11時以降の外出は禁物されている。
4 会場内に、ペットボトルを禁物してスタッフに注意された。

正答

①2（1抗議 3反対 4討論）
②4（1便利 2タイミング 3都合）
③3（1予定 2順序 4高速道路）
④4（1配慮 2心配 3いやな気分）
⑤1（2手口 3手元 4手間）
⑥2（1着実 3切実 4本当）
⑦2（1先端 3先頭 4目前）
⑧4（1技術 2功績 3仕方・仕事）
⑨1（2危険なもの 3禁止 4持ち込んで）

問題4　次の言葉の使い方として最もよいものを、1・2・3・4から一つ選びなさい。

1 終日

1　次の<u>終日</u>には、温泉に行ってゆっくりしたい。
2　<u>終日</u>の授業は、一、二時間目はお休みです。
3　その日は、<u>終日</u>予定が埋まっております。
4　レポートの<u>終日</u>は明後日なのに、全く手をつけていない。

2 予断

1　台風はおさまったが、未だ<u>予断</u>を許さない状況が続いている。
2　この商業ビルは、来年の二月に完成する<u>予断</u>だ。
3　今日はなんだかいいことが起こりそうな<u>予断</u>がする。
4　<u>予断</u>な一言を言ったせいで、彼女と喧嘩になってしまった。

3 下心

1　母が<u>下心</u>込めてお弁当を作ってくれた。
2　苦労を<u>下心</u>で、職人になるため身一つでイタリアに渡った。
3　迷っていたが、やっと留学に行く<u>下心</u>がついた。
4　あの人が親切にしてくれるなんて、何か<u>下心</u>があるに違いない。

4 脇役

1　薬の<u>脇役</u>で、だんだん眠くなってきた。
2　校則違反をして、二週間学校を<u>脇役</u>になった。
3　<u>脇役</u>ながらも、このドラマの重要な役割を果たしている。
4　部屋の掃除を、週3回<u>脇役</u>に頼んでいる。

5 面影

1　日差しが強いので、ビルの<u>面影</u>に入って休んだ。
2　誰かが部屋にいるような<u>面影</u>がする。
3　鏡で今日の自分の<u>面影</u>を確認する。
4　小さい頃の<u>面影</u>がまだ残っている。

6 本音

1 やっぱり、本音の演奏を聴くと感動せざるを得ない。
2 彼は、どんなことでも本音で話せる親友だ。
3 遠くからピアノの本音が聞こえてくる。
4 聞こえないので、もう少し本音で話してください。

7 地道

1 地道に努力を続けた結果、試験に合格した。
2 田舎の地道を通って、実家に帰った。
3 知らない人が病院までの地道を教えてくれた。
4 私の彼氏は地道に連絡をくれる。

8 素手

1 この料理は素手がかかるが、息子の好物なのでよく作っている。
2 沸騰した鍋のふたを素手で触って火傷した。
3 彼は全くの素手なのに、プロ並みに料理がうまい。
4 素手は中学校だった場所を、幼稚園として使っている。

9 悪気

1 風邪を引いたのか、朝からなんだか悪気がする。
2 排気ガスや工場からの悪気が大気汚染の原因となっている。
3 悪気があって言ったわけではないと思うが、とても傷ついた。
4 楽しい飲み会のはずが、彼の一言で悪気になってしまった。

正答

①3（1休日 2明日 4締め切り）
②1（2予定 3予感 4余計）
③4（1真心 2覚悟 3決心）
④3（1副作用 2停学 4家事代行）
⑤4（1陰 2気配 3姿）
⑥2（1生の 3音色 4大きな声）
⑦1（2道路 3道順 4まめ）
⑧2（1手間 3素人 4もともと）
⑨3（1悪寒 2汚い空気 4悪い雰囲気）

問題4　次の言葉の使い方として最もよいものを、1・2・3・4から一つ選びなさい。

1 前触れ

1　国によっては同じ前触れでも、意味が異なる場合がある。

2　すみません、ちょっと体調が悪いので前触れします。

3　お風呂の温度を前触れして確かめてみる。

4　彼女はなんの前触れもなく、家を出て行った。

2 人並み

1　勉強や運動は人並みにできる方だと思う。

2　人気のコーヒーを飲むために、長時間人並みする。

3　山を下りていくと、人並みが見えてきた。

4　お昼は人並みしているので、長時間待たされる可能性がある。

3 肩書き

1　この肩書きを始めてから、もう4年が経った。

2　授業中、大切なことをノートに肩書きする。

3　肩書きばかり気にして、中身がない人は尊敬できない。

4　「ペンキ塗りたて」と肩書きがされている。

4 心ない

1　SNS上の心ないコメントで、傷つく人が絶えない。

2　別れた彼女のことを思うと、今でも心なくなる。

3　彼からの心ない優しさが嬉しい。

4　最近心ない生活をしていたから、太ってしまった。

5 心細い

1　私は暗いところが心細いので、お化け屋敷が苦手だ。

2　割れ物ですので、心細い注意を払って持ち運んでください。

3　彼は心細いところまで気にするタイプだ。

4　一人暮らしは自由だが、たまに心細くなることがある。

6 心苦しい

1 心苦しい人たちが落としたごみを、ボランティアで拾っている。

2 夏は夜でも気温が高く、心苦しい夜が続く。

3 彼女の苦労を思うと、私まで心苦しくなる。

4 ちょっと階段を登っただけで、すぐに心苦しくなる。

7 望ましい

1 頂上から見る景色は、とても望ましかった。

2 子どものときは、ケーキ屋さんに望ましかった。

3 台風12号は、このまま東京を直撃すると望ましい。

4 明日の補講は強制ではないが、受講するのが望ましい。

8 そっけない

1 彼女はいつも、僕に対してそっけない態度をとる。

2 まだまだ勉強不足な自分がそっけない。

3 上司に対してそんな口をきくなんて失礼そっけない。

4 決勝でそっけなく敗れてしまい、選手達は落ち込んでいる。

9 回りくどい

1 このラーメンは味が回りくどく、食べられない。

2 壊れてしまったのか、いつもよりドアノブが回りくどい。

3 疲れているから、今日はお酒が回りくどい。

4 回りくどい言い方をしないで、簡潔に話してください。

正答

①4（1サイン・合図 2早退 3触れて）
②1（2並ぶ 3街並み 4混雑）
③3（1仕事 2メモ 4注意書き）
④1（2切なく 3なにげない 4だらしない）
⑤4（1怖い 2細心の 3細かい）
⑥3（1心ない 2寝苦しい 4息苦しく）
⑦4（1美しかった 2なりたかった 3予想される）
⑧1（2情けない 3極まりない 4あっけなく）
⑨4（1くどく 2回りにくい 3回りやすい）

問題4　次の言葉の使い方として最もよいものを、1・2・3・4から一つ選びなさい。

1 すみやか

1　救助隊のすみやかな対応で、犠牲者は一人も出なかった。
2　母はすみやかだから、いつも15分前に行動している。
3　隣の部屋から、すみやかに人の声が聞こえる。
4　このプリンは、すみやかな舌触りが特徴です。

2 ひややか

1　山の奥にはひややかな木が並んでいる。
2　緊急事態のときこそ、ひややかに行動しましょう。
3　運動後のひややかなジュースは最高だ。
4　周囲の人からひややかな目で見られた。

3 にこやか

1　結婚式くらい、にこやかなドレスを着てみたい。
2　子どもたちはにこやかに成長している。
3　校長先生はいつもにこやかに挨拶を返してくれる。
4　春の風がにこやかに吹いている。

4 単調

1　こんなに単調な問題なら、30秒で解くことができる。
2　私の単調な毎日に、突然転機が訪れた。
3　当店の商品は、全て単調の値段でご用意しております。
4　単調で登山するのはとても危険だ。

5 濃厚

1　通常のメニューの他に、濃厚なメニューがあります。
2　このスーパーは、生鮮食品が濃厚だ。
3　子どものときは記憶力に濃厚だった。
4　牧場で濃厚な味のソフトクリームが食べたい。

6 質素

1 彼はお金持ちなのに、質素な生活をしている。

2 あの俳優は歌も演技もうまいが、絵だけ質素だ。

3 天然の質素を使用したTシャツを買った。

4 もうこれ以上、質素な思いをしたくない。

7 きっちり

1 私と弟の顔はきっちりだとよく言われる。

2 似ているので、きっちり兄弟かと思っていました。

3 彼は熱がありきっちりしているので、会社に行くことができなかった。

4 彼は時間をきっちりと守る真面目な人だ。

8 くっきり

1 このカメラは人の顔をくっきりと撮ることができます。

2 隠していたことをみんなの前で言われて、くっきりした。

3 瓶のふたをくっきり閉めてください。

4 そうめんのような、くっきりしたものが食べたい。

9 どんより

1 次の休暇は南の島に行って、海辺でどんより過ごしたい。

2 彼の美しいピアノの演奏に、観客全員がどんよりと聴き入ってしまった。

3 今日の天気はなんだかどんよりしている。

4 温泉にどんよりとつかりたい。

正答

①1（2せっかち 3かすか 4なめらか）
②4（1きれい 2冷静 3冷たい）
③3（1はなやか 2すこやか 4さわやか）
④2（1簡単 3同一 4単独）
⑤4（1限定の 2充実している 3優れていた）
⑥1（2才能がない 3素材 4みじめ）
⑦4（1そっくり 2てっきり 3ぐったり）
⑧1（2どっきり 3きっちり 4さっぱり）
⑨3（1のんびり 2うっとり 4ゆったり）

問題4　次の言葉の使い方として最もよいものを、1・2・3・4から一つ選びなさい。

1 ろくに

1　自家製の野菜をろくに使ったコースとなっております。
2　平仮名もろくに書けないのに、君に漢字の勉強はまだ早いよ。
3　健康のことを考えて、お酒はろくにしようと思う。
4　志望校に合格できるようにと、ろくに願っている。

2 やけに

1　台風の影響をやけに受け、停電や洪水が今も続いている。
2　10時以降はやけに出歩かないほうが安全です。
3　バスが急に揺れて、やけに手すりをつかんでしまった。
4　昨日たくさん寝たはずなのに、今日はやけに眠い。

3 まめに

1　豆乳は昔から嫌いだったが、飲んでみるとまめに美味しかった。
2　仕事が終わらなくて、夜12時まで残業するなんてまめにある話だ。
3　カップラーメンは、まめに食べると美味しい。
4　離れて暮らしていても、母はまめに連絡をくれる。

4 つくづく

1　不況で、会社がつくづく倒産していった。
2　顔が良くて勉強もできる彼は、女子からつくづくされている。
3　人の顔をつくづく見るのは失礼だ。
4　いい友達を持ったなと、つくづく感じる。

5 わざわざ

1　わざわざ家まで手作りクッキーを届けてくれた。
2　彼女は朝からわざわざしている。
3　生きていることの喜びをわざわざ感じる出来事があった。
4　旅行先で歩いていたら、わざわざ友人と会い驚いた。

6 ちょくちょく

1 彼はちょくちょくこの居酒屋に飲みに来るそうだ。
2 失敗してもちょくちょくせずに、目的を達成することだけ考えれば良い。
3 カラスがごみ捨て場をちょくちょくしている。
4 初めて注射するときは、誰でもちょくちょくするものだ。

7 おどおど

1 楽しみにしていた旅行の日が近付いてきて、おどおどしている。
2 おどおどしていたらバスに乗り遅れるよ。
3 地震でビルがおどおどと揺れている。
4 人前で話すときは、いつもおどおどしてしまう。

8 ぺこぺこ

1 上司にぺこぺこするのは、なんだかかっこ悪い。
2 お腹がぺこぺこするのでラーメンを食べよう。
3 彼女は私の秘密をぺこぺこと他人に話してしまった。
4 電波が悪くて、電話の声がぺこぺこに聞こえる。

9 うとうと

1 変な人が家の周りをうとうとしている。
2 外に出た途端、雨がうとうとと降ってきた。
3 授業中にうとうとしてしまった。
4 桜の花びらがうとうとと散っている。

正答

①2（1ふだんに 3ほどほどに 4切に）
②4（1もろに 2むやみに 3とっさに）
③4（1意外に 2ざらに 3たまに）
④4（1つぎつぎ 2ちやほや 3じろじろ）
⑤1（2そわそわ 3つくづく 4たまたま）
⑥1（2くよくよ 3散らかして 4びくびく）
⑦4（1うきうき 2ぐずぐず 3ぐらぐら）
⑧1（2ぺこぺこなので 3ぺらぺら 4とぎれとぎれ）
⑨3（1うろうろ 2ぽつぽつ 4ひらひら）

第2章

文法

1 解き方の説明

もんだい けいしき ぜんぶ しゅるい もんだいすう へんどう かのうせい

問題の形式は、全部で3種類あります。（問題数は変動する可能性があります。）

問題5	文の文法1（文法形式の判断）	10問
問題6	文の文法2（文の組み立て）	5問
問題7	文章の文法	5問

1 文の文法1（文法形式の判断）

○問題5（例）

問題5　次の文の（　　　）に入れるのに最もよいものを、1・2・3・4から一つ選びなさい。

1 彼女は、長期休養（　　　）ようやく仕事に復帰することができた。

1　を踏まえて　　2　を経て　　3　をかねて　　4　をはじめ

正答　2

もんだい なか あ ぶんぽう えら もんだい もんしゅつだい

問題5では、（　　　）の中にぴったり当てはまる文法を選ぶ問題が10問出題されます。

2 文の文法2（文の組み立て）

○問題6（例）

問題6　次の文の ★ に入る最もよいものを、1・2・3・4から一つ選びなさい。

1 あそこで ＿＿＿＿ ＿＿＿＿ ＿★＿ ＿＿＿＿ は村本さんです。

1　ラーメン　　2　食べている　　3　を　　4　人

（解答のしかた）

1. 正しい文はこうです。

あそこで ＿＿＿＿ ＿＿＿＿ ＿★＿ ＿＿＿＿ は村本さんです。

1　ラーメン　　3　を　　2　食べている　　4　人

2. ＿★＿ に入る番号を解答用紙にマークします。

（解答用紙）

例	① ● ③ ④

正答　2

問題6では、選択肢を並び替え正しい文章を作った上で、★の位置にくる選択肢を選ぶ問題が5問出題されます。文法の意味を理解していることはもちろん大切ですが、文法がどのような品詞と接続するのかを理解していることも重要です。

3 文章の文法

○問題7（例）

問題7　次の文章を読んで、文章全体の趣旨を踏まえて、［1］から［2］の中に入る最もよいものを、1・2・3・4から一つ選びなさい。

言葉には大きな力がある。誰しも一度は、人から受けた言葉に良くも悪くも影響された経験があるのではないだろうか。言葉一つに影響力がある［1］、多くの人々を救うこともできれば、相手を傷つけ命までも奪うことができてしまう。

近年は、ネット上での言葉の暴力が目立っている。たった一言だ［2］、受けた人によってはひどく悩み落ち込んでしまうだろう。無責任な言葉を容易に発することができてしまう時代であるからこそ、改めて一人一人が言葉の重要性について考え直していかなければならないと思う。

［1］
1　からには　　2　がゆえに　　3　わりに　　4　として

［2］
1　としたら　　2　というより　　3　と思いきや　　4　とはいえ

正答　①2　②4

問題7では、文章の中の［　　］にぴったり合う文法や言葉を選ぶ問題が5問出題されます。文章は700-900文字程度で、その中で5箇所が空欄になっています。

2 N1 文法 130

「第2章文法」では、試験でよく出題される文法130個の意味・接続・例文を勉強します。ここでは、近い意味の文法同士がまとめられています。全部で16章あり、1章ごとにその章で学習した文法の練習問題があります。

品詞と活用形の記号

記号	品詞と活用形	例
N	名詞	学校・にんじん・シャツ
イA	い形容詞	可愛い・美しい・暑い
イAくて	い形容詞のて形	可愛くて・美しくて・暑くて
ナA	な形容詞	元気・有名
Vる	動詞の辞書形	食べる・来る・飲む
Vます	動詞のます形	食べます・来ます・飲みます
Vない	動詞のない形	食べない・来ない・飲まない
Vて	動詞のて形	食べて・来て・飲んで
Vた	動詞のた形	食べた・来た・飲んだ
Vよう	動詞の意志形（意向形）	食べよう・来よう・飲もう
Vば	動詞の条件形	食べれば・来れば・飲めば
Vれる	動詞の可能形	食べられる・来られる・飲める
Vれない	動詞の可能形の否定	食べられない・来られない・飲めない

普通形と丁寧形

活用形	品詞	例
普通形	動詞	食べる・食べない・食べた・食べなかった
	い形容詞	暑い・暑くない・暑かった・暑くなかった
	な形容詞	元気だ・元気｛では / で / じゃ｝ない・元気だった 元気｛では / で / じゃ｝なかった
	名詞	雪だ・雪｛では / で / じゃ｝ない・雪だった 雪｛では / で / じゃ｝なかった
丁寧形	動詞	食べます・食べません・食べました・食べませんでした
	い形容詞	暑いです・暑くないです・暑かったです・暑くなかったです
	な形容詞	元気です・元気｛では / じゃ｝ありません・元気でした 元気｛では / じゃ｝ありませんでした
	名詞	雪です・雪｛では / じゃ｝ありません・雪でした 雪｛では / じゃ｝ありませんでした

接続の表し方の例

表示	例
Vて＋ください	来て＋ください → 来てください
V~~ます~~＋たい	食べ~~ます~~＋たい → 食べたい
V~~ない~~＋ずじまい	会え~~ない~~＋ずじまい → 会えずじまい
普通形（ナA~~だ~~／N~~だ~~）＋ならまだしも	元気~~だ~~＋ならまだしも → 元気ならまだしも 小学生~~だ~~＋ならまだしも → 小学生ならまだしも
普通形（ナA~~だ~~ → な）＋ものを	きれい~~だ~~ → な＋ものを → きれいなものを

★. . .　特別な使い方

1 逆接

01 ～ようが

意味　～ても

接続・　Vよう＋が／と

言われようが／断られようが／好きになろうと

1) どんなに派手な髪型や服装をし**ようが**、彼女の自由だ。

2) 周りから止められ**ようが**、私は絶対に海外で就職しようと思っている。

3) 部下に嫌われ**ようと**、上司であるからには厳しく指導しなければならない。

02 ～ようが～まいが

意味　～ても～なくても（どちらでも関係ない！）

接続　Vようが＋Vる／V~~ます~~＋まいが

Vようと＋Vる／V~~ます~~＋まいと

行こうが行くまいが／売れようが売れまいが／勉強しようとしまいと

1) 今更、発言を撤回し**ようが**し**まいが**、ニュースで取り上げられてしまってからでは遅い。

2) 健康に気を付け**ようが**気を付け**まいが**、誰だって病気をするものだ。

3) 今日は、雨が降**ろうと**降る**まいと**外出をする予定だ。

03 ～とはいえ

意味 ～といっても（～から予想されることとは違う）

接続 N / 普通形＋とはいえ

親友とはいえ / 好きだとはいえ / 日本語が話せるとはいえ

1) 愛する家族のため**とはいえ**、倒れてしまうほど働くのは良くないことだ。

2) 練習試合**とはいえ**、絶対に負けることは許されない。

3) 3年前からバイオリンを習っている**とはいえ**、まだコンクールに出場した経験がない。

04 ～ようにも～ない

意味 ～したいができない（何か事情や理由がある）

接続 Vよう＋にも＋Vれない

出かけようにも出かけられない / 動こうにも動けない / 勉強しようにも勉強できない

1) 家に財布を忘れてしまい、スーパーで買い物し**ようにも**でき**なかった**。

2) 空港に着いたものの、台風が近付いていて日本に帰**ろうにも**帰れ**なくなってしまった**。

3) このパンは、消費期限が切れていて食べ**ようにも**食べられ**ない**。

05 ～かと思いきや

意味 ～と思っていたら、違った

接続 普通形＋（の）かと思いきや

合格したかと思いきや / 落ち込んでいるのかと思いきや / 喜ぶかと思いきや

1) ここのレストランは人気店なので混んでいる**かと思いきや**、今日は思っていたより空いていた。

2) このチョコレートはすごく甘いの**かと思いきや**、甘さ控えめで食べやすかった。

3) 風邪が治った**かと思いきや**、また熱が出てしまった。

06 ～といえども

意味（いみ） ～だけど（～から予想（よそう）できることとは違（ちが）う）

接続（せつぞく） N＋といえども
日本語教師（にほんごきょうし）といえども／天才（てんさい）といえども／プロの選手（せんしゅ）といえども

1 プロのミュージシャン**といえども**、音（おと）を外（はず）してしまうこともある。

2 健康（けんこう）に良（よ）い食品（しょくひん）**といえども**、食（た）べ過（す）ぎは体（からだ）に良（よ）くない。

3 いくら親（した）しい仲（なか）**といえども**、互（たが）いに礼儀（れいぎ）を忘（わす）れてはならない。

07 ～たところで

意味（いみ） たとえ～しても良（よ）い結果（けっか）にならない

接続（せつぞく） Vた＋ところで
謝（あやま）ったところで／急（いそ）いだところで／頑張（がんば）ったところで

1 今（いま）からタクシーに乗（の）って向（む）かっ**たところで**、約束（やくそく）の時間（じかん）には間（ま）に合（あ）わない。

2 前日（ぜんじつ）になってテスト勉強（べんきょう）をし**たところで**、良（よ）い点数（てんすう）を取（と）ることはできない。

3 お洒落（しゃれ）をし**たところで**、この嵐（あらし）の中（なか）外（そと）に出（で）れば台無（だいな）しだ。

問題5　次の文の（　　　）に入れるのに最もよいものを、1・2・3・4から一つ選びなさい。

1 ブランド品はどれも高価なものばかりなので、お店に入っ（　　　）購入することはできないだろう。

1　たあげく　　2　たきり　　3　たところで　　4　たどころか

2 好きなサッカー選手が移籍しようがし（　　　）、彼をこれからも応援していくことに変わりはない。

1　たかと思いきや　　2　ようにも　　3　たところで　　4　まいが

3 両親にいくら止められ（　　　）、私は海外に移住すると心に決めている。

1　たところで　　2　た手前　　3　ようが　　4　ないまでも

4 夜更かしをしてしまったので、今から寝（　　　）寝まいが、授業中に寝てしまうことに変わりはないだろう。

1　ようにも　　2　ようが　　3　ようで　　4　ようなら

5 まだ新人（　　　）、仕事に対して無責任な言動をとることは許されない。

1　かと思いきや　　2　だとはいえ　　3　というもの　　4　ではあるまいし

6 部長「伊藤くん、昨日会社のみんなで行った山登りはどうだったんだい。」
伊藤「とても楽しかったです。普段運動をしていなかったので、今朝は筋肉痛で起き上が（　　　）起き上がれませんでしたよ。」

1　ろうにも　　2　るまいが
3　ったところで　　4　りようが

7 彼女は、いつもテレビを見ている時、泣いている（　　　）突如笑い始め、驚くほど感情移入が激しい。

1　とはいえ　　2　にしては
3　のかと思いきや　　4　どころか

8 山田（やまだ）「最近流行ってる感染症って怖いよね。」
鈴木（すずき）「うん。どんなに対策をして気を付け（　　　）避けられないのが怖いよね。」

1　ようが　　2　つつ　　3　たかと思いきや　　4　たところを

9 この飲み物はフルーツジュース（　　　）、果汁が3%しか入っていない。

1　だとはいえ　　2　ともなると　　3　だとあって　　4　というより

10 いくら頑丈な鞄（　　　）、重いものを入れるとちぎれてしまいそうで不安になる。

1　にひきかえ　　2　とあって　　3　もさることながら　　4　といえども

正答　①3　②4　③3　④2　⑤2　⑥1　⑦3　⑧1　⑨1　⑩4

問題6 次の文の＿★＿に入る最もよいものを、1・2・3・4から一つ選びなさい。

11 今日は娘の誕生日だが、新しい ＿＿ ＿＿ ＿★＿ ＿＿。

1 プロジェクトの　　2 にも帰れない
3 早く帰ろう　　4 仕事が忙しくて

12 休日は、メイクをし ＿★＿ ＿＿ ＿＿ ＿＿ からいい。

1 外出しなければ　　2 誰に
3 会うこともない　　4 ようがしまいが

13 彼が ＿＿ ＿★＿ ＿＿ ＿＿ ホラー映画だった。

1 かと思いきや　　2 一緒に観ようと
3 言ってくれた映画は　　4 SF映画

14 相手は負けを知らない強豪チーム ＿＿ ＿★＿ ＿＿ ＿＿ だろう。

1 とはいえ　　2 ではない
3 勝てない相手　　4 今の私達なら

15 失敗をして ＿＿ ＿＿ ＿★＿ ＿＿ ことに意味があるということを忘れないでください。

1 笑われようが　　2 何事も
3 挑戦し続ける　　4 どんなに

正答 ⑪ 3（1432） ⑫ 4（4123） ⑬ 3（2341） ⑭ 4（1432） ⑮ 2（4123）

2 順接

08 ～とあって

意味　～という特別な状況だから

接続　N / 普通形（ナAだ）＋とあって

日曜日とあって / お客さんが来るとあって / 世界的に有名とあって

1. 昨日、テレビで紹介された**とあって**、お店の前には行列ができていた。
2. 4年に一度のお祭り**とあって**、街全体が多くの人で賑わっている。
3. 世界的な人気歌手のコンサート**とあって**、チケットが販売開始から3分で完売した。

09 ～ばこそ

意味　～だから！（他の理由・原因ではないということを強調する）

接続　Vば＋こそ

思えばこそ / 健康であればこそ / 勉強すればこそ

1. 情熱があれ**ばこそ**、困難なことも乗り越えることができる。
2. 仲間を信じれ**ばこそ**、チームワークが生まれ試合にも勝つことができるというものだ。
3. 私が彼に仕事で細かい指摘をするのも、彼のことを思え**ばこそ**だ。

10 ～ゆえ

意味 ～だから

接続 N＋ゆえに／ゆえの
普通形（ナAだ→である／Nだ→である）＋（が）ゆえに／（が）ゆえの
愛するがゆえに／貧しいがゆえの／美人であるゆえに

1. 彼はプライドが高いが**ゆえ**に、人から間違いを指摘されても耳を傾けようともしない。
2. 彼女は、人気女優であるが**ゆえ**の悩みをテレビで告白した。
3. 貧しさ**ゆえ**に、父は人一倍働いて家族を守ってくれた。

11 ～こととて

意味 ～ことなので（後ろには謝罪の文章がつくことが多い）

接続 普通形（ナAだ→な／Nだ→の）＋こととて
初めてのこととて／子どものやったこととて／慣れないこととて

1. この本の内容は、祖母が生きていた時代よりはるか昔の**こととて**、真実かどうかは不明だ。
2. 幼い息子がやった**こととて**、どうか今回のことはお許しください。
3. 知らない**こととて**、役に立つことができず申し訳ございませんでした。

12 ～手前

意味 ～だから（立場や周りの評価を考えて）

接続 N＋の手前
Vる／Vた／Vている＋手前
恋人の手前／言った手前／振った手前

1. 周りの人たちが残業をしている**手前**、自分だけ定時に帰ることはできない。
2. プレゼントを貰った**手前**、お返しをしないわけにはいかない。
3. 絶対に勝つと言ってしまった**手前**、諦めるわけにはいかない。

問題5　次の文の（　　　）に入れるのに最もよいものを、1・2・3・4から一つ選びなさい。

1 （店先で）
店主が療養中（　　　）、皆様にはご迷惑をお掛けいたしますが、しばらくお休みさせていただきます。
1　に加えて　　2　のところ　　3　につけ　　4　のこととて

2 初めての海外旅行（　　　）、念入りに行きたい場所の下調べをした。
1　の手前　　2　はおろか　　3　とあって　　4　にわたって

3 社員全員が一丸に（　　　）、これからもより良い会社にしていけるのです。
1　なりながらも　　2　なることだから　　3　なったところで　　4　なればこそ

4 中本（なかもと）「なんだか最近物事がうまくいかない気がするんです。」
先輩「そんな風に見えないけどな。中本（なかもと）さんはきっと真面目である（　　　）そう感じちゃうんだね。」
1　こととて　　2　がゆえに　　3　手前　　4　ことだから

5 好きな子を試合に呼んでしまった（　　　）、かっこ悪い姿を見せるわけにはいかないとひたすら厳しい練習を重ねてきた。
1　手前　　2　のなんのって　　3　までのことで　　4　一方で

6 村上（むらかみ）「ここのカフェは平日も混雑してるんだね。」
佐藤（さとう）「うん。新しくできたお洒落なお店（　　　）、SNSでも今すごく話題になってるらしいよ。」
1　ともなれば　　2　とあって　　3　というと　　4　の手前

7 長雨の季節（　　　）、洗濯物が全然乾かなくて困っている。
1　ゆえに　　2　のもとで　　3　の手前　　4　さえ

8 1000年前に書かれた文章（　　　）、意味が全くわかりません。

1　の手前　　2　のこととて　　3　のなんのって　　4　のことから

9 世界平和を（　　　）、国々の対立やデモのニュースを見る度に心が痛む。

1　願うどころか　　2　願えばこそ　　3　願うとあって　　4　願うにあたって

10 「次こそは同期との飲み会に参加する」と言ってしまった（　　　）、今回の誘いを断ることはできない。

1　とともに　　2　すえ　　3　手前　　4　わりに

正答　①4　②3　③4　④2　⑤1　⑥2　⑦1　⑧2　⑨2　⑩3

問題6　次の文の＿★＿に入る最もよいものを、1・2・3・4から一つ選びなさい。

11 友人は、＿＿＿ ＿＿＿ ＿★＿ ＿＿＿ の被害にあわないか心配だ。

1　であるがゆえに　　2　優しく素直で
3　詐欺　　4　人を信じやすい性格

12 日当たりの ＿＿＿ ＿★＿ ＿＿＿ ＿＿＿ いつも一苦労である。

1　洗濯物を外に出しても　　2　悪い部屋の
3　こととて　　4　乾きにくく

13 上司にはいつも ＿＿＿ ＿＿＿ ＿★＿ ＿＿＿ かけることはできません。

1　いただいている　　2　これ以上迷惑を
3　助けて　　4　手前

14 有名な ＿＿＿ ＿★＿ ＿＿＿ ＿＿＿ その人の全てがお見通しだそうだ。

1　占い師　　2　手相を
3　とあって　　4　見るだけで

15 私が疲弊しきっていると、それを見た祖父が、＿＿＿ ＿＿＿ ＿＿＿ ＿★＿ も感じることができるんだと教えてくれた。

1　あればこそ　　2　喜び
3　命が　　4　悲しみも

正答　⑪ 1（2413）　⑫ 3（2314）　⑬ 4（3142）　⑭ 3（1324）　⑮ 2（3142）

3 少し・唯一

13 ～たりとも

意味 ～という少ない数でも（絶対～ない！という強い気持ちを表す）

接続 1＋助数詞＋たりとも
一円たりとも / 一秒たりとも / 一匹たりとも

1) 彼のことは、一度**たりとも**忘れたことはなかった。

2) 好きなアイドルのライブ配信は、一瞬**たりとも**見逃したくない。

3) 苦手な食べ物は、一口**たりとも**食べたくない。

14 ～はおろか

意味 ～はもちろん、～より程度が低いことにも同じことが言える

接続 N＋はおろか
パソコンはおろか / 教科書はおろか / 走ることはおろか

1) 彼女は人見知りなので、初めて会う人と話すこと**はおろか**、挨拶をすることもできない。

2) 祖母の家には、冷蔵庫**はおろか**食べ物もない。

3) 娘はもうすぐ中学生になるが、海外旅行**はおろか**国内旅行にも行ったことがない。

15 ～もさることながら

意味 ～だけでなく、これも

接続 N＋もさることながら

実力もさることながら / デザインもさることながら / ストーリーもさることながら

1) ここの旅館は、美味しい料理**もさることながら**、部屋から見える景色の美しさは最高だ。

2) この歌手は歌声**もさることながら**、作詞や作曲のセンスも良い。

3) 彼女は語学が堪能で、英語**もさることながら**フランス語も話すことができる。

16 ただ～のみ

意味 ただ～だけ（本当にそれだけ！と強く言いたいときに使う）

接続 ただ＋Vる＋のみ

ただ待つのみ / ただ祈るのみ / ただ行動あるのみ

1) 試験は無事終えたので、あとは**ただ**結果が出るのを待つ**のみ**だ。

2) 何事も結果を得るためには、**ただ**努力ある**のみ**だ。

3) 明日の天気が怪しいが、もうツアーに申し込んでしまったので今は**ただ**晴れることを祈る**のみ**だ。

17 ～だに

意味 ～だけで、～さえ

接続 N / Vる＋だに

想像（する）だに / 予想（する）だに / 微動だに / ★夢にだに

1) 恐ろしい新型感染症が世界中に広まるなんて、想像**だに**しなかった。

2) 今日までに片付けなければいけない仕事が山積みで、考える**だに**気が遠くなる。

3) 彼からプロポーズをされるなんて、**夢にだに**思わなかった。

18 ～までのことだ

意味（いみ） ～するだけ（他（ほか）に方法（ほうほう）がないのなら～すればいい）

接続（せつぞく） Vる＋までのことだ

辞（や）めるまでのことだ / 行（い）くまでのことだ / 働（はたら）くまでのことだ

1) 彼女（かのじょ）が忙（いそが）しくて会（あ）いに来（こ）られないというのなら、会（あ）いに行（い）く**までのことだ**。

2) どうしても仕事（しごと）が嫌（いや）だったら、辞（や）める**までのことだ**。

3) これ以上家賃（いじょうやちん）を滞納（たいのう）するなら、追（お）い出（だ）す**までのことだ**。

19 ～すら

意味（いみ） ～さえ、～も（良（よ）くないことに使（つか）うことが多（おお）い）

接続（せつぞく） N＋（に / で）すら

先生（せんせい）ですら / 専門家（せんもんか）にすら / 歩（ある）くことすら

1) 日本語（にほんご）の敬語（けいご）は難（むずか）しい。日本人（にほんじん）で**すら**正（ただ）しく使（つか）っていないことがよくある。

2) 先生（せんせい）に**すら**解（と）けなかった問題（もんだい）を、彼（かれ）はいとも簡単（かんたん）に解（と）いてしまった。

3) 元（もと）オリンピック選手（せんしゅ）の彼（かれ）は、けがで歩（ある）くこと**すら**困難（こんなん）になってしまった。

20 ～をおいて他（ほか）にはない

意味（いみ） ～以外（いがい）ない、～だけだ

接続（せつぞく） N＋をおいて他（ほか）に（は）～ない

彼（かれ）をおいて他（ほか）にはいない / 日本語（にほんご）をおいて他（ほか）にはない / 趣味（しゅみ）の時間（じかん）をおいて他（ほか）にない

1) この難病（なんびょう）を治（なお）すことができる医者（いしゃ）は、彼（かれ）**をおいて他（ほか）にはいない**だろう。

2) こんなにも人（ひと）の心（こころ）をつかむことができる映画（えいが）は、この作品（さくひん）**をおいて他（ほか）にはありません**。

3) 彼女（かのじょ）に告白（こくはく）するチャンスは、もう卒業式（そつぎょうしき）**をおいて他（ほか）にない**。

21 ～ならではの

意味　～しかない特別な

接続　N1＋ならではの＋N2

日本語ならではの特徴 / 旅ならではの楽しみ / 天才ならではの発想

1. この画期的な商品は、家事をする主婦**ならではの**発想で作られている。
2. 金閣寺や清水寺は、京都**ならではの**観光地だ。
3. 12月にもなると、クリスマスの時期**ならではの**雰囲気を味わうことができる。

問題5　次の文の（　　　）に入れるのに最もよいものを、1・2・3・4から一つ選びなさい。

1 新人の田中（たなか）さんは、敬語を使うこと（　　　）挨拶をすることさえできない。

1　はおろか　　2　を皮切りに　　3　を抜きにして　　4　だに

2 後輩「先輩、先週から上映されている今話題のアニメ映画観ました？」
先輩「観たよ！声優（　　　）、ストーリーが本当に良くて感動したよ。」

1　をはじめ　　2　はおろか　　3　もさることながら　　4　をかねて

3 新しい感染症が世界で拡大していっているなんて、（　　　）恐ろしい話だ。

1　考えもさることながら　　2　考えるだに
3　考えはおろか　　4　考えるなり

4 鈴木（すずき）「今日の試合相手、相当手強いみたいだね。」
高橋（たかはし）「スポーツで有名な強豪校だしね。一瞬（　　　）気を抜くことはできないね。」

1　もさることながら　　2　だに　　3　たりとも　　4　はおろか

5 昔から虫が大の苦手だったが、大人になった今でもアリに触れること（　　　）できない。

1　すら　　2　なり　　3　とて　　4　やら

6 この趣ある雰囲気と懐かしい味わいは、代々引き継がれてきた老舗（　　　）魅力だ。

1　にたえない　　2　ならではの
3　もさることながらの　　4　にかたくない

7 これだけの観衆の大歓声を浴びることができる舞台俳優は、恐らく彼（　　　）だろう。

1　もさることながら　　2　までのこと
3　にすぎない　　4　をおいて他にはいない

8 今日の演奏コンクールで優勝するために、時間を惜しまず練習をしてきた。あとはただ無事に終えられることを（　　　）。

1　祈るものだ　　2　祈ったきりだ　　3　祈ったためだ　　4　祈るのみだ

9 カナダで就職先が見つからなければ、諦めて日本へ帰る（　　　）。

1　において他にはない　　2　までもない
3　までのことだ　　4　どころではない

10 明日の会議は社長も参加するような重要な会議のため、一秒（　　　）遅刻は許されない。

1　はおろか　　2　もさることながら　　3　だに　　4　たりとも

正答　①1　②3　③2　④3　⑤1　⑥2　⑦4　⑧4　⑨3　⑩4

問題6 次の文の＿★＿に入る最もよいものを、1・2・3・4から一つ選びなさい。

11 受験は嫌だが、目標の大学に通っている自分の姿を想像して ＿＿ ＿＿ ＿＿ ＿★＿ だ。

1 勉強する　　2 ひたすら
3 ただ　　4 のみ

12 普段家事をしない父は ＿＿ ＿＿ ＿＿ ＿★＿ できない。

1 料理は　　2 洗濯
3 すら　　4 おろか

13 誰一人私達の ＿＿ ＿★＿ ＿＿ ＿＿ していなかっただろう。

1 決勝戦まで　　2 予想だに
3 進むことができるとは　　4 チームが

14 アスリートになるためには、＿★＿ ＿＿ ＿＿ ＿＿。

1 もさることながら　　2 努力
3 なければならない　　4 才能も

15 弟は、いつもご飯を ＿＿ ＿＿ ＿＿ ＿★＿ に食べる。

1 たりとも　　2 一粒
3 綺麗　　4 残さず

正答 ⑪ 4（3214） ⑫ 3（1423） ⑬ 1（4132） ⑭ 2（2143） ⑮ 3（2143）

4 範囲

22 ～からというもの

意味 ～からは（～をきっかけに、そのあとずっと続いている）

接続 Vて＋からというもの
今年に入ってからというもの / 彼女に出会ってからというもの / ★それからというもの ことし　はい　　　　　　　　　　　　　かのじょ　であ

1. ベッドを買い替えて**からというもの**、以前より睡眠の質が上がり体調が良くなった。
か　か　　　　　　　　　　　　いぜん　すいみん　しつ　あ　　たいちょう　よ

2. 転職をして**からというもの**、海外に出張をする機会が増えた。
てんしょく　　　　　　　　　　　かいがい　しゅっちょう　　きかい　ふ

3. 兄は、彼女が出来て**からというもの**、身なりに気を使うようになった。

23 ～を皮切りに

意味 ～から始まって、次々に起こる

接続 N＋を皮切りに（して） かわ　き
出店を皮切りに / 発売を皮切りに / 公演を皮切りにして しゅってん　かわ　き　　はつばい　かわ　き　　こうえん　かわ　き

1. 彼女は、初出演のドラマ**を皮切りに**一躍有名になり、様々な役を演じるようになっ
かのじょ　はつしゅつえん　　　　　かわ　き　いちやくゆうめい　　　　　さまざま　やく　えん
た。
2. 案内ロボットの開発**を皮切りに**、IT技術を使った様々なロボットが次々と誕生した。
あんない　　　　　かいはつ　かわ　き　　　　ぎじゅつ　つか　さまざま　　　　　　　つぎつぎ　たんじょう

3. この店の和菓子はアメリカのメディアで取り上げられたこと**を皮切りに**して、外国
みせ　わがし　　　　　　　　　　　　　と　あ　　　　　　かわ　き　　　　　　がいこく
でも人気になった。

24 ～をもって①

意味 ～で（何かが終わる・変わる時点を表す）

接続 N＋をもって

本日をもって / 4月1日をもって / この授業をもって

1. 課長は、10月1日**をもって**沖縄支店に異動することになった。
2. 街の人々から親しまれてきたこの老舗は、本日**をもって**閉店してしまう。
3. 鈴木選手は、今回の大会**をもって**引退することを発表した。

25 ～ばそれまで

意味 もし～したら終わり（今までのことが全て無駄になる）

接続 Vば＋それまで

諦めればそれまで / 言ってしまえばそれまで / 死んでしまえばそれまで

1. どんなに人気がある俳優でも、警察に捕まるようなことをしてしまえ**ばそれまで**だ。
2. どんなに貯金しても死んでしまえ**ばそれまで**なんだから、使いたい時に使ったほうがいいだろう。
3. 親が子どもにお金をかけても、子どものやる気がなけれ**ばそれまで**だ。

²⁶ ～たが最後（さいご）

意味（いみ） もし～したら、こうなる（後ろには悪い事を表す文章がつく）

接続（せつぞく） Vた＋最後（さいご）

失（うしな）ったが最後（さいご）／始（はじ）めたが最後（さいご）／口（くち）にしたが最後（さいご）

※「～たら最後（さいご）」という言（い）い方（かた）もある

① 彼女（かのじょ）に秘密（ひみつ）を教（おし）えたが最後（さいご）、クラス中（じゅう）の人（ひと）に広（ひろ）まってしまう。

② 課長（かちょう）はお酒（さけ）を口（くち）にしたが最後（さいご）、部長（ぶちょう）のぐちが止（と）まらなくなってしまう。

③ 彼（かれ）に漫画（まんが）を貸（か）したら最後（さいご）、返（かえ）ってくることはないだろう。

²⁷ ～を限（かぎ）りに

意味（いみ） ～を最後（さいご）に、あることをやめる

接続（せつぞく） N＋を限（かぎ）りに

今日（きょう）を限（かぎ）りに／この試合（しあい）を限（かぎ）りに／その日（ひ）を限（かぎ）りに

① 彼（かれ）とは卒業式（そつぎょうしき）を限（かぎ）りに、連絡（れんらく）を一切（いっさい）取（と）らなくなった。

② この一本（いっぽん）を限（かぎ）りに、禁煙（きんえん）すると家族（かぞく）に宣言（せんげん）した。

③ 今日（きょう）を限（かぎ）りに、長年（ながねん）働（はたら）いてきたこの会社（かいしゃ）ともお別（わか）れだ。

²⁸ ～に至（いた）るまで

意味（いみ） ～までも（範囲（はんい）が広（ひろ）いことを言（い）いたいときに使（つか）う）

接続（せつぞく） N＋に至（いた）るまで

お年寄（としよ）りに至（いた）るまで／雑貨（ざっか）に至（いた）るまで／デザートに至（いた）るまで

① この歌（うた）はお年寄（としよ）りから子（こ）どもに至（いた）るまで、あらゆる世代（せだい）に愛（あい）されている。

② 彼（かれ）は最近（さいきん）のニュースだけでなく、歴史（れきし）や話題（わだい）のカフェに至（いた）るまで本当（ほんとう）に知識（ちしき）が豊富（ほうふ）だ。

③ 昨日（きのう）行（い）ったレストランは、ドリンクからデザートに至（いた）るまでどれも美味（おい）しくて驚（おどろ）いた。

29 ～といったところ

意味 だいたい～くらいだ（十分、大したことじゃないという気持ちを表す）

接続 N / Vる＋といったところ

一時間といったところ / 半年といったところ / 簡単な会話ができるといったところ / ★まあまあといったところだ

1. 彼がデートの誘いを断ったとしても、行きたくないわけではない。きっと見たいアニメでもある**といったところ**だろう。
2. ここから山頂まで、あと3時間**といったところ**だ。
3. あいつがご飯をおごってくれると言ったが、せいぜい牛丼**といったところ**だろう。

30 ～にとどまらず

意味 ～だけでなくさらに

接続 N / Vる＋（だけ）にとどまらず

学校内にとどまらず / 教えるにとどまらず / かばんだけにとどまらず

1. 頭の中で考えるだけ**にとどまらず**、行動に移すことが大切だ。
2. 今や豆腐はアジア**にとどまらず**、世界中で健康に良い食材として食べられている。
3. 彼は俳優業だけ**にとどまらず**、作家やミュージシャンとしても活躍している。

問題5　次の文の（　　　）に入れるのに最もよいものを、1・2・3・4から一つ選びなさい。

1 彼女の絵画は国内（　　　）、海外でも高い評価を受けているそうだ。

1　に至るまで　　2　にとどまらず　　3　ならいざしらず　　4　にもかかわらず

2 彼と大喧嘩（　　　）、一言も口を利いてくれなくなった。

1　をしてからというもの　　2　に至るまで

3　をもって　　4　ではあるまいし

3 渡辺（わたなべ）「来週は試験だね。勉強の調子はどう？」

田中（たなか）「そうだなあ。たまに難しくて投げ出したくなるけど、まあまあ（　　　）かな。」

1　といったところ　　2　といったらない　　3　といっても　　4　といえども

4 （電話）

利用者「あの、スポーツジムの退会手続きをしたいのですが。」

担当者「承知しました。本日退会手続きをされますと今月分までお支払いいただくことになり、ジムは今月末（　　　）ご利用いただけなくなりますが宜しいでしょうか。」

1　を皮切りに　　2　をはじめ　　3　をかねて　　4　をもって

5 どんなに幼い頃から描いていた夢でも、諦め（　　　）。

1　ずにはおかない　　2　るほどではない

3　てしまえばそれまでだ　　4　てはいられない

6 今年のオリンピック出場（　　　）、現役を引退することを決意した。

1　を押して　　2　を込めて　　3　を限りに　　4　を皮切りに

7 今日本で流行っているこのアニメは、小さな子どもからお年寄り（　　　）人気がある。

1　にとどまらず　　2　にかけては　　3　にかこつけて　　4　に至るまで

8 今回仕事で海外に赴任（　　　）、5年は日本に帰って来られないだろう。

1　をもって　　2　したが最後　　3　を皮切りに　　4　を限りに

9 （アナウンサー）

「来月フランス（　　　）、日本を含む世界10か国で順次にピカソの展覧会を開催することが発表されました。」

1　をもって　　2　を限りに　　3　を皮切りに　　4　をめぐって

10 体重が増え（　　　）、いつも履いていたズボンのチャックが閉まらなくなってしまった。

1　たからには　　2　たものの　　3　たものなら　　4　てからというもの

正答　①2　②1　③1　④4　⑤3　⑥3　⑦4　⑧2　⑨3　⑩4

問題6　次の文の＿★＿に入る最もよいものを、1・2・3・4から一つ選びなさい。

11 私が10年以上応援してきた＿＿＿ ＿★＿ ＿＿＿ ＿＿＿休止してしまうそうだ。

1　もって　　　2　活動を
3　アイドルグループは　　　4　今年を

12 学生の時は早起きが苦手だったが、＿＿＿ ＿★＿ ＿＿＿ ＿＿＿ようになった。

1　からというもの　　　2　起きることができる
3　自然と朝早く　　　4　社会人になって

13 一生懸命に＿＿＿ ＿＿＿ ＿★＿ ＿＿＿だ。

1　企画した　　　2　されればそれまで
3　プロジェクトも　　　4　部長に却下

14 この新商品は＿＿＿ ＿★＿ ＿＿＿ ＿＿＿が決定した。

1　発売を皮切りに　　　2　都内の店舗での
3　販売されること　　　4　全国でも

15 友人はお酒を＿＿＿ ＿＿＿ ＿＿＿ ＿★＿できなくなる。

1　酔ったら最後　　　2　飲んで
3　誰も止めることが　　　4　怒ったり泣いたりして

正答　⑪4（3412）　⑫1（4132）　⑬4（1342）　⑭1（2143）　⑮3（2143）

5 文句・悪口

31 ～に至っては

意味　～の場合は（悪いことに使う）

接続　N＋に至っては

彼に至っては / ラーメンに至っては / 今回のテストに至っては

1. 私の家族はみんな病弱で、妹**に至っては**一週間に一度は風邪を引いている。
2. 彼はよく会社に遅刻するが、今日**に至っては**一時間も遅れてきたのでみんな呆れていた。
3. 彼女は好き嫌いが多く、野菜**に至っては**ほとんど食べない。

32 ～ものを

意味　～のに（自分への後悔や相手を非難する気持ちを表す）

接続　普通形（ナAだ → な）＋ものを

言えばいいものを / 治るものを / 行けばよかったものを

1. 早く相談してくれればよかった**ものを**、会社を辞めることまで考えているなんて知らなかったよ。
2. 歩きやすい靴で来ればよかった**ものを**、なんでヒールのある靴を履いてきたの。
3. 買いたい物が決まっているならネットで済む**ものを**、どうしてわざわざお店に買いに行ったの。

33 ～ではあるまいし

意味 ～ではないのだから（～だったら仕方がないけど…）

接続 N＋ではあるまいし / じゃあるまいし
小学生ではあるまいし / 新人ではあるまいし / 田舎じゃあるまいし

1. 初心者**ではあるまいし**、こんな基礎的なことができないなんて、まだまだ練習が足りませんね。
2. 子ども**ではあるまいし**、なんでも自分の思い通りにいくと思っていたらだめだよ。
3. 芸能人**じゃあるまいし**、帽子とマスクとサングラスまでしてどうしたの。

34 ～きらいがある

意味 ～する場合が多い（～という悪い傾向・性質がある）

接続 Vる / Vない＋きらいがある
悪く考えるきらいがある / 言うことを聞かないきらいがある / 謝らないきらいがある

1. 完璧主義の彼は、必要以上に自分自身を追い込む**きらいがある**。
2. 弟は、自分が悪いとわかっていても、意地を張って謝らない**きらいがある**。
3. 彼女は控え目な性格で自己主張をしないので、いつも人に振り回されてしまう**きらいがある**。

35 ～始末

意味 ～という結果だ（悪いことが続いて、最後に最悪な結果になる）

接続 Vる＋始末

忘れる始末 / 怒られる始末 / 不合格になる始末 / ★この始末だ

1) 彼女は、酔っぱらうと怒ったり泣いたりするだけではなく、大暴れして最後には壁を壊す**始末**だ。

2) 彼は、大会で賞を取ることができなかった上に、競技中に転んでしまい全治3か月のけがを負う**始末**だった。

3) 現地で体調を崩し財布まで盗まれてしまった。楽しい海外旅行のはずが**この始末だ**。

36 ～ごとき

意味 ～なんか（そんな小さなことで…と～を低く見て言う）

接続 N＋ごとき

お前ごとき / 遊びごとき / 私ごとき

1) ゲームの勝敗**ごとき**で、そんなに不機嫌にならないでよ。

2) 遊び**ごとき**に、大金を費やすなんてやめなよ。

3) こんなにも名誉ある賞を、私**ごとき**がいただいて良いのでしょうか。

37 ～ときたら

意味 ～は本当にだめだ！（人やものを悪く言うときに使う）

接続 N＋ときたら

息子ときたら / 最近の若者ときたら / 部長ときたら

1) うちの猫**ときたら**、いつも留守にしている間に部屋中を荒らしてしまう。

2) 息子**ときたら**、宿題をやってから遊びなさいといくら言っても聞きやしない。

3) 最近のニュース**ときたら**、物騒なことばかりだ。

38 〜ならまだしも

意味　〜だったら理解できるけど

接続　普通形（ナAだ / Nだ）＋ならまだしも
小学生ならまだしも / 5分ならまだしも / 聞いて理解できないならまだしも

1. 一度だけ**ならまだしも**、毎回待ち合わせの時間に遅刻するなんて許せない。
2. 直接言う**ならまだしも**、陰で人の悪口を言うなんて良くないよ。
3. 昼間**ならまだしも**、夜中に隣の部屋から騒音が聞こえてくるのは不快だ。

問題5 次の文の（　　　）に入れるのに最も良いものを、1・2・3・4から一つ選びなさい。

1 子ども（　　　）、大人になっても同じことで何度も注意されることを恥ずかしいと思いなさい。

1 に至っては　　2 に限って　　3 ならまだしも　　4 に先駆け

2 重い荷物を運ぶなら言ってくれれば（　　　）、一人で運んだなんて大変だったでしょう。

1 手伝うと思いきや　　2 手伝ったといえども

3 手伝ったものを　　4 手伝うものとして

3 私が住んでいる新潟県（にいがたけん）は冬になると雪が降り積もって大変だが、青森県（あおもりけん）（　　　）世界の中でも一位を誇るほど降雪量が多いそうだ。

1 といえども　　2 とあっては　　3 にあたっては　　4 に至っては

4 部下「資料の準備が終わらず会議に遅刻をしてしまい、申し訳ございませんでした。」

上司「会議は前々から決まっていたんだから、前もって準備しておけば（　　　）。忙しいのは分かるけど、次は気を付けてね。」

1 よかったとしても　　2 よかったとは　　3 よかったものだ　　4 よかったものを

5 父は、野球の話になるといつも熱く語る（　　　）。

1 ものがある　　2 きらいがある　　3 にもほどがある　　4 かいがある

6 中本（なかもと）「私のことを、イケメン二人が取り合って喧嘩とかしないかなあ。」

佐藤（さとう）「何言ってるの。ドラマ（　　　）、そんなことあるわけないでしょ。」

1 じゃあるまいし　　2 じゃ済まないし　　3 であることだし　　4 というものだし

7 最近のSNS（　　　）、人のことを悪く言うことが普通になっている。

1 を経て　　2 ならまだしも　　3 といえども　　4 ときたら

8 この苦悩が、あいつ（　　　）分かるはずがないだろう。

1　ごときに　　2　ときたら　　3　にひきかえ　　4　に至っては

9 彼は、自分の嘘を認めず更に嘘をつく（　　　）。

1　にたえない　　2　までもない　　3　までだ　　4　始末だ

10 今回の日本語能力試験N1の読解は30点だった。聴解と言語知識（　　　）20点以下だった。

1　に即して　　2　に至っては　　3　とあれば　　4　ときたら

正答 ①3　②3　③4　④4　⑤2　⑥1　⑦4　⑧1　⑨4　⑩2

問題6　次の文の＿★＿に入る最もよいものを、1・2・3・4から一つ選びなさい。

11 私は、好きなことは率先してやるが ＿＿＿ ＿＿＿ ＿＿＿ ＿★＿。

1　きらいがある　　2　勉強は

3　後回しに　　4　する

12 半年前から勉強を ＿★＿ ＿＿＿ ＿＿＿ ＿＿＿ 不合格になってしまった。

1　試験に合格　　2　始めていれば

3　勉強を怠けて　　4　したものを

13 世界の終わりが ＿＿＿ ＿★＿ ＿＿＿ ＿＿＿ 分かるはずがない。

1　ではあるまいし　　2　神様

3　なんて　　4　いつ来るか

14 （会社の会議で）

近年業績が徐々に落ちています。今年度 ＿★＿ ＿＿＿ ＿＿＿ ＿＿＿ となっており、このままでは倒産の危機に陥ります。

1　業績の中で　　2　に至っては

3　一番悪い結果　　4　今までの

15 受験勉強に追われ、 ＿★＿ ＿＿＿ ＿＿＿ ＿＿＿ だ。

1　夢の中　　2　始末

3　勉強をする　　4　でも

正答　⑪ 1（2341）　⑫ 2（2143）　⑬ 3（4321）　⑭ 2（2413）　⑮ 1（1432）

問題7　次の文章を読んで、文章全体の趣旨を踏まえて、[16]から[20]の中に入る最もよいものを、1・2・3・4から一つ選びなさい。

動物と人間の関係

動物と共に過ごすことは、人間の心を豊かにしてくれる。今まで動物と触れ合った経験や動物を飼ったことがある人、あるいは現在飼っている人も少なくないだろう。そのような人々の目には動物という存在がどのように映っているだろうか。

私は学生の時に犬を[16]、ペットがいない生活は考えられない程、その存在の大きさを痛感している。なぜなら、動物を飼うことで、多くのことを感じ、学ぶことができるからだ。中でも私が一番感じているのは、ペットの存在による癒し効果である。朝になると私を起こしに来てくれ、仕事から帰ると真っ先に迎えに来て誰よりも歓迎してくれるのだ。この姿がたまらなく愛おしく、日常の疲労や悩みを忘れられる瞬間でもある。また、ペットは癒しの存在であること[17]、家族関係を良好にしてくれるような存在でもある。家族で喧嘩をしたり、両親の雷(かみなり)が落(お)ちた(注)時にふと目に入る愛らしい存在によって、怒っていた者は落ち着き、落ち込んでいた者は元気になりその場が和むのだ。

こうしてペットは人々の心に癒しと幸福感をもたらす[18]、人間の生活になくてはならない存在となっている。なくてはならない存在[19]、ペットたちにとって人間がなくてはならない存在であるとは限らない。ペットは一緒に過ごす人を選ぶこともできなければ、人間を幸せにするために存在しているわけでもないからだ。

近年では、飼ったはいいものの仕事が忙しくて家に動物をずっと放置している飼い主もいる。虐待したり遺棄したりする人[20]動物を飼う資格すらない。動物も人間と同じく幸福感を得る権利があるからだ。そして、虐待をしていなくても動物たちにとって幸福でなければ、人と動物が共生することはただの人間の身勝手な欲望に過ぎないのだ。

このようなことから、私たち人間は動物との関係を改めて考え直さなければならないと思う。その上で、動物と寄り添い合いながら生活をすることは実に素晴らしいことであり、人々にとって動物は欠かせない存在であるということを多くの人に身をもって知って欲しい。

（注）雷(かみなり)が落(お)ちた：どなられた

16

1　飼ったが最後　　2　飼うに至るまで
3　飼ってからというもの　　4　飼う限りは

17

1　はおろか　　2　もさることながら
3　はともかく　　4　をめぐって

18

1　がゆえに　　2　手前　　3　にあたって　　4　だに

19

1　かと思いきや　　2　かと思うと
3　というより　　4　だとはいえ

20

1　ときたら　　2　にあっては　　3　に至っては　　4　とあって

正答　⑯3　⑰2　⑱1　⑲4　⑳3

6 目的・禁止・手段・対比・強制

目的▼

39 ～んがため

意味 ～するため

接続 Vない＋んがため

合格せんがため / 夢を叶えんがため / 生きんがため

※ しない → せんがため

1. 強豪校に勝た**んがため**、今までにない特別な作戦を立てた。
2. 息子は一流大学に受から**んがため**、有名な教師のいる塾へ通っている。
3. 今月の売上目標を達成せ**んがため**、友達に自社の商品を売りつけた。

40 ～べく

意味 ～するため（強い意志がある！）

接続 Vる＋べく

守るべく / 合格するべく / 相手を倒すべく

※する → するべく・すべく

1. 子育てを優先する**べく**、今まで働いていた会社を辞めた。
2. 世界中の人々に日本の文化を発信す**べく**、本を書いている。
3. 自分のレストランを開くという夢を叶える**べく**、調理師専門学校に進学した。

41 ～べくして

意味 ～は当然の結果だ

接続 Vる＋べくして＋Vた

勝つべくして勝った / 失敗するべくして失敗した / なるべくしてなった

1. あの商品は発売前に十分に点検をしなかったので、問題は起こる**べくして**起こったと思う。
2. 一年間一日も休まずに勉強した彼女は、合格する**べくして**合格した人と言えるだろう。
3. 才能があるだけでなく努力も怠らない彼は、売れる**べくして**売れた歌手だ。

42 ～べくもない

意味 当然～できない

接続 Vる＋べくもない

疑うべくもない / 望むべくもない / 想像するべくもない

1. 彼なしでプロジェクトを成功させるなんて、望む**べくもない**。
2. 両親がプロスポーツ選手で子どもの頃から練習を積んできた彼には、敵う**べくもない**。
3. いくら歌が得意だといっても、プロの彼女とは比べる**べくもない**。

禁止▼

43 ～べからず

意味 ～してはいけない！（強い禁止！）

接続 Vる＋べからず

駐車するべからず / 落書きするべからず / 触るべからず

1. 公共の場では大声で話す**べからず**。
2. 野生動物による被害多発につき、この先進入する**べからず**。
3. 初心忘れる**べからず**。

44 ～あるまじき

意味　～という立場では絶対に許されない

接続　N＋として / に＋あるまじき

上司としてあるまじき / 人としてあるまじき / 警察官にあるまじき

1. 取り締まる立場の彼が飲酒運転をするなんて、警察官として**あるまじき**ことだ。
2. 自分のミスで怒られたにも関わらず、不機嫌な態度をとるのは社会人に**あるまじき**ことだ。
3. 立場の弱い者をいじめるのは人として**あるまじき**行為だ。

手段▼

45 ～をもって②

意味　～で（手段や方法を表す）

接続　N＋をもって

面接をもって / 賛成をもって / 会議をもって

1. 10年間育ててきた愛犬を亡くして、命の大切さを身**をもって**知った。
2. 社員全員の協力**をもって**すれば、この量の業務も一日で終わらせられるだろう。
3. 旅館宿泊券プレゼント企画の当選者の発表は、商品の発送**をもって**かえさせていただきます。

対比▼

46 ～にひきかえ

意味 ～とは反対に

接続 N＋にひきかえ

普通形（ナAだ→な／Nだ→である）＋のにひきかえ

去年にひきかえ／美人であるのにひきかえ／仕事ができるのにひきかえ／

きれいなのにひきかえ／★それにひきかえ

1. ひどい赤字だった去年**にひきかえ**、今年は新製品が好評で利益が出ている。
2. 娘は真面目なの**にひきかえ**、息子はだらしない性格だ。
3. 大企業の社長になった幼馴染の彼**にひきかえ**、僕は今もバイトをして暮らしている。

強制▼

47 ～を余儀なくされる

意味 嫌でも～しなければならない

接続 N＋を余儀なくされる

中止を余儀なくされる／延期を余儀なくされる／苦しい生活を余儀なくされる

1. 急な転勤命令により、海外への引っ越し**を余儀なくされた**。
2. 脳の病気で長期入院をすることになり、退職**を余儀なくされた**。
3. 感染症の拡大により、今年の卒業式は中止**を余儀なくされた**。

48 ～を押して

意味 ～という状況だけど（難しいけど無理に何かをする）

接続 N＋を押して

病気を押して / 反対を押して / けがを押して / 無理を押して

1. 病気**を押して**試験を受けたが、思うように実力を発揮できなかった。
2. 家族の反対**を押して**留学することに決めたので、英語が上手に話せるようになるまでは帰れない。
3. 昨日の練習で足を痛めてしまったが、明日は最終試合なので無理**を押して**出場するつもりだ。

問題5　次の文の（　　　）に入れるのに最もよいものを、1・2・3・4から一つ選びなさい。

1 新規顧客を獲得する（　　　）、新商品を開発した。

1　べからず　　2　べき　　3　べく　　4　べくして

2 いくら価格を抑えてもあの店の人気には（　　　）。

1　及ぶべくもない　　2　及ぶまじき
3　及ぶだけのことはある　　4　及ぶだけましだ

3 佐藤「森くん、看護師の国家試験に受かったらしいね。」
中本「彼、人一倍努力してたもんね。（　　　）合格したんだね。」

1　合格してこそ　　2　合格したとたんに
3　合格するだけあって　　4　合格するべくして

4 暴言を吐くなんて、大臣としてある（　　　）ことだ。

1　べき　　2　べくもない　　3　までもない　　4　まじき

5 感染症拡大のため社員旅行は中止（　　　）。

1　を余儀なくされた　　2　を禁じえない　　3　にとどまらない　　4　にすぎない

6 住民の反対意見（　　　）、道路工事が行われることになった。

1　をおいて　　2　を押して　　3　を余儀なくされ　　4　をめぐって

7 本日の面接の結果は、後日書面（　　　）ご連絡させていただきます。

1　をもって　　2　を押して　　3　にひきかえ　　4　にわたって

8 中本「佐藤さん家の子、東京大学に合格したらしいじゃない。」
加藤「すごいわね。それ（　　　）うちの息子は毎日遊び歩いてるわよ。」

1　をもって　　2　にあたって　　3　にかかわらず　　4　にひきかえ

9 外部に漏れてはいけない書類が大量に保管されているので、部屋の扉に「関係者以外、（　　　）」と書いてある。

1　入るべからず　　2　入るべくもない　　3　入るわけがない　　4　入るべきだ

10 志望する大学に（　　　）、寝る時間も惜しんで勉強した。

1　受からんがため　　2　受かるべくして　　3　受かるべからず　　4　受からずとも

正答 ①3　②1　③4　④4　⑤1　⑥2　⑦1　⑧4　⑨1　⑩1

問題6　次の文の＿★＿に入る最もよいものを、1・2・3・4から一つ選びなさい。

11 父が亡くなり、家計を助けるために、僕は ＿＿ ＿＿ ＿★＿ ＿＿。

1　余儀なくされた　　2　通っている
3　大学の　　4　退学を

12 いかなる場合でも、＿＿ ＿＿ ＿＿ ＿★＿ だ。

1　個人的な感情を　　2　あるまじきこと
3　持ち出すのは　　4　裁判官に

13 父が ＿★＿ ＿＿ ＿＿ ＿＿ は気性が荒い。

1　穏やか　　2　にひきかえ
3　なの　　4　母

14 去年の津波で海の ＿＿ ＿★＿ ＿＿ ＿＿。

1　恐ろしさを　　2　身を
3　知った　　4　もって

15 長い間市民は自由を奪われていた。独立を求める ＿＿ ＿★＿ ＿＿ ＿＿ のだ。

1　べくして　　2　運動は
3　起こる　　4　起こった

正答　⑪4（2341）　⑫2（1342）　⑬1（1324）　⑭2（1243）　⑮3（2314）

49 ～といったらない

意味 とても～だ！（言葉で言えないほど！強く言いたいときに使う）

接続 イA / N＋といったらない

嬉しさといったらない / 悔しいといったらない / 暑いといったらない

1. 人手が減ったからか次から次へと仕事を任されて、忙しい**といったらない**。
2. 初めて彼の料理を食べたときの衝撃**といったらなかった**。
3. 買ってから数日しか経っていない時計を落としたときのショック**といったらなかった**。

50 ～極まりない

意味 とても～だ

接続 ナA＋極まりない

失礼極まりない / 非常識極まりない / 危険極まりない

1. 彼は何かにつけて文句を言ってきて、不愉快**極まりない**。
2. あんなに小さい子どもを一人で遊ばせるなんて、危険**極まりない**。
3. 失礼**極まりない**言動をとったとして、有名人が非難されることがある。

51 ～てやまない

意味 ずっと～する、心から～する

接続 Vて＋やまない

願ってやまない / 祈ってやまない / 期待してやまない

1) 尊敬し**てやまない**上司と一緒に仕事をすることができて光栄だ。

2) 彼は大人になった今でもサンタクロースは実在すると信じ**てやまない**。

3) 今回の地震で被災した地域が一日も早く復興することを願っ**てやまない**。

52 ～を禁じ得ない

意味 ～と強く思う！（感情を抑えられないくらい強く感じている）

接続 N＋を禁じ得ない

怒りを禁じ得ない / 悲しみを禁じ得ない / 驚きを禁じ得ない

1) 大事に育ててきた畑を何者かに荒らされて、怒り**を禁じ得ない**。

2) 好きだったアイドルに恋人がいたと知って、驚き**を禁じ得ない**。

3) 自分の生徒が試験に合格したと聞いて、喜び**を禁じ得なかった**。

53 ～とは

意味 ～なんて！（意外なことに驚くときに使う）

接続 普通形＋とは

芸能人になるとは / 犯人だったとは / 結婚するとは

1) あの真面目で頭のいい彼女が試験に落ちた**とは**信じられない。

2) 予約が取れないと言われているあのレストランで食事ができる**とは**。

3) 長い間好意を寄せていた彼が既婚者だった**とは**。

54 ～にもまして

意味　～以上に

接続　N＋にもまして

昨年にもまして / 以前にもまして / ★いつにもまして

1) 例年**にもまして**暑い日が続いていて、熱中症になりそうだ。

2) もともと体力に自信はないが、以前**にもまして**疲れやすくなって体の老化を感じる。

3) 今日はパーティーがあるので、彼女は**いつにもまして**お洒落をしている。

55 ～でなくてなんだろう

意味　本当に～だ！

接続　N＋でなくてなんだろう

奇跡でなくてなんだろう / 愛でなくてなんだろう / 運命でなくてなんだろう

1) 大好きな彼と3年間同じクラスになるなんて、これが運命**でなくてなんだろう**。

2) 家族みんなが健康で何の不自由もなく暮らしている今が幸せ**でなくてなんだろう**。

3) 夜遅くに隣の家に聞こえるほどの大声で騒ぐことが、迷惑**でなくてなんだろう**。

56 ～にもほどがある

意味　～すぎる！（良くない状況を強調する）

接続　普通形（ナAだ / Nだ）＋にもほどがある

非常識にもほどがある / 失礼にもほどがある / できないにもほどがある

※現在形だけ使える

1) 何の連絡もせずに会社を休むなんて、非常識**にもほどがある**。

2) 入社したばかりの新人であるとはいえ、ミスが多い**にもほどがある**。

3) 休日だからといって一日中ベッドから動かないなんて、怠ける**にもほどがある**。

57 ～にたえない①

意味 とても～だ

接続 N＋にたえない

感謝にたえない / 喜びにたえない / 感激にたえない / 後悔にたえない

1. 難しい要望であるにも関わらず受け入れていただき、感謝**にたえません**。
2. 学生の時、難しいからといって英語の勉強を辞めてしまい、今頃になって後悔**にたえない**。
3. 今回の震災で多くの人がけがを負ったと聞いて、悲しみ**にたえない**。

58 ～の至り

意味 とても～だ

接続 N＋の至り

感激の至り / 赤面の至り / 若気の至り

1. 大学生の頃は若気**の至り**で、派手な色に髪を染めていた。
2. 間違った知識を堂々と話してしまい、赤面**の至り**だ。
3. この度は、このような素晴らしいパーティーにお招きいただき光栄**の至り**です。

問題5　次の文の（　　　）に入れるのに最もよいものを、1・2・3・4から一つ選びなさい。

1 あんなに元気な部長が入院してしまった。一日も早い復帰を（　　　）。

1　願ってやまない　　2　願ってみせる

3　願ったつもりはない　　4　願ったことにする

2 恋人に送るメールを取引先の相手に送ってしまって、恥ずかしい（　　　）。

1　といったところだ　　2　とは限らない

3　というものでもない　　4　といったらない

3 まさかクラスで最も優しいと言われている彼が犯人だった（　　　）思ってもみなかった。

1　とはいえ　　2　ものの　　3　とは　　4　とも

4 彼女がダイエット中であることを知りながら、ケーキを勧めるなんて性格が悪い（　　　）。

1　にもほどがある　　2　にたえない　　3　にすぎない　　4　に至る

5 人の家に土足で上がるなんて、（　　　）人だ。

1　失礼でも差し支えない　　2　失礼とは限らない

3　失礼を禁じ得ない　　4　失礼極まりない

6 キム「いつ（　　　）人が多いけど、何かあるのかな。」

山田（やまだ）「今日近くの海辺で花火大会があるらしいよ。」

1　にひきかえ　　2　にもまして　　3　にかかわらず　　4　に至って

7 絶対に勝てないと思っていた相手に勝った。これが奇跡（　　　）。

1　にもほどがある　　2　にたえない　　3　に至る　　4　でなくてなんだろう

8 温和な人柄で知られている彼があんな怒り方をするなんて、驚き（　　　）。

1　を余儀なくされる　　2　を禁じ得ない　　3　に及ばない　　4　に関わる

9 部長「他の部署に異動することになったんだってね。」
田中（たなか）「はい、部長には一から仕事を教えていただき、感謝（　　　）。」

1　にとどまりません　　2　にほかなりません
3　にたえません　　4　にもほどがあります

10 若気（　　　）とはいえ、あんな服装で出歩くなんてどうかしていた。

1　の至り　　2　のかたわら　　3　にもほどがある　　4　にたえない

正答　①1　②4　③3　④1　⑤4　⑥2　⑦4　⑧2　⑨3　⑩1

問題6　次の文の＿★＿に入る最も良いものを、1・2・3・4から一つ選びなさい。

11 初対面の人に ＿＿＿ ＿＿＿ ＿★＿ ＿＿＿。

1　不愉快　　2　なんて
3　極まりない　　4　馬鹿にされる

12 母からもらった ＿＿＿ ＿＿＿ ＿★＿ ＿＿＿。

1　といったらない　　2　悪く言われて
3　腹が立つ　　4　大切なものを

13 ＿＿＿ ＿★＿ ＿＿＿ ＿＿＿ しまい、寝ようにも寝られない日々が続いている。

1　息子が　　2　愛して
3　病気になって　　4　やまない

14 長い間お腹で大事に育ててきた子どもが ＿＿＿ ＿＿＿ ＿★＿ ＿＿＿。

1　禁じ得なかった　　2　喜びを
3　ときは　　4　生まれてきた

15 一流デザイナーが手掛けた ＿＿＿ ＿＿＿ ＿＿＿ ＿★＿。

1　とは　　2　この価格で
3　商品を　　4　買える

正答 ⑪ 1（4213）　⑫ 3（4231）　⑬ 4（2413）　⑭ 2（4321）　⑮ 1（3241）

8 すぐあと・同時

～したあとすぐ▼

59 ～や否や

意味 ～したあと、すぐ

接続 Vる＋や否や
食べるや否や / 帰るや否や / 見るや否や

1. 外に出る**や否や**強い雨が降ってきたので、慌てて家へ戻った。
2. 自社の商品がテレビで紹介される**や否や**、問い合わせが殺到した。
3. 3年間国へ帰っていなかったので、空港で家族の顔を見る**や否や**涙が溢れ出した。

60 ～そばから

意味 ～したあと、すぐ

接続 Vる / Vた＋そばから
作るそばから / 注意したそばから / 買ったそばから

1. 彼女はよくご飯を食べ終えた**そばから**、お腹が空いたと言う。
2. 授業で勉強する**そばから**新しい文法を忘れてしまう。
3. あの新入社員は注意した**そばから**ミスをするが、私の指示を聞いているのだろうか。

61 ～が早いか

意味 ～したあと、すぐ

接続 Vる / Vた＋が早いか
家に帰るが早いか / 食べ終わったが早いか / 目を閉じたが早いか

1. 先生が教室を出た**が早いか**学生は大声で騒ぎ出した。
2. 彼は乗っていた電車のドアが開く**が早いか**、勢いよく駆け出した。
3. コンサートのチケットを買うため、彼女は販売時間になる**が早いか**サイトにアクセスした。

62 ～なり

意味 ～したあと、すぐ

接続 Vる＋なり

食べ終わるなり / 言うなり / 帰ってくるなり

1. 彼は夜遅くまで遊んでいたので、家へ帰るなり母親に叱られた。
2. 彼女は会社から採用のメールを受け取るなり、嬉しくて泣き出した。
3. よほどお腹が空いていたのか、彼はレストランへ入るなりメニューも見ずに注文した。

付帯状況▼

63 ～ながら

意味 ～の状態のままで

接続 N / V~~ます~~＋ながらに

N / V~~ます~~＋ながらの＋N

涙ながらに / 生まれながらに / 昔ながらの味

1. この店は創業時から50年もの間、昔ながらの味を守り続けている。
2. 葬式で、母は父への感謝の気持ちを涙ながらに語った。
3. 彼は生まれながらに音楽の才能を持っていた。

64 ～ところ

意味 ～という状況なのに（後ろの文は謝罪・感謝・依頼など）

接続 イA＋ところ（を）

N＋のところ（を）

お忙しいところ / お急ぎのところ / お休みのところを

1. 先日はお忙しいところお越しいただいたのに、対応できず申し訳ありませんでした。
2. お休みのところ恐れ入りますが、取引先からメールが届きましたので転送いたします。
3. お急ぎのところを大変恐縮ですが、課長はまもなく戻りますのでこちらでお待ちください。

65 ～かたわら

意味 ～ながら（本業があって、別のこともしている）

接続 N＋のかたわら

Vる＋かたわら

仕事のかたわら / 育児のかたわら / 学校に通うかたわら

1. 彼は大学に通う**かたわら**、ゲームアプリを開発している。
2. 子育ての**かたわら**、日本語教師になるために専門学校に通っている。
3. 仕事の**かたわら**趣味で作ったアクセサリーを売ったら、注文が殺到した。

66 ～かたがた

意味 ～のついでに（～をする目的があるが、他のこともする）

接続 N＋かたがた

挨拶かたがた / お礼かたがた / お見舞いかたがた

1. お世話になった先生のところへ、就職のご報告**かたがた**会いに行ってきた。
2. 出張**かたがた**大阪を観光していたら、高校時代の同級生に会った。
3. 近くで用事があったので、挨拶**かたがた**お宅へ寄らせていただきました。

67 ～がてら

意味 ～ついでに（～の機会を利用して、何かをする）

接続 N / Vます＋がてら

散歩がてら / お見舞いがてら / 送りがてら

1. ドライブ**がてら**近くの海まで行ったら、海沿いに素敵なカフェができていた。
2. 最近運動不足だったので、散歩**がてら**近くのコンビニまで歩いてきた。
3. 祖母を駅へ送り**がてら**、近くのスーパーで晩御飯の材料を買った。

問題5　次の文の（　　　）に入れるのに最もよいものを、1・2・3・4から一つ選びなさい。

1　学校で友達と喧嘩でもしたのだろうか。娘は帰ってくる（　　　）母親に抱きついた。

1　につけ　　2　なり　　3　ことなしに　　4　ともなると

2　日本人はクリスマスが（　　　）正月の飾りに取り替える。

1　終わる手前　　2　終わるや否や　　3　終わったが最後　　4　終わるかたわら

3　私が電車に乗り込む（　　　）ドアが閉まった。

1　とみると　　2　かたわら　　3　が早いか　　4　に先立ち

4　本日はお忙しい（　　　）、わざわざ足を運んでいただきありがとうございます。

1　にしろ　　2　とあって　　3　とすると　　4　ところ

5　彼は帰宅する（　　　）トイレへ駆け込んだ。

1　かたわら　　2　に先立ち　　3　ともなく　　4　や否や

6　加藤（かとう）「君の弟、10歳で大学レベルの問題が理解できるらしいね。」
山田（やまだ）「ああ、あいつは俺と違って（　　　）天才だよ。」

1　生まれながらの　　2　生まれないまでも
3　生まれたそばから　　4　生まれるや否や

7　友人が出産したと聞いて、お祝い（　　　）赤ちゃんに会いに行ってきた。

1　にひきかえ　　2　をよそに　　3　とあって　　4　かたがた

8　専業主婦として家で家事をする（　　　）、インターネットを利用して副業する人が増えている。

1　そばから　　2　かたわら　　3　や否や　　4　上で

9 息子は「危ないから触らないで」と（　　）同じことをするから困ったものだ。

1　注意されるかたわら　　2　注意されるともなく

3　注意されたそばから　　4　注意されるどころか

10 妻「お母さん最近調子が悪いみたい。心配だなあ。」

夫「え、そうなの？来週仕事で君の故郷へ行くことになったから、出張（　　）様子見に行くよ。」

1　に至っては　　2　がてら　　3　の手前　　4　をよそに

正答 ①2 ②2 ③3 ④4 ⑤4 ⑥1 ⑦4 ⑧2 ⑨3 ⑩2

問題6　次の文の＿★＿に入る最もよいものを、1・2・3・4から一つ選びなさい。

11 新人は上司から＿＿＿ ＿＿＿ ＿★＿ ＿＿＿。

1　そばから　　2　忘れてしまう
3　受けた　　4　指示を

12 彼はエビを＿★＿ ＿＿＿ ＿＿＿ ＿＿＿。

1　失った　　2　食べる
3　意識を　　4　や否や

13 彼は＿＿＿ ＿＿＿ ＿★＿ ＿＿＿、涙を流した。

1　母から　　2　の贈り物
3　なり　　4　を受け取る

14 開店時間＿★＿ ＿＿＿ ＿＿＿ ＿＿＿。

1　になるが　　2　早いか
3　入ってきた　　4　並んでいた客が

15 うちの店はもう創業から70年も経つけど、＿＿＿ ＿＿＿ ＿＿＿ ＿★＿を守り続けているんだ。

1　昔　　2　ずっと
3　ながらの　　4　味

正答　⑪1（4312）　⑫2（2431）　⑬4（1243）　⑭1（1243）　⑮4（2134）

9 仮定

68 ～なくして

意味 ～がなかったらできない

接続 N＋なくして（は）

涙なくして / 許可なくして / 思いやることなくしては

1. 正しい知識**なくして**、ダイエットの成功はありえない。
2. 直接会って話すこと**なくして**、本当に信用できる人か判断することはできない。
3. 親の同意**なくして**は結婚することはできない、と彼女に断られてしまった。

69 ～ことなしに

意味 ～ないで（もし～がなかったらできない）

接続 Vる＋ことなしに（は）

働くことなしに / 勉強することなしに / 聞くことなしには

1. 勉強する**ことなしに**日本語能力試験に合格することはできない。
2. 病院で治療する**ことなしに**、このけがを治すことはできないだろう。
3. 休む**ことなしに**は、健康を保つことはできない。

70 ～とあれば

意味 ～なら（特別な理由や事情ならこうする！）

接続 N＋とあれば
普通形＋とあれば
彼女のためとあれば / 先生の頼みとあれば / お客さんが来るとあれば

1) 愛する家族のため**とあれば**、どんなに辛い仕事でも耐えられる。

2) 夫の帰宅が遅い**とあれば**、料理を作らずに買って済ませることもある。

3) お客さんが家に来る**とあれば**、お菓子やジュースを用意しておいたほうがいいだろう。

71 ～とあっては

意味 ～という状況では、あることをしなければならない

接続 N / 普通形＋とあっては
お願いとあっては / 言われたとあっては / 会議で決まったこととあっては

1) 飲み会は苦手だが、部長が参加する**とあっては**行くしかない。

2) お世話になっている先輩の頼み**とあっては**、どんな用件でも断るわけにはいかない。

3) けが人が出た**とあっては**、このイベントを中止にせざるを得ない。

72 ～ならいざしらず

意味 ～ならそうかもしれないけど（～ではないので）

接続 普通形（ナAだ / Nだ）＋ならいざしらず
小学生ならいざしらず / 知らなかったならいざしらず / 難しいならいざしらず

1) 子ども**ならいざしらず**、大人になっても自分で部屋を片付けられないのは問題だ。

2) 付き合いが長い**ならいざしらず**、年上の人に敬語を使わないのは失礼だ。

3) 知らなかった**ならいざしらず**、悪いことだと知っていて罪を犯すことは許されない。

73 ～ようものなら

意味　もし～したら（悪い結果になってしまう）

接続　Vよう＋ものなら

食べようものなら / 文句を言おうものなら / 休もうものなら

1. 先生は厳しいので、授業中少しでも話**そうものなら**すぐに注意されてしまう。
2. 結婚記念日を忘れ**ようものなら**、妻はしばらくの間夕飯を作ってくれないだろう。
3. 私が近付**こうものなら**、あの赤ちゃんは大きい声で泣き叫ぶ。

74 ～あっての

意味　～があるから、これがある

接続　N1＋あっての＋N2

みんなの協力あっての成功 / あなたあっての幸せ / お客様あっての商売

1. お客様**あっての**商売だから、顧客の意見は積極的に取り入れるべきだ。
2. 先生のご指導**あっての**合格ですから、先生にはとても感謝しています。
3. 皆様のご協力**あっての**成功です。本当にありがとうございました。

問題5　次の文の（　　　）に入れるのに最もよいものを、1・2・3・4から一つ選びなさい。

1 地道に勉強する（　　　）日本人のように日本語が話せるようになるなんてありえない話だ。

1　ことなしに　　2　こととて　　3　と相まって　　4　ならいざしらず

2 中本（なかもと）「昨日急用があって、授業に出席できなかったんだけど。後でノート写させてくれないかな。」

佐藤（さとう）「うーん。いつも写させてもらってるし、君の頼み（　　　）無視できないなあ。」

1　とあっては　　2　ならまだしも　　3　でもあるまいし　　4　に至るまで

3 彼は友人に信頼されているので、彼の頼み（　　　）お金を貸す人もいるだろう。

1　とあれば　　2　とはいえ　　3　ともすると　　4　といえども

4 先生は几帳面な性格なので、生徒が勝手なことを（　　　）すぐに叱る。

1　した末に　　2　しようものなら　　3　したかと思いきや　　4　したからといって

5 社長は一人でこの会社を育てたと勘違いしているようだが、従業員（　　　）成長だということを忘れてはならない。

1　に対する　　2　に先立つ　　3　ならではの　　4　あっての

6 新入社員（　　　）、課長がこんな簡単なミスをするのは許されない。

1　ならいざしらず　　2　にせよ

3　だけあって　　4　のいかんにかかわらず

7 部長「素晴らしいシステムを開発したそうじゃないか。」

上田（うえだ）「ありがとうございます！部長のご指導（　　　）新システムの開発はできませんでした。」

1　をもって　　2　なくして　　3　であれ　　4　をよそに

8 愛する娘のため（　　　）、火の中へでも飛び込めるだろう。

1　にともなって　　2　にとどまらず　　3　ならいざしらず　　4　とあれば

9 努力する（　　　）相手に好きになってもらうことは不可能だ。

1　ともなく　　2　かたわら　　3　とあれば　　4　ことなしに

10 法律（　　　）この国の安全を守ることはできない。

1　なくして　　2　とあれば　　3　をめぐって　　4　ならまだしも

正答 ①1　②1　③1　④2　⑤4　⑥1　⑦2　⑧4　⑨4　⑩1

問題6　次の文の＿★＿に入る最もよいものを、1・2・3・4から一つ選びなさい。

11 彼＿★＿ ＿＿＿ ＿＿＿ ＿＿＿。

1　はない　　2　なくして

3　このプロジェクトの成功　　4　だろう

12 ＿＿＿ ＿★＿ ＿＿＿ ＿＿＿も諦めるほかない。

1　親の　　2　歌手になる夢

3　反対　　4　とあれば

13 ＿★＿ ＿＿＿ ＿＿＿ ＿＿＿すぐ潰れるに違いない。

1　安いレストラン　　2　このサービスじゃ

3　この値段で　　4　ならいざしらず

14 ＿＿＿ ＿＿＿ ＿★＿ ＿＿＿いられない。

1　あの世界的スターが　　2　見に行かずには

3　とあっては　　4　来日する

15 ＿★＿ ＿＿＿ ＿＿＿ ＿＿＿のだが、妻は他人の考えを受け入れられないのだ。

1　できたらいい　　2　争う

3　ことなしに　　4　解決

正答 ⑪ 2（2314）　⑫ 3（1342）　⑬ 1（1432）　⑭ 3（1432）　⑮ 2（2341）

10 関係

75 ～いかんでは

意味　～次第では（～によって、どうなるか決まる）

接続　N＋（の）いかんでは
結果いかんでは / 状況いかんでは / 天候のいかんでは
※～（の）いかんに関わらず・～（の）いかんを問わず：～に関係がなく

1. 明日開催予定の花火大会ですが、天候**いかんでは**、延期とさせていただきます。
2. 理由の**いかんに関わらず**、遅刻した場合は試験を受けることができません。
3. 医師によると、検査の結果**いかんでは**、入院もありえるとのことだ。

76 ～に即して

意味　～に合わせて（状況に合わせて行動する）

接続　N＋に即して
N1＋に即した＋N2
規則に即して / 事実に即して / 状況に即した対応

1. 非常事態発生時には状況**に即した**対応をすることが求められる。
2. 教師は個人の基準ではなく、学校の規則**に即した**指導をしなければならない。
3. 不正行為をした部長は、会社の規定**に即して**罰せられた。

77 ～ようによっては

意味 ～のやり方によって（～次第で変わる）

接続 V~~ます~~＋ようによって（は）

やりようによって / 考えようによっては / 気の持ちようによっては

1. 携帯電話は便利だが、使い**ようによって**人の健康を損なう可能性がある。
2. 寂しいと思われがちな独身生活も、考え**ようによっては**自由な生活と言えるだろう。
3. この写真の中の人、見**ようによっては**男の人にも女の人にも見えるね。

78 ～をよそに

意味 ～を気にしないで

接続 N＋をよそに

心配をよそに / 反対をよそに / 期待をよそに

1. ダイエットをしている私**をよそに**夫は隣でお菓子を食べている。
2. 私の心配**をよそに**息子は一人で海外で生活すると言って旅立った。
3. 周囲の反対**をよそに**、彼は学校を辞めてミュージシャンを目指した。

79 ～をものともせず

意味 ～を気にしないで（難しいことがあっても負けないで何かをする）

接続 N＋をものともせず（に）

疲れをものともせず / 強敵をものともせず / 困難をものともせずに

1. 彼は危険**をものともせず**にスピードを出して運転したので、事故を起こしてしまった。
2. 彼女は体の不調**をものともせず**に走り切り、自己ベストタイムを更新した。
3. 社長は周囲の反対**をものともせず**、海外展開へ踏み切った。

80 〜てはばからない

意味 遠慮せず〜する

接続 Vて＋はばからない

公言してはばからない / 自慢してはばからない / 態度をとってはばからない

1) 部長は今月こそ売上目標を達成すると言ってはばからないが、僕は達成できると思えない。

2) 彼はいつも、今回こそは資格試験に合格すると断言してはばからない。

3) 彼女は婚約者が社長だと自慢してはばからないので、友達に嫌われている。

問題5　次の文の（　　　）に入れるのに最もよいものを、1・2・3・4から一つ選びなさい。

1　理由（　　　）、お支払い後の払い戻しはできませんのでご注意ください。

1　いかんに関わらず　2　の至りに関わらず　3　抜きに関わらず　4　がてらに関わらず

2　周りの騒音（　　　）、彼は集中して勉強し続けている。

1　ならいざしらず　2　をもとに　3　を重ねて　4　をものともせず

3　後輩「先輩、お客様から苦情のお電話がきたのですが。」
先輩「では、このお客様対応マニュアル（　　　）受け答えしてください。」

1　をものともせず　2　なくして　3　にもまして　4　に即して

4　どんなに時間を費やしても、勉強のし（　　　）無駄になってしまう。

1　ようによっては　2　ようものなら　3　ようが　4　ようにも

5　所有している土地を一億円で譲ってくれと依頼された。金額は十分だが、土地の使用目的（　　　）断らなければならないだろう。

1　をよそに　2　がゆえに　3　ならでは　4　いかんでは

6　外国人の友人に誘われたことをきっかけに、親の反対（　　　）海外へ移住することを決意した。

1　を踏まえて　2　をよそに　3　を得て　4　をめぐって

7　古い教育方法に執着せず、オンライン学習などの時代（　　　）新しい教育方法を取り入れる必要がある。

1　にひきかえ　2　に即した　3　にとどまらず　4　の手前

8 中村(なかむら)「来月から海外に赴任することになってさ。気軽に日本に帰れないし、嫌だなあ。」
小林(こばやし)「確かに会えなくなるのは寂しいけど、考え（　　　）自分を成長させるいい機会とも捉えられるよね。」

1　に即して　　2　をよそに　　3　ようによっては　　4　をものともせず

9 子どもは10代に差し掛かると親の心配（　　　）夜遅くに出歩きたがるようになる。

1　をよそに　　2　に即して　　3　に限って　　4　を機に

10 彼は法に反していると知りつつ、薬物を使用していると公言して（　　　）。

1　はばからない　　2　はかなわない　　3　しかるべきだ　　4　当然だ

正答 ①1　②4　③4　④1　⑤4　⑥2　⑦2　⑧3　⑨1　⑩1

問題6　次の文の＿★＿に入る最もよいものを、1・2・3・4から一つ選びなさい。

11 このアニメは事実 ＿★＿ ＿＿＿ ＿＿＿ ＿＿＿ 作品です。

1　に即して　　2　ドキュメンタリー

3　感動の　　4　描かれた

12 高い ＿＿＿ ＿＿＿ ＿＿＿ ＿★＿ 息子は塾の講義で寝てばかりいる。

1　月謝を払う　　2　期待

3　親の　　4　をよそに

13 このツアーの内容は ＿＿＿ ＿＿＿ ＿★＿ ＿＿＿ になる可能性があります。

1　変更　　2　当日の天候

3　大幅に　　4　いかんで

14 部長からのお叱りの言葉も ＿＿＿ ＿＿＿ ＿★＿ ＿＿＿ だと感じる。

1　激励の言葉　　2　私のためを思った

3　ようによっては　　4　受け取り

15 体操の大会の最終日、彼は ＿＿＿ ＿＿＿ ＿★＿ ＿＿＿ を披露した。

1　をものともせず　　2　これまでの

3　素晴らしい演技　　4　疲労

正答　⑪ 1（1432）　⑫ 4（1324）　⑬ 3（2431）　⑭ 2（4321）　⑮ 1（2413）

問題7　次の文章を読んで、文章全体の趣旨を踏まえて、［16］から［20］の中に入る最もよいものを、1・2・3・4から一つ選びなさい。

日本に蔓延する母親病

子育てを一人でこなすことは骨(ほね)の折(お)れる(注)ことだ。誰もが分かりきったことを今更なぜ言うのだ、と思うかもしれない。［16］、このことを理解できている日本人のなんと少ないことか。

現在、多くの母親は他の人の助けを借りずに子どもを［17］。国の支援が不十分であることなど、考え得る要因は様々あるが、根本的な原因は子育ての責任の所在が母親にあるという誤った考えや、子育ては仕事とは呼べない楽なことだという風潮が広がっていることだろう。

毎日母親は子どもの［18］家事をこなす。世間ではそれが当たり前、それどころか外で働くより楽なことだと考えられているが、実際は子どもの命をたった一人で守るというのは、常に緊張感を持って生活しなければならなかったり、思うままに行動できなかったりするなど、仕事より大変だといっても過言ではないだろう。

私も出産後、この問題に悩まされていた。私の夫は家へ帰ってくるや否や、子どもや私の事情を顧みず食事を要求し、子どもが生まれる前と変わらず自分中心の生活を送り続けていた。それだけにとどまらず、私の［19］、夫は「これも仕事の一環だ」と夜遅くまで飲みに行ってしまうのだ。そんな夫［20］私は夜中も泣き喚く子どもに起こされ、睡眠もままならない状況だった。そんな日々が続くと、当然肉体にも精神にも限界が訪れる。私は「産後鬱」という精神疾患にかかってしまったのだ。夫の振る舞いに対して、嫌悪感を抱きながらも、自分自身も子育ては母親がするものだという風潮に踊らされていたのだ。気付いたときには精神の落ち込みが日常生活に支障をきたす取り返しのつかないレベルに至っていた。

昔は血縁関係の有る無しに関わらず、地域社会で助け合って生きていたというのに。人と人との繋がりが希薄な社会に変容していってしまったことは残念だ。昔のような社会に戻れるとは思わない。せめて各人が子育ての大変さを真の意味で理解しようとしてくれたらと思う。

(注) 骨(ほね)の折(お)れること：大変な苦労をすること

16

1　確かに　　2　ともあれ　　3　もしくは　　4　ところが

17

1　育てることを余儀なくされている　　2　育てるべくもない

3　育ててやまない　　4　育ててはばからない

18

1　世話をしようものなら　　2　世話をするが早いか

3　世話をせんがため　　4　世話をするかたわら

19

1　苦労にもまして　　2　苦労とあれば

3　苦労をよそに　　4　苦労いかんでは

20

1　に即して　　2　をものともせず

3　ならいざしらず　　4　にひきかえ

正答　⑯4　⑰1　⑱4　⑲3　⑳4

11 否定①

81 ～にかたくない

意味 簡単に～できる

接続 N / Vる＋にかたくない
想像（する）にかたくない / 推測（する）にかたくない / 察するにかたくない

1. 部長は仕事が忙しくて不規則な生活をしているから、体を壊すのも予想**にかたくない**。
2. 彼が人一倍努力していたことを知っているから、合格した時の彼の気持ちは察する**にかたくない**。
3. このまま少子化が続くと、財政が厳しくなるのは推測**にかたくない**。

82 ～に越したことはない

意味 できれば～の方がいい

接続 ナA / N＋に越したことはない
普通形（ナAだ → である / Nだ → である）＋に越したことはない
元気に越したことはない / 勉強するに越したことはない
食べないに越したことはない / 軽いに越したことはない

1. やりたいことが見つからないのなら、今はお金を稼いでおく**に越したことはない**。
2. やるべきことは先延ばしにせずに今やる**に越したことはない**。
3. スポーツ選手は、背が高い**に越したことはない**が、背が低くてもメリットはある。

83 ～までもない

意味 ～する必要がない（わかっていること、大したことではない）

接続 Vる＋までもない / までもなく
言うまでもない / 見るまでもない / 考えるまでもなく

1) アボカドは栄養が豊富で、言うまでもなく体にいい食品である。

2) こんな簡単な問題、先生に聞くまでもない。

3) その程度の仕事なら、部長がやるまでもないだろう。

84 ～てかなわない

意味 ～という状況は我慢できない

接続 Vて / イAくて＋（は）かなわない
ナA / N＋で（は）かなわない
させられてはかなわない / 汚されてはかなわない / 残業ではかなわない / 暑くてかなわない / 不便でかなわない

1) こんな忙しい日に、3人同時に休まれてはかなわない。

2) 昨日は徹夜でアニメを観ていたので、今日は眠くてかなわない。

3) いくら好きだとはいえ、晩ご飯が毎日カレーライスではかなわないよ。

85 ～にたえない②

意味 ～は我慢できない

接続 Vる＋にたえない
見るにたえない / 聞くにたえない / 読むにたえない

1. この映画はつまらなくて、最後まで観る**にたえない**。
2. 最近は暗いニュースばかりで、本当に聞く**にたえない**。
3. 友達から手紙をもらったが、あまりにも字が汚くて読む**にたえない**。

86 ～にあたらない

意味 ～に相当しない（～するほどのことではない）

接続 N / Vる＋に（は）あたらない
犯罪にはあたらない / 驚くにはあたらない / 悲しむにあたらない

1. 彼の実力はこんなもんじゃないから、まだ驚く**にあたらない**よ。
2. まだ逆転できるチャンスがあるんだから、悲しむ**にはあたらない**よ。
3. 初めはみんな初心者なんだから、焦る**にはあたらない**よ。

問題5　次の文の（　　　）に入れるのに最もよいものを、1・2・3・4から一つ選びなさい。

1 まだ逆転できる見込みはあるんだし、悲観（　　　）よ。

1　したまでのことだ　　2　するにはあたらない

3　にかたくない　　4　にほかならない

2 大の大人がささいなことで延々と口論しているのは本当に（　　　）。

1　聞くにたえない　　2　聞くにすぎない

3　聞いてはかなわない　　4　聞くに越したことはない

3 今回のプロジェクトが成功できたのは、言う（　　　）主任のご指導のおかげです。

1　までもなく　　2　に越したことはなく

3　のみならず　　4　のなんのって

4 彼がどれほど努力をしていたか知っているから、優勝した時の彼の気持ちは想像（　　　）。

1　に越したことはない　　2　にかたくない

3　しがたい　　4　に限る

5 いつ何が起こるかわからないから、保険に入っておく（　　　）ですよ。

1　わけがない　　2　にたえない　　3　に限らない　　4　に越したことはない

6 いくら地元の環境が好きだとはいえ、こんなに生活が不便（　　　）。

1　に越したことはない　　2　でなくて何だろう

3　にほかならない　　4　ではかなわない

7 人気が出れば出るほど、批判的な意見が出ることは推測（　　　）。

1　にあたらない　　2　どころじゃない　　3　にかたくない　　4　してはいられない

8 応募者「すみません、料理はほとんどしないのですが、キッチンのアルバイトに応募できるでしょうか。」

店主「料理経験がある（　　　）ですが、一から指導いたしますので、大丈夫ですよ。」

1　わけにはいかない　　2　に越したことはない

3　にたえない　　4　までもない

9 今回の大震災で、多額な損害が出たことは、説明（　　　）だろう。

1　しないでもない　　2　してはばからない

3　しかねない　　4　するまでもない

10 ただでさえ暑いのに、停電でクーラーが使えなく（　　　）。

1　なるにたえない　　2　なるまでもない

3　なってはかなわない　　4　なるに越したことはない

正答　①2　②1　③1　④2　⑤4　⑥4　⑦3　⑧2　⑨4　⑩3

問題6　次の文の＿★＿に入る最もよいものを、1・2・3・4から一つ選びなさい。

11 山はいつ天気が変わるかわかりませんから、＿＿＿　＿＿＿　＿＿＿　＿★＿ことはありません。

1　越した　　2　持って
3　行くに　　4　雨具を

12 いくら忙しいからといって、＿＿＿　＿＿＿　＿★＿　＿＿＿。

1　まで　　2　休日
3　かなわない　　4　働かされては

13 今回のミスは彼が悪いわけではないし、＿＿＿　＿＿＿　＿★＿　＿＿＿よ。

1　にはあたらない　　2　非難する
3　許容範囲　　4　だから

14 かけがえのない仲間を解雇せざるを得なかった時の＿★＿　＿＿＿　＿＿＿　＿＿＿。

1　心境は　　2　社長の
3　にかたくない　　4　察する

15 今のご時世、観光名所の写真はインターネットにあるから、わざわざ＿＿＿　＿＿＿　＿＿＿　＿★＿と思ってしまう。

1　足を運んで　　2　現地に
3　までもない　　4　写真を撮る

正答　⑪1（4231）　⑫4（2143）　⑬2（3421）　⑭2（2143）　⑮3（2143）

12 否定②

87 ～ないまでも

意味　～まではいかなくても

接続　Vない＋までも

言わないまでも / 嫌わないまでも / 大声を出さないまでも

1. 嫌いとは言わ**ないまでも**、お肉は好んで食べない。
2. 倒産し**ないまでも**、不景気で会社の経営はかなり傾いている。
3. 本場の味とはいか**ないまでも**、この店のイタリア料理はなかなか美味しい。

88 ～ないでもない

意味　～ないことはない（はっきり言いたくない気持ちを表す）

接続　Vない＋でもない

わからないでもない / できないでもない / 飲まないでもない

1. 今の待遇が続くのなら、転職を考え**ないでもない**。
2. 料理はでき**ないでもない**が、毎日料理するのは結構面倒くさい。
3. 今の収入なら高級車を買え**ないでもない**が、今後のために貯蓄したい。

89 ～ずじまい

意味　～ないでおわった

接続　V~~ない~~＋ずじまい

言えずじまい / 行かずじまい / やらずじまい

※しない → せずじまい

1) 高校3年間、彼氏ができ**ずじまい**だった。

2) 今年こそお花見をしようと思っていたが、結局やら**ずじまい**だった。

3) 事件の犯人は分から**ずじまい**で時効となってしまった。

90 ～ないでは（ずには）おかない

意味　～しない状態ではいられない（自然と～になる、絶対に～する）

接続　Vない＋ではおかない

V~~ない~~＋ずにはおかない（※しない → せずにはおかない）

感動させないではおかない / 言わないではおかない / 怒らずにはおかない

1) 最優秀選手に選ばれた学生が入学してきたのだから、コーチは彼をチームに勧誘せ**ずにはおかない**だろう。

2) 彼の音楽は、人々を笑顔にさせ**ずにはおかない**。

3) 彼のまっすぐな性格と飾らない雰囲気は、人を魅了し**ないではおかない**。

91 ～ないでは（ずには）すまない

意味 必ず～しなければならない（その場の状況や周りの評価を考えると…）

接続 Vない＋ではすまない

V~~ない~~＋ずにはすまない（※しない → せずにはすまない）

謝らないではすまない / 怒られないではすまない / 責任をとらずにはすまない

1. 周囲の期待を背負ってしまっては最後まで責任を持ってやら**ないではすまない**。
2. 子どもが悪いことをしたのなら、母親である私は怒ら**ずにはすまない**。
3. これだけ大きな損失を出してしまったのなら、社長は辞任せ**ずにはすまない**だろう。

92 ～ないものか

意味 難しいと思うけど～したい（強く何かを望んでいる）

接続 Vない＋ものか

できないものか / 覚えられないものか / 上手にならないものか

1. ぐちばかりの飲み会に行くくらいなら、もっと有意義な時間を過ごせ**ないものか**。
2. 人前に出ると緊張して話せなくなってしまう癖を直せ**ないものか**。
3. 仕事が忙しくて、休みが取れない。ゆっくり休める日が来**ないものか**。

問題5　次の文の（　　　）に入れるのに最もよいものを、1・2・3・4から一つ選びなさい。

1 毎日とは言わ（　　　）、週に2、3回は運動をしている。

1　ずじまいで　　2　ないまでも　　3　なくして　　4　ずにはおかなく

2 環境問題を目の当たりにして、地球の未来を心配（　　　）。

1　してかなわない　　2　せずにはおかない

3　せずじまいだ　　4　しても差し支えない

3 プロの技術とは（　　　）、彼の写真の腕前は大したものだ。

1　言うがはやいか　　2　言わずじまいで

3　言わないまでも　　4　言うまでもなく

4 今回の試合相手は確かに強豪だが、勝て（　　　）相手だ。

1　ないでもない　　2　ないかぎりの

3　ずじまいの　　4　ないではおかない

5 部長はいつも文句ばかりだ。もっと部下のモチベーションを上げることを（　　　）。

1　言えないものか　　2　言えずじまいだ

3　言わずにはすまない　　4　言う始末だ

6 彼は見た目もいいがそれ以上に人をひきつけ（　　　）魅力がある。

1　ないではおかない　2　ないでもない　　3　なくして　　4　ないなりの

7 試験まで一か月しかないが、寝る間も惜しんで勉強すれば、合格でき（　　　）。

1　ずにはおかない　　2　ずにすむ　　3　ないではおかない　4　ないでもない

8 日本にいる間に一度京都を訪れてみたいと思っていたが、結局行か（　　　）だった。

1　んがため　　2　ずじまい　　3　ないかぎり　　4　なくして

9 汚職が発覚したからには、総理大臣の座を退か（　　　）だろう。

1　ないまで　　2　ずじまい　　3　ずにはすまない　　4　ないでおく

10 伊藤（いとう）「ガンが発見されたら、手術を（　　　）のでしょうか。」

医者「いいえ、放射線治療という手もありますから、手術しない場合もありますよ。」

1　せんがためな　　2　しないでもない

3　しないではすまない　　4　せずにはいられない

正答 ①2 ②2 ③3 ④1 ⑤1 ⑥1 ⑦4 ⑧2 ⑨3 ⑩3

問題6　次の文の ＿★＿ に入る最もよいものを、1・2・3・4から一つ選びなさい。

11 ルームメイトと家賃を折半すれば ＿★＿ ＿＿＿ ＿＿＿ ＿＿＿ 難しいものがある。

1　でもないが　　　2　に住むのは

3　都心　　　4　住めない

12 今年中に、古くなった服や本を処分しようと思っていたが ＿＿＿ ＿★＿ ＿＿＿ ＿＿＿。

1　年始になって　　　2　じまいで

3　やらず　　　4　しまった

13 ＿＿＿ ＿★＿ ＿＿＿ ＿＿＿ 還暦のお祝いに温泉旅行くらいは連れて行ってあげたい。

1　とはいかない　　　2　母の

3　ぜいたく　　　4　までも

14 感染症のせいで、二国間の往来が難しくなってしまった。一刻も早く、＿＿＿ ＿★＿ ＿＿＿ ＿＿＿。

1　ものか　　　2　されない

3　緩和　　　4　規制が

15 賄賂を受け取り受験者の不正を容認していたことが発覚した ＿＿＿ ＿＿＿ ＿★＿ ＿＿＿ だろう。

1　学校側は責任を　　　2　からには

3　すまない　　　4　とらずには

正答　⑪ 4（4132）　⑫ 2（3214）　⑬ 1（3142）　⑭ 3（4321）　⑮ 4（2143）

13 立場・状況・様子

93 ～んばかり

意味 今にも～しそう（実際はそうならないが、それに近い状態になる）

接続 Vない＋んばかり＋に／の／だ
殴りかからんばかりに／泣き出さんばかりの／割れんばかりだ
※「発話文」と言わんばかり＋に／の／だ＝「発話文」＋とばかり＋に／の／だ

1. グラスに溢れ**んばかり**にビールを注いだ。
2. 先生は「黙れ」**とばかり**にこちらをじっと見ている。
3. 4歳の甥は、今にも泣き出さ**んばかり**の顔で「転んでも泣かないもん」と言った。

94 ～なりに

意味 ～の立場やレベルに合っている

接続 普通形（ナAだ／Nだ）＋なりに
普通形（ナAだ／Nだ）＋なりの＋N
彼女なりに／できないなりに／私なりのやり方／★それなりに

1. 優勝はできなかったが、自分**なりに**全力を尽くしたから後悔はない。
2. どんなことも初めはうまくできないものです。できない**なりに**工夫して臨むことが大切です。
3. スポーツをする上で、背が低くても低い**なりの**メリットはある。
4. **それなりに**頑張ったつもりだったけれど、試験に落ちてしまった。

95 ～にあって

意味　～という状況で

接続　N＋にあって

少子化にあって / 不況にあって / 国際化社会にあって

1) IT社会**にあって**、リモートワークを導入する会社が増えてきている。

2) 消防士はどんな非常事態**にあって**も、冷静でいなければいけない。

3) 母が学生だったときは景気の良い時代**にあって**、毎日のように飲み歩いていたそうだ。

96 ～にして

意味　～で（状況・様子をはっきり言いたいときに使う）

接続　N＋にして

一瞬にして / 3度目にして / 一晩にして

1) 初雪が降って、一晩**にして**町が真っ白になった。

2) 日本で生まれ育ったが、22歳**にして**初めて新幹線に乗った。

3) 初めてのスキー**にして**一度も転ばなかったのは、すごいことですよ。

97 ～のごとく

意味　～のように

接続　N＋のごとく

風のごとく / 山のごとく / 石のごとく

1) 留学していた時は、毎日が嵐**のごとく**忙しい日々だった。

2) 約束の時間に彼はいつも**のごとく**遅れてきた。

3) 彼は5時になるとすぐに、風**のごとく**帰って行った。

98 ～てしかるべき

意味 ～するのが当然

接続 Vて / イAくて＋しかるべき

しかるべき＋N

怒られてしかるべき / 説明があってしかるべき /

可愛くてしかるべき / しかるべき対応

1. 有休を取ることは社員の権利なのだから、自由に取って**てしかるべき**だ。
2. お金を払っているのだから、良いサービスを受け**てしかるべき**だ。
3. 今回の事件に関しては、**しかるべき**対応を取らせていただきます。

99 ～たる

意味 ～という職業・立場の（こうあるべきだ！と言いたいときに使う）

接続 N1＋たる＋N2

教師たるもの / 父親たるもの / リーダーたる能力

1. 大学生**たる**もの、バイトやデートに明け暮れないでしっかり勉強するものだ。
2. アナウンサー**たる**もの、清潔感のある身だしなみに気を配るべきだ。
3. 会社の代表**たる**メンバーに選ばれたのですから、自覚をもって働いてください。

100 ～にしたところで

意味　～の立場・場合でも（後ろは否定的な文章）

接続　N＋にしたところで / にしたって
社長にしたところで / 先生にしたって / 彼にしたって

1) 今の政治については不満があるが、私**にしたところで**どうしたらもっと良くなるのかわからない。

2) 犯人を捕まえたいのはやまやまですが、警察**にしたって**証拠が何もないならどうしようもない。

3) 社長が決断を迷っていては、部下**にしたって**どうしたらいいのかわからなくなってしまう。

101 ～ともなると

意味　～という立場・状況なら、当然こうなる

接続　N＋ともなると
社会人ともなると / 全国大会ともなると / 試験前日ともなると

1) 全国大会**ともなると**、会場の熱気は今までと比べ物にならない。

2) 成績が学年一位の彼**ともなると**、この程度の問題はたやすいだろう。

3) 海外留学**ともなると**、日本で生活する以上にお金がかかる。

102 ～のをいいことに

意味 ～の状況を利用して（都合よく利用して悪いことをしている）

接続 普通形（ナAだ → な・である / Nだ → な・である）＋のをいいことに

見ていないのをいいことに / 黙っているのをいいことに / わからないのをいいことに

1. コーチが見ていない**のをいいことに**、部員は筋トレをさぼっておしゃべりしている。
2. 地震で住人が避難した**のをいいことに**、盗みを働く人がいるそうだ。
3. 金持ちな**のをいいことに**、不正をお金でごまかそうとするのは許されない。

問題5　次の文の（　　　）に入れるのに最もよいものを、1・2・3・4から一つ選びなさい。

1 うちは貧乏だったが、貧しい（　　　）家族みんなで幸せに暮らしていた。

1　なりに　2　ばかりに　3　たりとも　4　そばから

2 彼は風（　　　）日本の音楽界に現れ、多くのヒット曲を生み出した。

1　もさることながら　2　のごとく　3　をよそに　4　はおろか

3 学生全員の責任を背負っている教師（　　　）、授業を休まないように体調管理に気を付けるべきだ。

1　ごときに　2　こととて　3　であろうと　4　たるもの

4 緊急事態（　　　）、あなたはどうしてのんきに外出できるのですか。

1　のごとく　2　なりに　3　にあって　4　のかたわら

5 家事は女性が全てやって（　　　）という考えは改めるべきだ。

1　やまない　2　てからというもの　3　るのをいいことに　4　しかるべきだ

6 先生は窓が（　　　）気迫にあふれた声で、生徒を激励した。

1　割れずにおく　2　割れないものの　3　割れんばかりの　4　割るべく

7 日本に留学して1年目は買い物するのも苦労したが、3年目（　　　）居酒屋でアルバイトをするのも余裕だ。

1　にひきかえ　2　にしたところで　3　ともなると　4　にもまして

8 中本（なかもと）「初めて受けた日本語の試験、75点しかとれなかったよ。」
村上（むらかみ）「そんなに落ち込むことないよ。一回目（　　　）その点数なら、良くできた方だと思うよ。」

1　にして　2　のごとく　3　にあって　4　に即して

9 こんなに交通ルールを守らない人が多いのでは、警察（　　　）取り締まりようがないのだろう。

1　とばかりに　　2　にしたところで　　3　ならまだしも　　4　と相まって

10 断らないの（　　　）、無理な要望を言ってくるお客さんが増えた気がする。

1　をいいことに　　2　に相まって　　3　にもまして　　4　ともなく

正答 ①1　②2　③4　④3　⑤4　⑥3　⑦3　⑧1　⑨2　⑩1

問題6　次の文の＿★＿に入る最もよいものを、1・2・3・4から一つ選びなさい。

11 彼はもともと体格がよかったが、ボクシングを始めてから、＿＿＿ ＿＿＿ ＿★＿ ＿＿＿のある体つきになった。

1　力士　　2　迫力
3　まるで　　4　のごとく

12 母は料理が苦手だが、＿＿＿ ＿＿＿ ＿＿＿ ＿★＿を作ってくれた。

1　なりに　　2　母
3　特製の　　4　ご馳走

13 新製品のこちらの冷凍庫は、一瞬＿★＿ ＿＿＿ ＿＿＿ ＿＿＿搭載しています。

1　生ものなどを　　2　にして
3　機能を　　4　冷却できる

14 彼は人に迷惑をかけておいて、まるで＿★＿ ＿＿＿ ＿＿＿ ＿＿＿だ。

1　言わんばかり　　2　同情しろと
3　自分に　　4　の態度

15 学生がいくら質問しても、知識＿＿＿ ＿＿＿ ＿＿＿ ＿★＿ことができない。

1　答える　　2　がなければ
3　先生に　　4　したところで

正答　⑪4（3142）　⑫4（2134）　⑬2（2143）　⑭3（3214）　⑮1（2341）

14 名詞を修飾する文法・動詞の文法

Nを修飾 ▼

103 〜にたる

意味 〜できる（〜するのに十分である）

接続 N / Vる＋にたる

信頼にたる / 満足にたる / 尊敬するにたる

1. 今回のテストは満足**にたる**点数をとれなかったので、次こそは高得点をとってみせる。
2. この化粧水は少し高めだが、お金をかける**にたる**効果が得られるのだろうか。
3. 彼は信頼**にたる**人物だから、安心して仕事を任せられるだろう。

104 〜ずくめ

意味 〜ばかり、ほとんど〜

接続 N＋ずくめ

黒ずくめ / いいことずくめ / ぜいたくずくめ

1. 高校3年間は、志望大学に入るために勉強**ずくめ**だった。
2. 会長の妻は全身ブランド**ずくめ**だ。
3. 久しぶりに北海道の実家に帰ると、カニやらイクラやらご馳走**ずくめ**だった。

105 ～まみれ

意味 ～がいっぱいついている（嫌なもの、汚いもの）

接続 N＋まみれ

ほこりまみれ / 汗まみれ / 泥まみれ / 油まみれ / 血まみれ / 借金まみれ

1) 雨の日に自転車通勤して、会社に着くころには泥**まみれ**になってしまった。

2) 今日は今年一番の暑さとあって、ちょっとコンビニに行くだけで汗**まみれ**になってしまった。

3) 冷蔵庫の下から、ほこり**まみれ**の指輪が出てきた。

106 ～めく

意味 ～のような感じがする

接続 N＋めいて / めいた

謎めいた / 夏めいて / 冗談めいた

1) 暖かくなってくると桜が咲いて、ようやく春**めいて**きたなと感じる。

2) あの時は冗談**めいた**言い方で告白してしまったけど、本気です。

3) 誘拐事件の真相は10年経ってもわからず、未だ謎**めいて**いる。

107 ～からある・～からいる・～からする

意味 ～以上の数・量

接続 数＋からある / からいる / からする

100個からある / 1000人からいる / 一万円からする

1) 高校生の時は、10キロ**からある**通学路を自転車で通っていた。

2) 日本の65歳以上の高齢者人口は、約3600万人**からいる**。

3) ここに展示されている作品は、一番安いものでも10万円**からする**。

108 ～と相まって

意味 ～と一緒になって（たくさんのものが一つになって程度が高くなる）

接続 N1＋と＋N2＋が相まって

N＋と / が相まって

空気と水が相まって / 技術と熱意が相まって / 美しいドレスと相まって

1. この映画は、ストーリーはもちろん俳優陣の見事な演技**が相まって**、ヒット作品となった。
2. 彼の気難しい性格は、幼いころの経験**と相まって**形成されたのだろう。
3. とれたての食材とシェフの技術**が相まって**、最高の逸品が完成いたしました。

109 ～を踏まえて

意味 ～のことを考えて（～を考慮して、～を前提としてする）

接続 N＋を踏まえて

結果を踏まえて / 意見を踏まえて / 状況を踏まえて

1. 今回の失敗**を踏まえて**、問題点を改善していこうと思います。
2. コーチからもらったアドバイス**を踏まえて**、新しい作戦を考えた。
3. 刑事は目撃者の証言**を踏まえて**、いくつか犯人の候補を挙げた。

110 ～を経て

意味 ～を通って（時間が経過する、場所を通る、経験する）

接続 N＋を経て

10年の時を経て / 苦しい時期を経て / 出会いを経て

1. 中学生の時から10年の交際期間**を経て**、彼らは結婚した。
2. 就職活動では、何十社もの面接**を経て**、一つの会社から合格通知が届くということも少なくない。
3. 北海道からの直行便は値段が高いので、成田空港**を経て**沖縄まで行く飛行機のチケットを購入した。

111 ～にかこつけて

意味 ～を利用して、理由にして

接続 N＋にかこつけて

仕事にかこつけて / 出張にかこつけて / 災害にかこつけて

1. 出張**にかこつけて**、経費で遊園地に行くなんて許されない。
2. 毎年この地域では、成人式**にかこつけて**若者が大騒ぎすることが問題になっている。
3. 誕生日**にかこつけて**、彼氏に高いバッグを買ってもらった。

問題5 次の文の（　　　）に入れるのに最もよいものを、1・2・3・4から一つ選びなさい。

1 直行便がないから、関西空港（　　　）九州まで行くことにした。

1 を通して　　2 を踏まえて　　3 を経て　　4 をめぐって

2 満足（　　　）結果は得られなかったが、やれるだけのことはやったと思う。

1 につき　　2 にたえない　　3 にたえる　　4 にたる

3 彼は専門家（　　　）ことをいつも言うが、何か根拠を持って言っているのだろうか。

1 めいた　　2 がちの　　3 ぎみの　　4 ばかりの

4 おばあちゃんの家の物置から、ほこり（　　　）のパソコンが出てきた。

1 まみれ　　2 ずくめ　　3 かぎり　　4 がち

5 当店では、30万円（　　　）質の良い高級家具を取り揃えております。

1 かぎりの　　2 からする　　2 かけては　　4 からには

6 お客様アンケートの結果（　　　）、サービス向上に努めて参ります。

1 をかぎりに　　2 をこめて　　3 をめぐって　　4 を踏まえて

7 キムさんはどんな時でも、上から下まで全身ブランド（　　　）だ。

1 ながら　　2 まみれ　　3 ずくめ　　4 しだい

8 10年間の下積み時代（　　　）、彼はお笑い芸人としてテレビに出るようになった。

1 と相まって　　2 をはじめとして　　3 をめぐって　　4 を経て

9 海を取り囲むような地形が、レトロな雰囲気（　　　）、熱海（あたみ）の花火はより美しく見えるわけだ。

1　と相まって　　2　とあって　　3　というより　　4　どころか

10 クリスマス（　　　）、ずっと欲しかった時計を彼氏に買ってもらった。

1　にかこつけて　　2　を踏まえて　　3　と相まって　　4　をもとに

正答 ①3　②4　③1　④1　⑤2　⑥4　⑦3　⑧4　⑨1　⑩1

問題6　次の文の＿★＿に入る最もよいものを、1・2・3・4から一つ選びなさい。

11 今の仕事は天職だと思っているから、＿＿＿ ＿＿＿ ＿＿＿ ＿★＿ 充実している。

1　ずくめの　　2　でも
3　毎日　　4　仕事

12 せっかく洗車したのに、予期せぬ ＿＿＿ ＿＿＿ ＿＿＿ ＿★＿ になってしまった。

1　で車が　　2　泥
3　暴風雨　　4　まみれ

13 毎週、＿＿＿ ＿★＿ ＿＿＿ ＿＿＿、定期的に会議が行われるのはどうかと思う。

1　にたる　　2　もないのに
3　議題　　4　会議する

14 彼は仕事をサボっては ＿＿＿ ＿★＿ ＿＿＿ ＿＿＿、まったく協調性がないな。

1　言い訳　　2　めいた
3　子ども　　4　ばかりして

15 新しく駅前にできた高層マンションは大人気で、完成 ＿＿＿ ＿★＿ ＿＿＿ ＿＿＿ 部屋が完売したそうだ。

1　100世帯　　2　一週間
3　で　　4　からある

正答 ⑪ 2（4132）　⑫ 4（3124）　⑬ 1（4132）　⑭ 2（3214）　⑮ 3（2314）

15 列挙・繰り返し

112 ～であれ～であれ

意味 ～でも～でも（どんなものでも同じように）

接続 N1＋であれ＋N2＋であれ

大人であれ子どもであれ / 金持ちであれ貧乏であれ / 食べ物であれ飲み物であれ

1. 正社員**であれ**アルバイト**であれ**、社員食堂で好きなメニューを無料で食べることができます。
2. 仕事**であれ**私生活**であれ**、なるべく時間やお金の無駄は減らしたいものだ。
3. にんじん**であれ**ピーマン**であれ**、野菜ならなんでも好きです。

113 ～ともなく

意味 はっきりした目的なく～する

接続 Vる＋ともなく

見るともなく / 聞くともなく / 考えるともなく

1. 聴く**ともなく**ラジオを聴いていたら、懐かしい曲が流れてきた。
2. 考える**ともなく**考えていたらいいアイデアが浮かんできたりする。
3. 電車の窓から景色を見る**ともなく**見ていたら遠くに富士山が見えた。

114 ～といい～といい

意味 ～も～も（全体的にこうだ！と言いたいときに使う）

接続 N1＋といい＋N2＋といい

見た目といい性格といい / デザインといい機能といい / 値段といい味といい

1) 父**といい**母**といい**、私の話は聞く気もないようだ。

2) 場所**といい**家賃**といい**、今の私にぴったりの新居を見つけた。

3) 味**といい**サービス**といい**、駅前にできた新しいレストランは大変評判がいい。

115 ～なり～なり

意味 ～でも～でも（思いついたことを言うときに使う）

接続 N1 / V1る＋なり＋N2 / V2る＋なり

水なりお茶なり / 音楽を聴くなり本を読むなり

1) 今の生活を変えたくて、早起きする**なり**運動する**なり**いろいろやってみたが結局続かなかった。

2) 産地直送の新鮮なカキです。蒸す**なり**焼く**なり**お好きな調理方法でお召し上がりください。

3) 引っ越しても、電話**なり**メール**なり**連絡してね。

116 ～つ～つ

意味 ～たり～たり（動作を繰り返す）

接続 V1ます＋つ＋V2ます＋つ

行きつ戻りつ / 抜きつ抜かれつ / 持ちつ持たれつ

1) 夫婦は、持ち**つ**持たれ**つ**助け合っていくべきだ。

2) うまくできなくても焦らずに、行き**つ**戻り**つ**前に進んでいくことが大切です。

3) 川で洗濯をしていると、大きな桃が浮き**つ**沈み**つ**流れてきた。

117 ～ては～ては

意味 ～して～する（動作を繰り返す）

接続 V1て＋は＋V2~~ます~~（V1て＋は＋V2~~ます~~）

食べては寝 / 買っては壊し / 覚えては忘れ

※V1て＋は＋V2~~ます~~（V2て＋は＋V1~~ます~~）でもいい

書いては消し、消しては書き

1. 好きな人に手紙を送りたかったが、書い**ては**消し、書い**ては**消し、結局何も送らなかった。
2. 梅雨の時期は、雨が降っ**ては**止み、降っ**ては**止みの繰り返しだ。
3. 3年ぶりに孫が来ると聞いて、夫は家から出**ては**入って、入っ**ては**出て、そわそわしている。

118 ～といおうか～といおうか

意味 ～というか～というか（ぴったりな表現が見つからない）

接続 普通形1（ナAだ / Nだ）＋といおうか＋普通形2（ナAだ / Nだ）＋といおうか

個性的といおうか天才的といおうか / 運が良かったといおうか悪かったといおうか

1. このお菓子は、甘い**といおうか**、辛い**といおうか**変わった味がする。
2. 全校生徒の前で告白されて、嬉しい**といおうか**恥ずかしい**といおうか**複雑な気持ちだった。
3. 彼は馬鹿**といおうか**天才**といおうか**、よくわからないときがある。

119 ～といわず～といわず

意味　～でも～でも、全部

接続　N1＋といわず＋N2＋といわず
昼といわず夜といわず / 服といわず靴といわず / 年上といわず年下といわず

1. 消防士は深夜**といわず**早朝**といわず**、要請があったら出動しなければならない。
2. 彼らは子ども**といわず**大人**といわず**人気のあるアイドルグループだ。
3. 自宅**といわず**電車**といわず**、スマホがあればどこでも勉強できる。

120 ～なら～で

意味　～なら（～という状況に対する気持ちを表す）

接続　普通形（ナAだ / Nだ）＋なら＋普通形（ナAだ / Nだ）＋で
Vた＋たら＋Vた＋たで
忙しいなら忙しいで / 暇なら暇で / 行かなかったら行かなかったで

1. 行きたくない**なら**行きたくない**で**最初から言ってくれればよかったのに。
2. 背が高い**なら**高い**で**、大変なこともあるんだよ。
3. 友達にドタキャンされたが、一人で行っ**たら**一人で行った**で**気楽に映画を楽しむことができた。

問題5　次の文の（　　　）に入れるのに最もよいものを、1・2・3・4から一つ選びなさい。

1 連続ドラマを見る（　　　）見ていたら、気付いた頃には朝になっていた。

1　ともなく　　2　ならまだしも　　3　ことなしに　　4　ものとして

2 雲の後ろに（　　　）している満月を、海の音を聞きながら眺めていたい。

1　見えるだの見えないだの　　2　見えようか隠れまいか

3　見えるなり隠れるなり　　4　見えつ隠れつ

3 休憩中（　　　）、社長は社員を呼び出して仕事の話を始める。

1　といおうか休日といおうか　　2　にたえず休日も

3　といわず休日といわず　　4　ならいざしらず休日も

4 ずっと家で暇してるなら、掃除（　　　）何か手伝ってくれてもいいんじゃないの。

1　するというか洗濯するというか　　2　するなり洗濯するなり

3　と洗濯を兼ねて　　4　はおろか洗濯さえ

5 中田（なかた）「もう少しでこの前のオーディションの合格発表だね！」

小林（こばやし）「まぁ、合格したら嬉しいけど、（　　　）縁がなかったと思って他の道を考えるよ。」

1　落ちるか落ちないかのうちに　　2　落ちようが落ちまいが

3　落ちたが最後　　4　落ちたら落ちたで

6 納得のいくまで、（　　　）、やっと卒業論文を書き上げた。

1　書くなり捨て、書くなり捨て　　2　書きつ捨て、書きつ捨て

3　書くやら捨て、書くやら捨て　　4　書いては捨て、書いては捨て

7 キムさん（　　　）、今日はみんな着飾ってどうしたんだろうか。

1　なりタオさんなり　　2　であれタオさんであれ

3　といいタオさんといい　　4　といおうかタオさんといおうか

8 自分がこんな失態を犯すなんて、情けない（　　　）、とにかくもう二度とこんな失敗をしないと決めた。

1　といおうか惨めといおうか　　　2　のにひきかえ惨めで

3　だの惨めだの　　　4　かろうが惨めだろうが

9 休日（　　　）、夜10時までに寝るべきだ。

1　やら平日やら　　　2　というか平日というか

3　であれ平日であれ　　　4　なら平日で

10 はじめての息子が生まれるのを目前にして、夫は（　　　）落ち着かない。

1　立つやら座り、座るやら立って　　　2　立っては座り、座っては立って

3　立つなり座り、座るなり立って　　　4　立ちつ座り、座りつ立って

正答　①1　②4　③3　④2　⑤4　⑥4　⑦3　⑧1　⑨3　⑩2

問題6　次の文の ★ に入る最もよいものを、1・2・3・4から一つ選びなさい。

11　毎日テレビで流れる ＿＿ ＿★＿ ＿＿ ＿＿。

1　ともなく　　2　覚える
3　全部覚えてしまった　　4　曲を聴いていたら

12　昨日の試合は、互いに ＿＿ ＿★＿ ＿＿ ＿＿ だったね。

1　試合　　2　抜きつ
3　白熱した　　4　抜かれつで

13　＿＿ ＿＿ ＿＿ ＿★＿ であれ、自分の意志ははっきり伝えるべきだ。

1　相手が年上　　2　たとえ
3　であれ　　4　上司

14　コンビニ弁当ばかり食べないで、自分で ＿＿ ＿＿ ＿★＿ ＿＿ は気を付けなさいね。

1　魚焼く　　2　なりして
3　健康に　　4　ご飯炊くなり

15　顔 ＿★＿ ＿＿ ＿＿ ＿＿ は本当に似ているとよく言われる。

1　といい　　2　私と
3　弟　　4　しゃべり方といい

正答　⑪2（4213）　⑫4（2431）　⑬4（2134）　⑭2（4123）　⑮1（1423）

16 敬語

121 ～させていただく

意味 ～します（相手への感謝・謝罪の気持ちを表す）

接続 Vない＋（さ）せていただく

帰らせていただく / 聞かせていただく / お邪魔させていただく

※しない → させていただく

1) すみません、事件の状況を聞か**せていただけませんか**。

2) 山田さんの送別会には私も参加**させていただきます**。

3) 北海道にお越しになった際には私が案内**させていただきます**。

122 ～ていただく

意味 相手に～してもらう（相手に何かしてもらうときの丁寧な言い方）

接続 Vて＋いただく

説明を聞いていただく / 文章を読んでいただく / サインをしていただく

1) これ以上騒ぎ続けるのでしたら、今すぐ退去し**ていただきます**。

2) 入社後は、東京本社での10日間の研修に参加し**ていただきます**。

3) こちらの資料を見**ていただく**とわかるように、売り上げが前年度より10%アップしています。

¹²³お / ご～願_{ねが}う

意味_{いみ} ～してください

接続_{せつぞく} お / ご＋N / Vます＋願_{ねが}う

お確_{たし}かめ願_{ねが}う / お引_ひき受_うけ願_{ねが}う / ご変更_{へんこう}願_{ねが}う

① 敷地内_{しきちない}での喫煙_{きつえん}はご遠慮_{えんりょ}願_{ねが}います。

② 質問等_{しつもんとう}ございましたら、お気軽_{きがる}にお電話_{でんわ}願_{ねが}います。

③ ご自宅_{じたく}に請求書_{せいきゅうしょ}をお送_{おく}りいたしましたので、お確_{たし}かめ願_{ねが}います。

¹²⁴お / ご～くださる

意味_{いみ} ～してくれる（相手_{あいて}がしてくれたことに感謝_{かんしゃ}する）

接続_{せつぞく} お / ご＋N / Vます＋くださる

お伝_{つた}えくださる / お許_{ゆる}しくださる / ご利用_{りよう}くださる

① 本日_{ほんじつ}はご来店_{らいてん}くださり、誠_{まこと}にありがとうございます。

② 遠_{とお}いところわざわざお越_こしくださり、ありがとうございました。

③ 最後_{さいご}までお読_よみくださり、誠_{まこと}に感謝_{かんしゃ}いたします。

¹²⁵お / ご～いただく

意味_{いみ} ～してもらう

接続_{せつぞく} お / ご＋N / Vます＋いただく

ご来店_{らいてん}いただく / お集_{あつ}まりいただく / ご紹介_{しょうかい}いただく

① 本日_{ほんじつ}は、お忙_{いそが}しい中_{なか}お集_{あつ}まりいただき誠_{まこと}にありがとうございます。

② 当館_{とうかん}では、大自然_{だいしぜん}の中_{なか}でゆっくり温泉_{おんせん}をお楽_{たの}しみいただけます。

③ 数_{かず}には限_{かぎ}りがございますので、ご理解_{りかい}いただきたく存_{ぞん}じます。

126 ～あがる

意味 行く（謙譲語）

例 お迎えにあがる = 迎えに行く
お届けにあがる = 届けに行く

1) では、明日午前10時にお迎えに**あがります**。

2) ご注文いただきましたら、ご自宅までお届けに**あがります**。

127 ～召す

例 召し上がる = 食べる・飲む
お年を召す = 年をとる
お召し物 = 着ている服
お気に召す = 気に入る

1) 入口で**お召し物**をお預かりいたします。

2) 会長は**お年を召して**も経営に携わっておられました。

3) 今後もお客様に**お気に召して**いただけるようなサービスを提供してまいります。

128 ～てございます

意味 ～てあります

接続 Vて＋ございます
準備してございます / 用意してございます

1) あちらに冷たい飲み物を準備し**てございます**ので、お風呂上がりにぜひお召し上がりください。

2) 会員カードは同意書と一緒に同封し**てございます**ので、ご確認ください。

3) 二階にお席を用意し**てございます**ので、こちらの階段をご利用ください。

129 お越しになる

意味 来る / 引っ越して来る

1) 明日の午後、取引先の佐藤様が弊社へ**お越しになる**予定です。

2) また京都へ**お越しになる**機会がございましたら、ぜひ当店にお立ち寄りください。

3) 先程お会いした村上さんは昨日、隣の家へ**お越しになった**そうです。

130 その節は

意味 あのときは（未来のことには使えない、後ろには感謝や謝罪を表す文がつく）

1) **その節は**大変お世話になりました。

2) **その節は**うちの息子がご迷惑をおかけし、申し訳ありませんでした。

3) **その節は**急に伺ったにも関わらず丁寧に対応していただき、ありがとうございました。

問題5　次の文の（　　　）に入れるのに最もよいものを、1・2・3・4から一つ選びなさい。

1 本日弊社へ（　　　）予定のお客様ですが、先ほど電話があり明日以降に日時を変更してほしいそうです。

1　ちょうだいする　　2　承る　　3　お越しになる　　4　お召しになる

2 加藤「中野さん！車にはねられたんだって？連絡なしに会社を休むから心配してたんだよ。」

中野「（　　　）ご心配をおかけしました。先週無事に退院し、今日からまたお世話になります。」

1　あいにく　　2　この際　　3　その度に　　4　その節は

3 先程メールで送った資料に誤りがありましたので、再度資料を（　　　）。

1　お越しになります　　2　お見えになります

3　送っていただきます　　4　送らせていただきます

4 （役所で）

提出書類に不備があると受理できませんので、不備がないようご準備（　　　）。

1　にあがります　　2　願います　　3　くださります　　4　申し上げます

5 明日は午前9時から品川駅第一ホールで講演会の予定ですので、朝7時にご自宅に（　　　）。

1　迎えていただきます　　2　お迎えにあがります

3　お迎え願います　　4　お迎え申し上げます

6 今日から営業部に配属になった森です。営業の業務は未経験なので、（　　　）幸いです。

1　ご指導あがれば　　2　ご指導願えば

3　ご指導させていただければ　　4　ご指導いただければ

7 講演会の衣装はご自身で手配（　　　）ことになっていますので、ご注意ください。

1　してくださる　　2　してさしあげる　　3　させていただく　　4　していただく

8 村田（むらた）「確認したいことがあるんだけど、いい？電話したんだけど出ないから、席まで確認しに来たんだ。」

中本（なかもと）「（　　　）。すみません、気が付きませんでした。」

1　ご連絡くださったんですね　　2　ご連絡あがっていたんですね

3　ご連絡してございます　　4　ご連絡させていただいたんですね

9 メールに会議資料を添付（　　　）ので、会議の前に必ずご覧ください。

1　してございます　2　して存じます　3　して願います　4　して上がります

10 こちらは北海道（ほっかいどう）の特産品のメロンを使ったお菓子です。よろしければ、ご家族で（　　　）。

1　いただいてください　　2　食べていただきます

3　召し上がってください　　4　お召しになってください

正答　①3　②4　③4　④2　⑤2　⑥4　⑦4　⑧1　⑨1　⑩3

問題6　次の文の＿★＿に入る最もよいものを、1・2・3・4から一つ選びなさい。

11　明日は食堂の従業員がいないため、昼食は＿＿ ＿＿ ＿＿ ＿★＿ なります。

1　各自で　　2　用意
3　ことに　　4　していただく

12　恐れ入りますが、ご提案＿★＿ ＿＿ ＿＿ ＿＿。

1　となっております　　2　定休日
3　くださった　　4　日時は

13　オンライン決済サービスにお申し込み＿＿ ＿＿ ＿＿ ＿★＿ 願います。

1　ご確認　　2　前に
3　いただく　　4　利用規約を

14　本日はあいにくの＿＿ ＿＿ ＿＿ ＿★＿、ありがとうございます。

1　お集まり　　2　いただき
3　私達の結婚披露パーティーに　　4　雨の中

15　感染症拡大に伴い、来月に＿＿ ＿★＿ ＿＿ ＿＿ になりました。

1　予定していた　　2　延期させていただく
3　こと　　4　イベントを

正答　⑪ 3（1243）　⑫ 3（3421）　⑬ 1（3241）　⑭ 2（4312）　⑮ 4（1423）

問題7　次の文章を読んで、文章全体の趣旨を踏まえて、［16］から［20］の中に入る最もよいものを、1・2・3・4から一つ選びなさい。

天気がいいから、散歩しましょう

秋が過ぎ、冬が深まってくると、なんだかもの悲しい気分になる、ということはありませんか。毎朝、6時ごろに起きてもまだ外は夜のように暗く、［16］、なんだか憂鬱な気分になってしまいます。

「冬季うつ」という言葉を知っていますか。冬季の日照時間が短縮するにつれて、気分が落ち込み、うつ病とは［17］、うつのような状態になる人が少なくないそうです。

実は、精神状態と日照時間は、深い関わりがあると言われています。というのも、私たち人間の気分を左右するのはセロトニンという脳内伝達物質です。セロトニンは、ストレスに対して効能があり、気持ちをポジティブにし、精神安定剤のような働きをすることから、「幸せホルモン」と呼ばれています。日光を浴びると、目から入った光が、セロトニンを分泌させます。うつ病は脳内のセロトニンが欠乏することが一因だと考えられています。

日照時間が短くなると、日光を浴びる時間も［18］減少し、このセロトニンの分泌も少なくなるわけです。セロトニンが不足すると、憂鬱な気分になったり、慢性的なストレスや疲労感が増したりするのです。毎年冬になると憂鬱になるのはこのせいです。

日照時間が短くて憂鬱な気分になってしまう人は、光を浴びれば改善します。「天気がいいから、散歩しましょう」というのは理(り)(注1)にかなっているのです。

しかし、日照時間が短い冬に、陽の光を十分に浴びられない時はどうしたらよいのでしょうか。外を散歩しても天気が良くない…と、絶望する［19］。

セロトニンの分泌を促すには、日光浴だけでなく、他の方法もあります。その一つに、リズミカルな運動によってセロトニンが活性化されるというものがあります。リズミカルな運動といっても、激しい運動をする必要はなく、最も基本的なリズム運動としては歩く、食べるときの咀嚼(そしゃく)(注2)、意識的な呼吸などがあります。

「幸せホルモン」を分泌させるには［20］、陽の光を浴びる、食べる、歩く、息を吸うなど、生きている中で本当に基本的なことが大切だったんですね。

（注1）理にかなう：理屈・道理に合う

（注2）咀嚼：食べ物を歯でかむこと

16

1　寂しくては、悲しくては　　2　寂しいといい、悲しいといい

3　寂しいであれ、悲しいであれ　　4　寂しいといおうか、悲しいといおうか

17

1　いかないでもなく　　2　いかずにはおけなく

3　いかないまでも　　4　ないものか

18

1　当然のごとく　　2　当然めいて　　3　当然なりに　　4　当然ともなく

19

1　にたえません　　2　にはあたりません

3　に越したことはありません　　4　にかたくありません

20

1　言わないでもない　　2　言うにしたところで

3　言わんばかりに　　4　言うまでもなく

正答　⑯4　⑰3　⑱1　⑲2　⑳4

文法索引

第3章

読解

1 読解を解くコツ

問題の形式は、全部で4種類あります。（問題数は変動する可能性があります。）

問題8	内容理解（短文）	4問
問題9	内容理解（中文）	9問
問題10	内容理解（長文）	4問
問題11	統合理解（AB問題）	2問
問題12	主張理解（長文）	4問
問題13	情報検索	2問

1. 問題文を読む

まず、問題文がどのようなものかを確認する必要があります。問題文の種類は3種類あります。

1. 筆者の主張と合うものを問う問題
2. 原因・理由を問う問題（____はなぜか。）
3. 内容を問う問題（____とは何か。____とはどういうことか。）

2. 本文を読み、流れを理解する

文章は以下の3つの「関係」で成り立っています。

1. 同じ関係　A＝B　AとBが同じ
2. 反対関係　A↔B　AとBが反対
3. 理由・結果関係　A→B　AだからB

1. 同じ関係　A＝B

例 私が勉強している言語(A)は日本語(B)です。

私が勉強している言語(A)　＝　日本語(B)

この文の中で、「私が勉強している言語」と「日本語」は同じ関係です。

2. 反対関係　A↔B

例 日本語を勉強していました。(A)

でも今は、日本語を勉強していません。(B)

日本語を勉強していました。(A)　↔　日本語を勉強していません。(B)

この文章の中で、「日本語を勉強していました。」と「日本語を勉強していません。」は、反対関係です。

3. 理由・結果関係　A→B

例 私は日本語を毎日勉強しています。(A)

だから、日本語が得意です。(B)

私は日本語を毎日勉強しています。(A)　理由

↓

日本語が得意です。(B)　結果

この文章の中で、「私は日本語を毎日勉強しています。」と「日本語が得意です。」は、理由・結果関係です。

同じ関係、反対関係、理由・結果関係に基づいて、文と文、段落と段落の関係を理解することが一番大事です。

★では、読解問題のような文章を実際に見てみましょう。この3つの関係は、「単語」「文」「段落」にあてはめることができます。

同じ関係

単語を探す　A＝B

スマホ(A)の普及により、人々の生活はとても便利になりました。この便利な四角い箱(B)の登場によって、遠く離れた友人の声を聞き、新しい情報を手に入れることは、とても簡単になりました。

文を探す　A＝B

スマホの普及により生活が便利になっただけでなく、私たちはもうスマホがないと生活ができない(A)ようになりました。仕事の連絡、語学の勉強、歯医者の予約、生活の全てをスマホに頼っています(B)。

段落を探す　A＝B

スマホの普及により、人々の生活はとても便利になりました。どこにいても友達と連絡をとることができるし、わからないことはいつでも調べることができるようになりました。(A)

この便利な四角い箱の登場によって、遠く離れた友達の声を聞き、新しい情報を手に入れることは、決して難しいことではなくなったのです。(B)

※　AとBが同じ関係になる理由

1）どこにいても友達と連絡をとることができる
＝遠く離れた友人の声を聞き

2）わからないことはいつでも調べることができる
＝新しい情報を手に入れることは、決して難しいことではなくなった

反対関係

単語を探す　A⇔B

スマホ(A)の普及により、人々の生活はとても便利になりました。**その一方で**、いつでもメールを送ることができるため、手紙(B)はどんどん必要なくなってきています。

文を探す　A⇔B

スマホの普及により生活が便利になっただけでなく、私たちはもうスマホがないと生活ができないようになりました(A)。**しかし**、家族そろって楽しく食事をする時間には、スマホは全く必要のないものです(B)。

段落を探す　A⇔B

スマホの普及により、人々の生活はとても便利になりました。どこにいても友達と連絡をとることができるし、わからないことはいつでも調べることができるようになりました。(A)

しかし、今までよく使われていたものが世の中からなくなりました。街中から電話ボックスが消え、紙の辞書を使って勉強する学生もほとんどいなくなってしまったのです。(B)

理由・結果関係

単語を探す　A→B

※「理由・結果関係」は、単語では当てはまりません。

文を探す　A→B

2010年頃から、スマホの普及と共にアプリの開発も急速に進みました(A)。**そのため**友達と連絡を取り合うこと、おもしろい映画を観ること、コンビニでお金を払うこと、いろんなことがスマホ一つでできるようになりました(B)。

段落を探す　A→B

1990年頃からインターネットが急速に普及しました。同時に、パソコンやスマホなどのデバイスも数多く開発されてきました。(A)

それによって、在宅勤務という新しい働き方が生まれました。ネット上で資料を共有し、ビデオ通話で会議をするという働き方が、当たり前になりつつあります。(B)

3. 3つの間違いの選択肢を探す

問題文に対する正しい選択肢を探すのではなく、3つの間違いの選択肢を本文の内容と比べながら探すことが大事です。間違いの選択肢にはこのようなものがあります。

本文で言っていない

例

本文	私の夢は、ゆか先生に会って<u>握手をすること</u>です。
問題	筆者の夢は何ですか。
選択肢	ゆか先生に会って<u>うどんを食べること</u>です。×

※ 本文では<u>うどんを食べること</u>とは言っていない

本文で言っていることが、選択肢で抜けている

例

本文	私の夢は、ゆか先生に<u>会って一緒に食事をすること</u>です。
問題	筆者の夢は何ですか。
選択肢	ゆか先生に<u>会うこと</u>です。×

※ 本文では<u>一緒に食事をすること</u>が大事な内容

循環している間違い

「AだからB」なのに、「BだからB」という間違い

例

本文	勉強をさぼった(A)せいでテストで0点をとりました(B)。 テストで悪い点数をとったので(B)先生に怒られました(C)。
問題	テストで0点をとった(B)のはどうしてですか。
選択肢	テストで悪い点数をとった(B)からです。× 勉強をさぼった(A)からです。○

テストで悪い点数をとった(B)からテストで0点をとった(B)は、同じ関係のことを理由のように言っている。これは間違い。

4. 解き方の例

例1

スマホの普及により人々の生活はとても便利になりました。どこにいても、誰とでも連絡を取り合うことができるようになり、わからないことをいつでも調べ、情報を発信することも簡単にできるようになりました。遠く離れた友人の声を聞いたり、新しい情報を手に入れ、自分の考えを発信することは、決して難しいことではなくなったのです。

筆者はスマホについてどのように述べているか。

1　スマホの普及により、人々の生活は不便になった。

2　スマホの普及により人々の生活は便利になり、生産性も向上した。

3　スマホの普及により人々の生活は便利になった。

4　スマホの普及により、新しい情報を手に入れることは難しくなくなった。

例1の解き方の順　実際の解き方

① 問題文を読む

この問題で、何が問われているかを頭に入れます。
（この問題では、「筆者がスマホについてどのように述べているか。」）

② 本文を読み、流れを理解する

スマホの普及により人々の生活はとても便利になりました。どこにいても、
(スマホにより生活は便利になった)
誰とでも連絡を取り合うことができるようになり、わからないことをいつでも
(スマホにより生活は便利になった：同じ関係)
調べ、情報を発信することも簡単にできるようになりました。遠く離れた友人
(スマホにより生活は便利になった：同じ関係)
の声を聞いたり、新しい情報を手に入れ、自分の考えを発信することは、決し
(スマホにより生活は便利になった：同じ関係)
て難しいことではなくなったのです。

本文をまとめると「スマホの普及により人々の生活はとても便利になりました」です。

③ 3つの間違いの選択肢を探す

筆者はスマホについてどのように述べているか。

1　スマホの普及により、人々の生活は不便になった。（×）

「不便になった」とは言っていない

2　スマホの普及により人々の生活は便利になり、生産性も向上した。（×）

「生産性も向上した」とは言っていない

3　スマホの普及により人々の生活は便利になった。（○）

4　スマホの普及により、新しい情報を手に入れることは難しくなくなった。（×）

「自分の考えを発信することも難しくなくなった」が抜けている

例2

1990年頃からインターネットが急速に普及しました。同時に、パソコンやスマホなどのデバイスも数多く開発されてきました。

それによって、在宅勤務という新しい働き方が生まれました。ネット上で資料を共有し、ビデオ通話で会議をするという働き方が、当たり前になりつつあります。

本文の内容として正しいものはどれか。

1　新しい働き方が生まれたことによって、インターネットが急速に普及した。

2　インターネットや新しいデバイスの普及によって、人々の生活は便利になった。

3　インターネットや新しいデバイスの普及によって、新しい働き方が生まれた。

4　ビデオ会議の流行により、在宅勤務という新しい働き方が生まれた。

例2の解き方の順　実際の解き方

① 問題文を読む

この問題で、何が問われているかを頭に入れます。
（この問題では、「本文の内容として正しいものはどれか。」）

② 本文を読み、流れを理解する

1990年頃からインターネットが急速に普及しました。（理由）同時に、パソコンやスマホなどのデバイスも数多く開発されてきました。（理由）

それによって、在宅勤務という新しい働き方が生まれました。（結果）ネット上で資料を共有し、ビデオ通話で会議をするという働き方が、（新しい働き方が生まれました：同じ関係）当たり前になりつつあります。

本文をまとめると、「インターネットの普及」と「デバイスの開発」によって、「新しい働き方が生まれました。」です。

③ 3つの間違いの選択肢を探す

本文の内容として正しいものはどれか。

1　新しい働き方が生まれたことによって、インターネットが急速に普及した。（×）
理由と結果が反対

2　インターネットや新しいデバイスの普及によって、人々の生活は便利になった。（×）
「生活は便利になった」とは言っていない

3　インターネットや新しいデバイスの普及によって、新しい働き方が生まれた。（〇）

4　ビデオ会議の流行により、在宅勤務という新しい働き方が生まれた。（×）
理由として「ビデオ会議の流行」とは言っていない

例3

民主主義とは何かを考えよう。

全ての国民が自分たちの意見を政治に反映し、それに基づいて国の運営を決めることであるが、実際人口の壁があることにより、直接自分の意見を反映することができない。

国民は直接自分の意見を反映させることができないため、選挙で国会議員を選び、その議員に自分たちの意見を伝える。その後、国会議員は国民の意見に基づいて、案件を決め、実行する。

その実行ぶりや結果を見て、国民たちは自分たちの意見が反映されていることがわかり、民主主義が守られていると実感する。

民主主義が守られていると実感すると書いてあるが、それはなぜか。

1　国民は直接自分の意見を反映させることができないから。

2　人口という現実の壁があるから。

3　民主主義が成り立っていると感じているから。

4　国会議員が国民の意見にそって政治を行うから。

例3の解き方の順　実際の解き方

① 問題文を読む

この問題で、何が問われているかを頭に入れます。
（この問題では、「民主主義が守られていると実感すると書いてあるが、それはなぜか。」）

② 本文を読み、流れを理解する

民主主義とは何かを考えよう。

全ての国民が自分たちの意見を政治に反映し、それに基づいて国の運営を決めることであるが、実際人口の壁があることにより、直接自分の意見を反映することができない。

国民は直接自分の意見を反映させることができないため、選挙で国会議員を選び、その議員に自分たちの意見を伝える。その後、国会議員は国民の意見に基づいて、案件を決め、実行する。

その実行ぶりや結果を見て、国民たちは自分たちの意見が反映されていることがわかり、民主主義が守られていると実感する。

本文をまとめると「直接自分の意見を反映することができないから、選挙で国会議員を選ぶ。国会議員は国民の意見に基づいて、案件を決め、実行するから、民主主義が守られていると実感する。」です。

③ 3つの間違いの選択肢を探す

民主主義が守られていると実感すると書いてあるが、それはなぜか。

1　国民は直接自分の意見を反映させることができないから。（×）

「民主主義が守られていると実感する」ことの理由ではない

2　人口という現実の壁があるから。（×）

「民主主義が守られていると実感する」ことの理由ではない

3　民主主義が成り立っていると感じているから。（×）

循環している間違い

4　国会議員が国民の意見にそって政治を行うから。（○）

2 練習問題

8 内容理解（短文）

問題8では、短文（200字程度）を読みます。そして、その内容または筆者の主張についての問題が出題されます。内容理解（短文）は4つの大問があり、1つの大問につき1つの小問が出題されます。

問題8　次の（1）から（4）の文章を読んで、後の問いに対する答えとして最もよいものを、1・2・3・4から一つ選びなさい。

（1）

ビジネスの世界では、インターネット上で自社の商品を宣伝し販売することが、もはや常識となっている。インターネットを利用すれば売り上げが向上する、というレベルの話ではない。使いこなせなければ、市場からの撤退を余儀なくされるということだ。今の時代、新商品の企画会議をする暇があったら、インターネットを使った販売促進について考えるべきだろう。

1　ビジネスの世界について、筆者はどう考えているか。

1　企業の販売促進によって、商品の価値が向上する。

2　企業の販売促進は、インターネットなくして成立することはない。

3　新商品の企画会議は、商品の価値を向上させるために不可欠だ。

4　新商品の企画によって、インターネット販売を促進しなければならない。

解説

1 ビジネスの世界について、筆者はどう考えているか。

1 企業の販売促進によって、商品の価値が向上する。

「商品の価値が向上する」とは言っていない

2 企業の販売促進は、インターネットなくして成立することはない。

3 新商品の企画会議は、商品の価値を向上させるために不可欠だ。

「商品の価値を向上させるために不可欠だ」とは言っていない

4 新商品の企画によって、インターネット販売を促進しなければならない。

「新商品の企画によって」とは言っていない

正答 2

(2)

茶道の作法で重要なことは、心にゆとりを持ち、相手を敬うことだ。お茶会の主人は季節に合わせて茶碗や美しい花を用意し、濃く苦いお茶を飲む前の食事やお菓子を提供し、丁寧にお茶を点(た)てる(注)。その一連の動作の一つ一つは相手を敬う気持ちを表しており、お茶会に集まる人々が心を通わせ、繋がりを深化させ、なごやかに結びつくのに役立っているのである。

(注) お茶を点(た)てる：お茶を用意する

1 筆者は、茶道の作法の意義は何だと述べているか。

1 茶道の作法にしたがうことで、お茶の味を楽しむこと

2 季節ごとにお茶会を開くことで、なごやかな関係が生まれること

3 丁寧に作ったお茶やお花を提供することで、相手を敬う気持ちを持てること

4 相手に敬意をもった行動をすることで、心が通じ合った状態になること

解説

1 筆者は、茶道の作法の意義は何だと述べているか。

1　茶道の作法にしたがうことで、お茶の味を楽しむこと

2　季節ごとにお茶会を開くことで、なごやかな関係が生まれること

3　丁寧に作ったお茶やお花を提供することで、相手を敬う気持ちを持てること

4　相手に敬意をもった行動をすることで、心が通じ合った状態になること

※「その一連の動作の一つ一つは相手を敬う気持ちを表しており、お茶会に集まる人々が心を通わせ、繋がりを深化させ、なごやかに結びつくのに役立っているのである。」とあるから、4が正解。

正答 4

(3)

「やりがい[注1]」は、時に危険な言葉になります。働く目的は人によって様々ですが、労働に対する対価が妥当なものかを私たちは常に考える必要があります。特に若いうちは「成長のため」と言って、力の限りがむしゃら[注2]に働き続けてしまう人もいます。本当にそう思っているなら構わないのですが、会社という組織にそう思わされている場合も多いのではないでしょうか。自分の大切な「やりがい」を組織に搾取されないためにも、給料や待遇についてシビアな目線を持つことは大切だと思います。

(注1) やりがい：それをする価値
(注2) がむしゃらに：他のことを考えないで一つのことに集中して

1 この文章で筆者が言いたいことは何か。

1 「やりがい」のために働くことは、若いうちにしかできない特別なことだ。
2 組織に「やりがい」を搾取されないために、成長を続けなければならない。
3 自分の働きに見合った給料をもらえているか、厳しく考えることが大切だ。
4 妥当な給料をもらうために、若いうちは力の限りがむしゃらに働き続けるべきだ。

解説

1 この文章で筆者が言いたいことは何か。

1　「やりがい」のために働くことは、若いうちにしかできない特別なことだ。

2　組織に「やりがい」を搾取されないために、成長を続けなければならない。

3　自分の働きに見合った給料をもらえているか、厳しく考えることが大切だ。

4　妥当な給料をもらうために、若いうちは力の限りがむしゃらに働き続けるべきだ。

※**「給料や待遇についてシビアな目線を持つことは大切だと思います。」とあるから、3が正解。**

正答 3

(4)

異常気象や過労死(注1)、食品ロスなど、現在の日本が抱えている問題は複数存在しているが、その中でも早急に対応が必要なのは少子高齢化問題である。女性の社会進出や晩婚化(注2)が少子高齢化の原因であるという説もあるが、実際のところ原因を一つに絞ることは困難で、複数の原因が重なって起こる現象なのだ。いずれにせよ、現状のままでは若者の社会保障の負担が重くなり、子育てどころではなくなり、少子化に拍車がかかる(注3)だろう。この局面を乗り越えるためには、早急に何か手を打た(注4)なければならない。

(注1) 過労死：働きすぎや仕事のストレスによって死亡すること
(注2) 晩婚化：平均初婚年齢が高くなること
(注3) 拍車がかかる：物事の変化がさらに早くなる
(注4) 手を打つ：対策を実行する

1 筆者は、日本が抱える少子高齢化問題についてどのように考えているか。

1 何か対策を立てなければ、子育てをすることが一段と難しくなり問題も深刻化する。
2 問題を解決するためには、複数存在する問題の原因をすべて把握する必要がある。
3 社会保障の負担が増えることで、若者はより積極的に子育てをすることができる。
4 社会で活躍する女性の増加と若者の未婚率の高まりが主な原因となっている。

解説

1 筆者は、日本が抱える少子高齢化問題についてどのように考えているか。

1 **何か対策を立てなければ、子育てをすることが一段と難しくなり問題も深刻化する。**

2 問題を解決するためには、複数存在する問題の原因をすべて把握する必要がある。

「すべて把握する必要がある」とは言っていない

3 社会保障の負担が増えることで、若者はより積極的に子育てをすることができる。

「若者はより積極的に子育てをすることができる」とは言っていない

4 社会で活躍する女性の増加と若者の未婚率の高まりが主な原因となっている。

「主な原因となっている」とは言っていない

正答 1

9 内容理解（中文）

問題9では、中文（500字程度）を読みます。そして、その内容、筆者の主張、原因や理由についての問題が出題されます。内容理解（中文）は3つの大問があり、1つの大問につき3つの小問が出題されます。

問題9　次の（1）から（3）の文章を読んで、後の問いに対する答えとして最もよいものを、1・2・3・4から一つ選びなさい。

（1）

近年のわが国では、育児の際に、危険と思われるあらゆるものは避けられ、安全性の高い物や行動が求められる傾向がある。外に出れば、「危ないからやめなさい」と叫ぶ親の声を聞くことも少なくないだろう。子どもの安全を守ることは確かに重要なことである。育児本でおすすめの遊び方として紹介されるものは、必ずけがなどの心配がない安全性に配慮したものだ。さらに、最近は口にしても大丈夫な天然素材で作られたおもちゃなど、安全性の高い製品も増えている。幼児期の遊びは脳を育てる役目も担っているが、その安全さは実のところ、自身に及ぶ危険を察知する能力が身に付くのを妨げる恐れがある。

安全なものとそうでないものがあれば、親は当然安全な方を選びたくなるだろう。しかし、結果的に成功であれ失敗であれ、経験したことは、そのままその子の指標になるのだ。このくらいの力を使うとこのくらいのけがになる、これはできるけどあれはできない、というようなことは自分で経験して初めてわかるのである。

しかし、身体が大きくなればその分リスクもともなう。だからこそ幼い子どもに真に必要な教育とは、自身の痛みを知り、今後そのようなことが自身や周りの人へ及ばないよう、注意できるような能力をつけさせることである。そして、そのような教育を受けた子どもたちには、様々な物事に挑戦したり、工夫して物事に取り組んだりするなどの特徴も見受けられるという。

1 近年のわが国の育児について、筆者はどのように述べているか。

1 室内だけで安全に遊ばせることが求められている。

2 口にしても問題ないおもちゃの利用が強いられている。

3 親は大声をあげて叱ることを控えている。

4 安全性に問題がないことが重要視されている。

2 自身に及ぶ危険を察知する能力が身に付くのを妨げる恐れがある。とあるが、なぜか。

1 身をもって体感しなければ、自分の力は測れないから。

2 安全性の低いものを区別しようとしなくなるから。

3 子どもの指標だけで安全性を測ることはできないから。

4 安全性の高いものは選ばれやすいが、リスクがないとは言い切れないから。

3 筆者が言いたいことは何か。

1 安全性の低い物も、子どもに与えなければならない。

2 自身の幼児期の経験を踏まえ、自力で身を守れるようになることが重要だ。

3 子どもへの危険を知ることが、本当の教育につながる。

4 子どもの身を守るために、より安全性の高い物を選択する必要がある。

解説

1 近年のわが国の育児について、筆者はどのように述べているか。

1 室内だけで安全に遊ばせることが求められている。

「室内だけで」とは言っていない

2 口にしても問題ないおもちゃの利用が強いられている。

「強いられている」とは言っていない

3 親は大声をあげて叱ることを控えている。

全部言っていない

4 **安全性に問題がないことが重要視されている。**

2 自身に及ぶ危険を察知する能力が身に付くのを妨げる恐れがある。とあるが、なぜか。

1 **身をもって体感しなければ、自分の力は測れないから。**

2 安全性の低いものを区別しようとしなくなるから。

3 子どもの指標だけで安全性を測ることはできないから。

4 安全性の高いものは選ばれやすいが、リスクがないとは言い切れないから。

※「このくらいの力を使うとこのくらいのけがになる、これはできるけどあれはできない、というようなことは自分で経験して初めてわかるのである。」が理由のため、1が正解。

3 筆者が言いたいことは何か。

1 安全性の低い物も、子どもに与えなければならない。

「子どもに与えなければならない」とは言っていない

2 **自身の幼児期の経験を踏まえ、自力で身を守れるようになることが重要だ。**

3 子どもへの危険を知ることが、本当の教育につながる。

「子どもへの危険を知ることが」とは言っていない

4 子どもの身を守るために、より安全性の高い物を選択する必要がある。

「より安全性の高い物を選択する必要がある」とは言っていない

正答 ①4 ②1 ③2

(2)

これは、これから論文を書く人に向けて書かれた文章である。

論文は他の文書とは異なる、特有の性質を持っている。それは、全ての論文は研究によって得た新たな知見(注1)を公に発表することを目的として書かれているということであり、論文を書く者はまずその論文特有の性質を理解した上で書き始めなければならない。

人々に研究の成果やそれに至るプロセス、用いられた手法を明確に伝えるために論文は構成が定まっており、それに準じて研究を進めることで、研究活動自体もスムーズに行うことができる。

実際に研究を始めるにあたり、研究する分野において未知の事象があれば自分なりの仮説を立てる。あるいは、既にある定説(注2)に対し疑問を呈し、自分なりの答えを提示する。いずれにしても、このような問題提起を行うことがわれわれの研究の出発点となるのだ。

そうしたプロセスを経ることによって、研究の道筋が明らかになる。つまり、研究手段や研究プロセスを定めるのが容易になるということだ。そのような前提があってはじめてわれわれは研究活動を行うことができ、それによって得た知見を論文という形で残すことができるのである。その結果物である論文は不特定多数の人に向けて書かれる文書であるが、書面にある情報だけで読み手に正確に内容を伝えなければならない。だからこそ、読み手が誰であるかに左右されず、読み手が常に同じ結論に達するように書かれるべきなのだ。そして、その導き出された結論は誰もが納得できる内容である必要があるのだ。論文が他の文書とは異なり、前提から結論まで客観的な根拠を示しながら順序立てて書かれているのはこのような意味があるからなのである。

(注1) 知見：知識のこと

(注2) 定説：正しいと認められている考え

1 筆者によると、これから論文を書く人はまずどうすべきか。

1　論文の意図は研究の成果を公にすることだと把握しておく必要がある。

2　論文ならではの性質について文書に明確に記述しなければならない。

3　有益な情報を発表するために書かれていることを理解しなければならない。

4　論文を書くことで他とは異なる知見が得られることを知っておく必要がある。

2 そうしたプロセスを経るとはどうすることか。

1　論文の構成に沿って円滑に研究活動を行う。

2　課題とされていることに対し解決策を提示する。

3　研究の手段や過程を定め、効率よく成果を得る。

4　課題を見つけ、自分なりに答えを設定する。

3 論文について、筆者の考えに合うのはどれか。

1　研究活動では伝えられない客観的な根拠を書面に残すためにある。

2　書面に書かれている正確な情報を順序立ててまとめなおしたものだ。

3　読み手次第で様々な解釈ができるところが他の文書と異なる点だ。

4　読み手が誰であろうと解釈が一致する文書でなければならない。

解説

1 筆者によると、これから論文を書く人はまずどうすべきか。

1 **論文の意図は研究の成果を公にすることだと把握しておく必要がある。**

2 論文ならではの性質について文書に明確に記述しなければならない。

3 有益な情報を発表するために書かれていることを理解しなければならない。

4 論文を書くことで他とは異なる知見が得られることを知っておく必要がある。

※「全ての論文は研究によって得た新たな知見を公に発表することを目的として書かれているということであり、論文を書く者はまずその論文特有の性質を理解した上で書き始めなければならない。」とあるので、1が正解。

2 そうしたプロセスを経るとはどうすることか。

1 論文の構成に沿って円滑に研究活動を行う。

2 課題とされていることに対し解決策を提示する。

3 研究の手段や過程を定め、効率よく成果を得る。

4 **課題を見つけ、自分なりに答えを設定する。**

※「実際に研究を始めるにあたり、研究する分野において未知の事象があれば自分なりの仮説を立てる。あるいは、既にある定説に対し疑問を呈し、自分なりの答えを提示する。」とあるので、4が正解。

3 論文について、筆者の考えに合うのはどれか。

1 研究活動では伝えられない客観的な根拠を書面に残すためにある。

「研究活動では伝えられない」とは言っていない

2 書面に書かれている正確な情報を順序立ててまとめなおしたものだ。

「正確な情報」とは言っていない

3 読み手次第で様々な解釈ができるところが他の文書と異なる点だ。

「読み手次第で様々な解釈ができる」とは言っていない

4 読み手が誰であろうと解釈が一致する文書でなければならない。

正答 ①1 ②4 ③4

(3)

限られた範囲の中で、気持ちを込め丁寧に文字を連ねる。何の前触れもなく届くメッセージに心が温まり、相手がいつ手紙を受け取ったかさえすぐに知ることができないもどかしさも含め、手紙の良さなんだと今なら理解できる。さて、最後に手紙を書いたのはいつだろう。最近では手紙を出す人の数がぐっと減ってしまったのではないだろうか。私の子供時代①は「年賀状」という文化がまだ盛んだった。新年の挨拶をするという名目(注)で、とにかくたくさんの人にはがきを送るというものだ。年賀状を書くのはかなり面倒な作業であったが、同時に正月を彩る重要な行為でもあった。

インターネットが発達しコミュニケーションのオンライン化②が進んだことにより、年賀状の文化は一気に衰退していった。正月に100枚以上の年賀状を出していた人も、今ではメールで「おめでとう」と乾いた挨拶をするだけの世の中になってしまったようだ。

昔は、「あの人、最近どうしているかな」という空白を埋める役割を年賀状が担っていた。しかし今の時代はそんな疑問を感じる前に、いつでもメッセージを送って近況報告ができる。さらにSNSの投稿によってうるさいほど互いの近況を知らせ、知らされる。インターネットの登場は「空白」を人々から奪う結果となった。

一方で、子供時代を振り返ると意味のない手紙を送り合っていたことを思い出す。「今日一緒に帰ろう」「授業が眠かった」など、情報としての価値がほとんどない内容を、今目の前にいる友達に手渡ししていた。これは先ほどの私の主張とは矛盾している。子供時代、私たちの間には「空白」はなかった。にもかかわらず「手紙」のやりとりが盛んに行われていたのだ。手紙はただのコミュニケーションツールにとどまらず、ギフトのような側面も持ち合わせているのかもしれない。

（注）名目：表面上の理由

1 ①私の子供時代とあるが、この時代の年賀状とはどのようなものだったか。

1 多くの人が送らなくなってしまった、時代遅れのもの

2 新年の挨拶として、毎年必ず送り合わなければならないもの

3 とてもわずらわしいが、正月を祝うためにはとても大切なもの

4 あまり親しくない相手にも、連絡するきっかけを与えてくれるもの

2 ②コミュニケーションのオンライン化によって、どのような変化が起きたか。

1 新年の挨拶のために、100枚の年賀状を簡単に早く届けることができるようになった。

2 空いている時間に、少しずつ相手のことを知ることができるようになった。

3 相手の近況を知ることが難しく、挨拶すらままならなくなった。

4 会わない間にどう過ごしているかと、相手のことを想像する必要がなくなった。

3 手紙について、筆者はどのように述べているか。

1 手紙はコミュニケーションツールではなく、ギフトとして贈られるものだった。

2 手紙の役割は単なる交流や連絡のためではなかった可能性がある。

3 手紙は空白のない時代の主なコミュニケーションツールとして役立っていた。

4 手紙は情報の交換のためのものではなく、簡単に手渡せる特別なギフトだ。

解説

1 ①私の子供時代とあるが、この時代の年賀状とはどのようなものだったか。

1 多くの人が送らなくなってしまった、時代遅れのもの

2 新年の挨拶として、毎年必ず送り合わなければならないもの

3 とてもわずらわしいが、正月を祝うためにはとても大切なもの

4 あまり親しくない相手にも、連絡するきっかけを与えてくれるもの

※「年賀状を書くのはかなり面倒な作業であったが、同時に正月を彩る重要な行為でもあった。」とあるので、3が正解。

2 ②コミュニケーションのオンライン化によって、どのような変化が起きたか。

1 新年の挨拶のために、100枚の年賀状を簡単に早く届けることができるようになった。

2 空いている時間に、少しずつ相手のことを知ることができるようになった。

3 相手の近況を知ることが難しく、挨拶すらままならなくなった。

4 会わない間にどう過ごしているかと、相手のことを想像する必要がなくなった。

※「インターネットの登場は「空白」を人々から奪う結果となった。」とあるので、4が正解。

3 手紙について、筆者はどのように述べているか。

1 手紙はコミュニケーションツールではなく、ギフトとして贈られるものだった。

「コミュニケーションツールではなく」とは言っていない

2 手紙の役割は単なる交流や連絡のためではなかった可能性がある。

3 手紙は空白のない時代の主なコミュニケーションツールとして役立っていた。

「主なコミュニケーションツール」とは言っていない

4 手紙は情報の交換のためのものではなく、簡単に手渡せる特別なギフトだ。

全部言っていない

正答 ①3 ②4 ③2

10 内容理解（長文）

問題10では、長文（1000字程度）を読みます。そして、その内容、筆者の主張、原因や理由についての問題が出題されます。内容理解（長文）は大問が1つあり、1つの大問につき4つの小問が出題されます。

問題10　次の文章を読んで、後の問いに対する答えとして最もよいものを、1・2・3・4から一つ選びなさい。

90年代末、M社から革新的な機能を持つOSが発売されたことを機に、パソコンの普及率は爆発的に上がり、インターネットが急速に普及した。それまでの文字とコマンド(注1)で操作をするコンピューターと異なり、画面上に配置された画像をクリックすることで命令を伝える機能を持ったこのOSは操作性が良く、コンピューターに初めて触れる人でも直感的に扱うことができた。また、従来のコンピューターは通信機能を持たず、別途通信用のソフトウェアを組み込む必要があったが、このOSは標準機能としてインターネットに接続する機能が搭載されていた。このOSさえあれば、専用の機器を持たなくてもインターネットにアクセスすることができるのだ。あらゆるメーカーのパソコン上で動くように設計されていたことも、インターネット利用の敷居(注2)を下げる要因となった。

（中略）

インターネット技術の革命はおよそ10年ごとに起きており、現代はその歴史の中で四回目の革命を迎えていると言える。この革命は第四次産業革命とも呼ばれ、クラウドコンピューティングの技術が開発され、実用化が始まったことが契機となった。クラウドとは、それまでローカルデバイスに保管されていたデータをネットワーク上に保存するシステムのことをいい、手元にはないソフトウェアやシステムを遠隔で利用することができる。

これによってデバイス同士の情報の交換が容易になり、あらゆる家電がスマートフォンやパソコンと接続された。それまでは独立してそれぞれの役割を果たしていたテレビ・エアコン・冷蔵庫などの家電がほかのデバイスと連携し、ユーザーが自在に家電を操れるようになったのだ。また、データの保管場所がネットワーク上に移ったことで、そこには膨大な情報が蓄積された。これは「ビッグデータ」と呼ばれている。ビッグデータをもとに作成した統計データを学習、解析させ、開発されたのがAI技術だ。AIは、翻訳、医療、製造、セキュリティなど、幅広い分野で活用されている。

現在、急成長期にあるAI技術により、私達は大きな問題に直面することとなった。AIは複雑な情報の処理や精密な計算を、人間が手作業で行うよりもはるかに高速かつ正確に行うことができる。業務効率が大幅に改善し、コスト削減にもつながるため、AIを搭載したソフトウェアを業務に導入する企業が増加した。今回の革命が産業革命と呼ばれる所以(ゆえん)(注3)である。それに伴い職を失う人も急増したのだ。つまり、私たちは仕事に対する意識を変えなければならない時代にいるということだ。これからの時代は、常に新しい技術を学び、独自性を持つこと。AIにはなし得ない技術を身につけること。それが、AIと共存し、これからの時代を生き残っていくためのカギとなるだろう。

（注1）コマンド：パソコンに命令を伝えるための記号や言葉。

（注2）敷居を下げる：物事を始めやすくする

（注3）所以(ゆえん)：理由。根拠。

1 M社から発売された革新的なOSは、どのようなものであったか。

1　操作が簡単な上、OSを買えばインターネットにアクセスできるように設計されていた。

2　操作性が良く、特定のメーカーのパソコン上では最初からインターネットが使えるようになっていた。

3　操作が簡単な上、通信用のソフトウェアを組み込めば、どんなパソコンの上でも動いた。

4　画面上の画像を使って操作をすることができ、機械に不慣れな人向けに設計されていた。

2 クラウドの実用化によって、大きく変化したことはどのような点か。

1 大量の情報を持つ家電の需要が高まり、それぞれの家電が独自の機能を持つようになった。

2 大量に蓄えられたデータが生活のさまざまな場面で利用されるようになった。

3 クラウド上に膨大な情報が蓄積され、その情報を利用して新たなデータが生まれた。

4 クラウドによってデバイス同士が接続され、すべての家電やデバイスが情報を共有した。

3 第四次産業革命とは、どのようなものか。

1 業務を効率化するためのクラウドやAIを導入するのにコスト削減が必要となり、失業者が急増した。

2 クラウドやAIの導入により遠隔地でも効率的に仕事ができるようになり、働き方が変化した。

3 クラウドやAIを導入するための新たなシステムが必要となり、急速に社会のあり方が変化した。

4 クラウドやAIの実用化により業務の自動化、労働にかかる費用の削減が進み、労働環境が変化した。

4 AI技術の急成長により起きた問題について、筆者はどのように考えているか。

1 AIは情報の処理や計算を高速に行うことができるので、業務に導入するべきだ。

2 AIと共存するために新しいスキルを学び、より効率的で高速な機械を開発すればよい。

3 AIに対抗するのではなく、AIにはないスキルを身につけなければならない。

4 AI技術により失業者が増加するから、AIには情報の処理や計算を任せることだ。

解説

1 M社から発売された革新的なOSは、どのようなものであったか。

1 **操作が簡単な上、OSを買えばインターネットにアクセスできるように設計されていた。**
2 操作性が良く、特定のメーカーのパソコン上では最初からインターネットが使えるようになっていた。
3 操作が簡単な上、通信用のソフトウェアを組み込めば、どんなパソコンの上でも動いた。
4 画面上の画像を使って操作をすることができ、機械に不慣れな人向けに設計されていた。

※**「コンピューターに初めて触れる人でも直感的に扱うことができた。」「このOSは標準機能としてインターネットに接続する機能が搭載されていた。」とあるので、1が正解。**

2 クラウドの実用化によって、大きく変化したことはどのような点か。

1 大量の情報を持つ家電の需要が高まり、それぞれの家電が独自の機能を持つようになった。
全部言っていない
2 **大量に蓄えられたデータが生活のさまざまな場面で利用されるようになった。**
3 クラウド上に膨大な情報が蓄積され、その情報を利用して新たなデータが生まれた。
「その情報を利用して新たなデータが生まれた」とは言っていない
4 クラウドによってデバイス同士が接続され、すべての家電やデバイスが情報を共有した。
「すべての家電やデバイスが情報を共有した」とは言っていない

3 第四次産業革命とは、どのようなものか。

1 業務を効率化するためのクラウドやAIを導入するのにコスト削減が必要となり、失業者が急増した。

2 クラウドやAIの導入により遠隔地でも効率的に仕事ができるようになり、働き方が変化した。

3 クラウドやAIを導入するための新たなシステムが必要となり、急速に社会のあり方が変化した。

4 クラウドやAIの実用化により業務の自動化、労働にかかる費用の削減が進み、労働環境が変化した。

※「複雑な情報の処理や精密な計算を、人間が手作業で行うよりもはるかに高速かつ正確に行うことができる。業務効率が大幅に改善し、コスト削減にもつながるため、AIを搭載したソフトウェアを業務に導入する企業が増加した。」とあるので、4が正解。

4 AI技術の急成長により起きた問題について、筆者はどのように考えているか。

1 AIは情報の処理や計算を高速に行うことができるので、業務に導入するべきだ。

「業務に導入するべき」とは言っていない

2 AIと共存するために新しいスキルを学び、より効率的で高速な機械を開発すればよい。

「より効率的で高速な機械を開発すればよい」とは言っていない

3 AIに対抗するのではなく、AIにはないスキルを身につけなければならない。

4 AI技術により失業者が増加するから、AIには情報の処理や計算を任せることだ。

「AIには情報の処理や計算を任せることだ」とは言っていない

正答 ①1 ②2 ③4 ④3

11 統合理解（AB問題）

問題11では、2つの文章（各300字程度）を読みます。そして、その内容を比較する問題が出題されます。統合理解（AB問題）は大問が1つあり、1つの大問につき2つの小問が出題されます。出題される問題は、①〜についてAとBはどのように述べているのか、②〜についてAとBの認識で共通していることは何か、などです。

問題11　次のAとBの文章を読んで、後の問いに対する答えとして最もよいものを、1・2・3・4から一つ選びなさい。

A

近年、人事採用において最も重視されている能力はコミュニケーション能力です。仕事の多くは他者と関わり合いながら進められるため、コミュニケーションがスムーズであるということは仕事をする上で重要なことなのです。

コミュニケーション能力が高い人とは、相手が理解できるように話を的確にまとめ、簡潔に伝えられる人のことを言います。おしゃべりな人は会話力があると思われがちですが、話の要点が伝わってこないような話し方をする人は会話力があるとは言えません。また、難しい言葉を使いたがる人や独特な言い回し(注)をする人も同じです。では、コミュニケーション能力を向上させるにはどうすれば良いのでしょうか。お互いの意思が通じ合うのがコミュニケーションです。そのため、話す側はどのような話し方をすれば相手に伝わるかというように、相手のことを考えて話さなければならないのです。

（注）言い回し：言葉での表現

B

インターネットの登場により簡単にコミュニケーションがとれるようになった。しかし、対面で話すことが少なくなったことで、いざ人を目の前にすると上手に話せないという人が増えた。スマホから送るメッセージは、よく考え、自分のタイミングで送ることができるのに対し、対面でのやり取りは考えることと声に出すことをほぼ同時に行わなければならないからだ。それで、上手な話し方についての本が出版されたりもしているが、実のところコミュニケーションの本質は聞くことにあるのだ。

しかし、それはただ聞けばいいというわけではない。人というのは、思い通りに話せたときに気持ちよく会話できたと感じるものだ。だから、相手の話をよく聞いたうえで、相手が気持ちよく話せるよう話を広げ、自然にサポートできる人がコミュニケーション能力が高い人だと言える。そのため、普段から様々なことに関心を持ち、どんな話題にも対応できるようにしておく必要がある。

1 コミュニケーション能力が高い人について、AとBはどのように述べているか。

1 AもBも、どんな話にも対応し、話を広げることができると述べている。

2 AもBも、話の内容を簡潔にまとめることができると述べている。

3 Aは色々な表現方法を持っていると述べ、Bは自分のタイミングで話すことができると述べている。

4 Aは人に伝わるように話すことができると述べ、Bは人が気持ちよく話す手助けができると述べている。

2 コミュニケーション能力が高い人になるために必要なことについて、AとBの認識で共通していることは何か。

1 相手を不快にさせない話し方をすることが大切だ。

2 相手のことを第一に考え、コミュニケーションをとるべきだ。

3 自分ばかり話しすぎず、相手の話にも耳を傾けるべきだ。

4 コミュニケーションに必要な知識を身に付ける必要がある。

解説

1 コミュニケーション能力が高い人について、AとBはどのように述べているか。

1 AもBも、どんな話にも対応し、話を広げることができると述べている。 A× B○

2 AもBも、話の内容を簡潔にまとめることができると述べている。 A○ B×

3 Aは色々な表現方法を持っていると述べ、Bは自分のタイミングで話すことができると述べている。 A× B×

4 Aは人に伝わるように話すことができると述べ、Bは人が気持ちよく話す手助けができると述べている。

2 コミュニケーション能力が高い人になるために必要なことについて、AとBの認識で共通していることは何か。

1 相手を不快にさせない話し方をすることが大切だ。 A× B×

2 相手のことを第一に考え、コミュニケーションをとるべきだ。

3 自分ばかり話しすぎず、相手の話にも耳を傾けるべきだ。 A× B○

4 コミュニケーションに必要な知識を身に付ける必要がある。 A× B○

正答 ①4 ②2

12 主張理解（長文）

問題12では、長文（1000字程度）を読みます。そして、その内容、筆者の主張、原因や理由について答える問題が出題されます。主張理解（長文）は大問が1つあり、1つの大問につき4つの小問が出題されます。

問題12　次の文章を読んで、後の問いに対する答えとして最もよいものを、1・2・3・4から一つ選びなさい。

　人間は欲深い動物です。地球上に生存する多くの動物が生命を存続させること、自身の遺伝子を残すことを目的に生きているのにひきかえ、人間は「自己実現」の欲求を持っています。「自己実現」と言うと少し難しいかもしれませんが、これは「なりたい自分になりたい」という欲求で、人間特有のものなのです。みなさんも「良い人になりたい」「優しい自分でありたい」など、なりたい自分の姿があるかと思います。その感情こそが「自己実現」の欲求なのです。

　この「自己実現」の欲求を、全ての人が持っているというわけではありません。人間として生きていくための基本的なこと、例えば食事や睡眠、健全な体、安心できる住まい、自分に与えられた役割、信頼できるコミュニティ、これらのものが全て揃っていなければ、この欲望を持つことはできません。人間として生きるために必要な条件が揃ってはじめて湧いてくる、<u>贅沢な欲求</u>①なのです。

　一方でこの欲求は、うまく扱うことができなければ危険なものにもなり得ます。例えば、強い自己実現の欲求を持ちながら、自分の理想とする姿にたどり着けなかった場合、現実と理想の狭間で苦しむことになります。「本当の自分はこんなはずではない」「もっと上手くできるはずだ」と、何の根拠もない自分の幻に想いを馳せ、現実と対比し、あまりの違いに絶望することもあるかもしれません。自己実現の欲求は、我々を飛躍的な成長に導いてくれる反面、絶望の淵(注1)に追いやる危険な側面も持ち合わせていると言うことができます。

　しかし、この欲求があるからこそ人間は成長を続けるのです。もっと良く、もっと上手くと理想の自分の姿を求めるからこそ、人は変化し続けるのです。右肩上がり(注2)に変化するということの方が珍しいでしょう。変化に合わせて気分の浮き沈みが生じることは、<u>人としてごく自然な反応</u>②だと思うのです。

　自己実現の欲求が良い、悪いという判断をしたいのではありません。人間に備わった特別な欲求を、うまく扱って、より良い人生を生きて欲しいと思うだけです。現実と理想との乖離(かいり)(注3)に絶望する日があっても思い詰めることはありません。そんな時は、「人間もただの動物である」ということを思い出してください。動物の本来の生きる目的は、食べて寝て、子孫を残すことです。生きていくための基本的なことに集中し、それ以上のことを考える必要は、実は全くないのかもしれません。

(注1) 絶望の淵(ふち)に追いやる：苦しい状況に追い込む
(注2) 右肩上がり：段々と状態が良くなること
(注3) 乖離(かいり)：離れていること

1 筆者は①贅沢な欲求はどのようにして湧いてくると言っているか。

1 食べ物などの、生きていくために必要なものを全てもつことによって。
2 人間が生きていくために必要な条件を一つでも満たすことによって。
3 人という動物として子孫を残したいという意識や価値観によって。
4 生きるために必要なものを信頼できる仲間から与えられることによって。

2 筆者は、自己実現の欲求は、なぜ危険な側面を持っていると考えているのか。

1 理想の姿を思い描くことができず、目指すものがわからなくなるから。
2 理想の自分についてばかり考えていると、周りが見えなくなってしまうから。
3 自分が理想とする人間になろうとしても、周りの人に邪魔されるから。
4 自分がなりたい姿と今の自分を比べて落ち込むことがあるから。

3 ②人としてごく自然な反応とあるが、筆者は何が自然だと言っているのか。

1 自己実現の欲求によって、人が成長を続けること
2 上手くいかないときに、気分が落ち込んでしまうこと
3 成長する過程で、気持ちが上がったり下がったりすること
4 人間が「もっと上手くなりたい」という欲望をもってしまうこと

4 筆者は、自己実現の欲求と人間について何と言っているか。

1 人間は他の動物よりも優れているからこそ、自己実現の欲求が備わっている。

2 理想と現実の違いに苦しむときは、動物としての生きる目的を思い出せばいい。

3 人間にしかない贅沢な欲求をどれだけ抑えることができるかが、人生において重要なことである。

4 自己実現の欲求は人間にとって悪いものであるが、良い面もあるということを認識して欲しい。

解説

1 筆者は①<u>贅沢な欲求</u>はどのようにして湧いてくると言っているか。

1　**食べ物などの、生きていくために必要なものを全てもつことによって。**

2　人間が生きていくために必要な条件を一つでも満たすことによって。

3　人という動物として子孫を残したいという意識や価値観によって。

4　生きるために必要なものを信頼できる仲間から与えられることによって。

※「人間として生きていくための基本的なこと、例えば食事や睡眠、健全な体、安心できる住まい、自分に与えられた役割、信頼できるコミュニティ、これらのものが全て揃っていなければ、この欲望を持つことはできません。」とあるので、1が正解。

2 筆者は、自己実現の欲求は、なぜ危険な側面を持っていると考えているのか。

1　理想の姿を思い描くことができず、目指すものがわからなくなるから。

2　理想の自分についてばかり考えていると、周りが見えなくなってしまうから。

3　自分が理想とする人間になろうとしても、周りの人に邪魔されるから。

4　**自分がなりたい姿と今の自分を比べて落ち込むことがあるから。**

※「強い自己実現の欲求を持ちながら、自分の理想とする姿にたどり着けなかった場合、現実と理想の狭間で苦しむことになります。」が理由のため、4が正解。

3 ②<u>人としてごく自然な反応</u>とあるが、筆者は何が自然だと言っているのか。

1　自己実現の欲求によって、人が成長を続けること

2　上手くいかないときに、気分が落ち込んでしまうこと

3　**成長する過程で、気持ちが上がったり下がったりすること**

4　人間が「もっと上手くなりたい」という欲望をもってしまうこと

※「変化に合わせて気分の浮き沈みが生じること」とあるので、3が正解。

4 筆者は、自己実現の欲求と人間について何と言っているか。

1 人間は他の動物よりも優れているからこそ、自己実現の欲求が備わっている。

「人間は他の動物よりも優れている」とは言っていない

2 理想と現実の違いに苦しむときは、動物としての生きる目的を思い出せばいい。

3 人間にしかない贅沢な欲求をどれだけ抑えることができるかが、人生において重要なことである。

「どれだけ抑えることができるか」とは言っていない

4 自己実現の欲求は人間にとって悪いものであるが、良い面もあるということを認識して欲しい。

「悪いものである」とは言っていない

正答 ①1 ②4 ③3 ④2

13 情報検索

問題13では、お知らせの紙・広告・パンフレット・ちらしなど（700字程度）を読みます。そして、その内容について答える問題が 出題されます。情報検索は大問が1つあり、1つの大問につき2つの小問が出題されます。

問題13　次は、ある海岸掃除ボランティア募集の案内である。下の問いに対する答えとして最もよいものを、1・2・3・4から一つ選びなさい。

1 永野さんは、毎年このボランティア活動に参加している。参加するためにはどうすればよいか。

1　説明会の3日前までにEメールで申し込み、7月10日に愛濱海岸事務所に行く。

2　説明会の3日前までに電話で申し込み、7月12日に愛濱海岸事務所に行く。

3　ボランティアの3日前までにFAXで申し込み、7月11日に愛濱海岸に行く。

4　ボランティアの3日前までにEメールで申し込み、7月13日愛濱海岸に行く。

2 加藤さんは友達とボランティアに参加しようと考えている。説明会には加藤さんが7月10日、友達が7月13日に参加することになった。それぞれ交流会にも参加する予定だが、参加時間と費用はどうすればよいか。

1　加藤さんは17時に行き500円支払い、友達は12時に行き1,200円支払う。

2　加藤さんと友達は、11時に行き1,200円支払う。

3　加藤さんは16時に行き1,200円支払い、友達は11時に行き500円支払う。

4　加藤さんは16時に行き500円支払い、友達は11時に行き1,200円支払う。

愛濱海岸の2021年度ビーチクリーンボランティア募集

　愛濱海岸では、毎年海岸の清掃活動をしており、今年度も活動を手伝ってくださるボランティアを募集しています。

日時　：2021年7月17日（土）9：00〜16：00
　　　　2021年7月18日（日）9：00〜16：00
　　　　2021年7月19日（月）9：00〜16：30
　　　　※一日単位から参加できます。遅刻早退はできません。

場所　：愛濱海岸
対象　：ボランティア活動や環境問題に関心がある方。海が好きな方、初めての方大歓迎。
参加費：無料
定員　：30名

＜活動内容＞
二つのグループに分かれ、海岸のごみ拾いや資源の分別、呼びかけを行います。
グループ1：海岸のごみを拾いながら分別をします。
グループ2：会場内に設置してあるごみ箱にごみを捨てに来る人へ、ごみ・資源の分別を呼びかけます。また、一杯になったごみ袋の交換をし、収集所へ運びます。

＜ボランティア説明・交流会＞（愛濱海岸事務所　一階広場）
ボランティア説明会を下記日程で開催します。必ずいずれかの日時にご参加ください。
※交流会は自由参加になっております。イベントも用意しておりますので、ぜひご参加ください。
　参加費は日によって違いますのでご留意ください。

①2021年7月10日（土）、12日（月）	説明会	16：00〜17：00
	交流会	17：00〜19：00
	交流会費用	500円（お茶・お菓子のみ）
②2021年7月11日（日）、13日（火）	説明会	11：00〜12：00
	交流会	12：00〜15：00
	交流会費用	1,200円（お昼ご飯込み）

＜申し込み方法＞
申し込みの際は、下記内容を記入しEメール・FAXのいずれかでお申し込みください。
①氏名　②年齢　③住所　④電話番号　⑤説明会参加希望日　⑥ボランティア参加希望日
※複数人で参加される場合は、一人ずつ明記をお願いします。
申し込み締切：参加される説明会の3日前まで。

環境ボランティア団体　愛濱海岸ビーチクリーン係
〒011-75768　鶴今市あいはま　1177

解説

1 永野さんは、毎年このボランティア活動に参加している。参加するためにはどうすればよいか。

1 **説明会の3日前までにEメールで申し込み、7月10日に愛濱海岸事務所に行く。**

2 説明会の3日前までに電話で申し込み、7月12日に愛濱海岸事務所に行く。

Eメールか FAXで申し込み

3 ボランティアの3日前までにFAXで申し込み、7月11日に愛濱海岸に行く。

説明会の3日前

4 ボランティアの3日前までにEメールで申し込み、7月13日愛濱海岸に行く。

説明会の3日前

2 加藤さんは友達とボランティアに参加しようと考えている。説明会には加藤さんが7月10日、友達が7月13日に参加することになった。それぞれ交流会にも参加する予定だが、参加時間と費用はどうすればよいか。

1 加藤さんは17時に行き500円支払い、友達は12時に行き1,200円支払う。

時間が違う

2 加藤さんと友達は、11時に行き1,200円支払う。

金額が違う

3 加藤さんは16時に行き1,200円支払い、友達は11時に行き500円支払う。

金額が違う　**金額が違う**

4 **加藤さんは16時に行き500円支払い、友達は11時に行き1,200円支払う。**

正答 ①1 ②4

QRコードから練習問題と模擬試験の音声をダウンロードできます。

第4章

聴解

1 解き方の説明と練習問題

問題の形式は、全部で5種類あります。（問題数は変動する可能性があります。）

問題1	課題理解	6問
問題2	ポイント理解	6問
問題3	概要理解	6問
問題4	即時応答	14問
問題5	統合理解	4問

1 課題理解

○問題1（例）

問題1では、まず質問を聞いてください。それから話を聞いて、問題用紙の1から4の中から、最もよいものを一つ選んでください。

1番

1 デザイン案を見せる
2 文字の色を変える
3 発売日を書く
4 打ち合わせの日を決める

正答 3

1. 状況説明文・問題文が流れる

状況と話している人たちの関係が話されてから、問題文が流れます。問題文の多くは、「~はこのあと何をしますか。」などの、やらなければいけない課題を問うものです。

音声

女の人が飲料の広告について男の人と話しています。女の人はこのあと何をしなければなりませんか。

2. 本文・問題文が流れる

本文は男の人と女の人の会話です。課題を解決するために誰が何をするのかに注意して聞きましょう。
本文が流れた後は、もう一度問題文が流れます。

音声

女：部長、飲料の広告のデザイン案、確認していただけたでしょうか。

男：うん、とてもいいアイデアだと思うよ。

女：ありがとうございます！ただ、ここの文字が少し見にくいかなと思うのですが。

男：たしかに。まあこの部分は全体のバランスを見てから色を調整するとして…。いつから販売するのか書いてないね。

女：あ！すみません！

男：じゃあ、その部分を書き加えて。それと依頼人にデザイン案をチェックしてもらいたいんだけど。

女：あ、来週打ち合わせをすることになっているので、そのときに確認します。

女の人はこのあと何をしなければなりませんか。

3. 選択肢を選ぶ

選択肢を選ぶ時間は約12秒あります。
選択肢は問題用紙に印刷されています。

問題1

問題1では、まず質問を聞いてください。それから話を聞いて、問題用紙の1から4の中から、最もよいものを一つ選んでください。

1番

1　面接応募者にメッセージを送る

2　グルメ番組の打ち合わせに参加する

3　ラーメンのスープを温める

4　持ち帰り用の新商品を開発する

①　②　③　④

音声

ラーメン屋で店長と男の店員が話しています。男の店員はまず何をしますか。

女：今から、グルメ番組のプロデューサーと打ち合わせがあるんだよ。

男：そうなんですか？今も、大忙しなのにこれ以上お客様が増えたら、大変ですよ！

女：まあ、これからは持ち帰りの商品を増やすしかないよ。それより、今日のスープはちゃんと用意できてる？温度と時間を二度確認してね。今から始めといて。

男：はい。下準備は終わっていて、後は寸胴鍋に入れて加熱するだけです。

女：分量、温度、時間は忘れずタブレットに記入しといて。

男：はい。かしこまりました。そういえば、今朝、履歴書が届いたんですが…どうしましょう。

女：キッチンはどう？人手は？

男：ホールの方は足りてるんですが、キッチンはいつも大変ですね。

女：そうか、面接だと堅苦しいから、その方に一緒に焼肉でもどうですかとメッセージ送っといて。スープの後でいいから。

男の店員はまず何をしますか。

1　面接応募者にメッセージを送る
2　グルメ番組の打ち合わせに参加する
3　ラーメンのスープを温める
4　持ち帰り用の新商品を開発する

正答 3

2番

1 保険に申し込む

2 道具をレンタルする

3 家にある道具を確認する

4 健康診断書を持ってくる

① ② ③ ④

音声

ダイビングの講習所で受付の人と男の人が話しています。男の人はこのあとまず何をしますか。

男：すみません、ダイビングの資格を取得したいんですけど。

女：そうですか。体験ダイバー資格ですか？それとも認定ダイバー資格ですか？

男：補助なしで海に潜れるようになりたいので、認定ダイバー資格を考えてるんですが。

女：認定資格ですね。では、講習は4日間にわたって行われます。講習を受けるにあたって、実際に海に潜ることになるので、保険への加入をおすすめしております。

男：はい、それはもう加入済みです。

女：そうですか。道具はお持ちですか。もしお持ちでなかったら、こちらで貸し出すこともできます。

男：確か、うちにダイビングスーツがまだあるはずなんですけど…ちょっと帰って確認してみないと。

女：では、スーツはご自身のを使用されるとして…その他の道具、酸素ボンベなどはレンタルなさいますか？

男：えっと、ちょっと、使える道具がどれくらいうちにあるのか確認してからまた申し込みにきます。

女：はい、では後日申し込みですね。

男：はい。そうします。あ、健康診断書は必要ですか。

女：あ、それは講習当日に必要になります。

男：はい、分かりました。

男の人は、このあとまず何をしますか。

1　保険に申し込む
2　道具をレンタルする
3　家にある道具を確認する
4　健康診断書を持ってくる

正答　3

3番

1　学習者の対象年齢の追記
2　学習頻度及び学習期間の変更
3　学習漢字の数の変更
4　学習方法の見直し

① ② ③ ④

音声

日本語学校で男の人と主任が授業のマニュアルについて話しています。男の人はこのあとまず何をしなければなりませんか。

女：平さん、初級クラスの授業マニュアル進んでる？

男：はい。先日教えていただいた内容を軸にして作っています。

女：ちょっと、どんな感じか見せてくれる？

男：はい。

女：どれどれ、初級学習者と書いてあるけど、対象年齢をもう少し明確にしてほしいな。あと、それによって学習頻度や期間、一回当たりの効果的な学習時間も変わると思うよ。

男：そうですね。今は、20代を考えています。20代の学生は勉強以外にアルバイトとかもありますから、それも考慮します。

女：学習期間3か月か。この期間内に常用漢字600文字は相当ハードルが高いんじゃない？初級者には漢字の数より、興味を持ってもらうことが肝心なんだよ。

男：漢字で挫折する学生が多いですから、何とか助けてあげたいと思って。

女：その気持ちは立派だね！学習目標にする漢字の数は最後に直してもいいよ。

男：はい。承知しました。では、今のアドバイスをもとに再度調整します。

男の人はこのあとまず何をしなければなりませんか。

1 学習者の対象年齢の追記
2 学習頻度及び学習期間の変更
3 学習漢字の数の変更
4 学習方法の見直し

正答 1

2 ポイント理解

○問題2（例）

問題2では、まず質問を聞いてください。そのあと、問題用紙のせんたくしを読んでください。読む時間があります。それから話を聞いて、問題用紙の1から4の中から、最もよいものを一つ選んでください。

1番

1 プレゼントをあげなかったから
2 仕事が忙しかったから
3 長時間外で待たせていたから
4 連絡しなかったから

正答 4

1. 状況説明文・問題文が流れる

状況と話している人たちの関係が流れてから、問題文が流れます。

音声

喫茶店で男の人と女の人が話しています。この男の人は恋人がどうして怒ったと言っていますか。

2. 選択肢を読む

選択肢を読む時間が約20秒あります。何を聞き取らなければいけないのかポイントをつかんだ上で、本文を聞きましょう。

3. 本文・問題文が流れる

本文は、男の人と女の人の会話、インタビュー、一人の人が長く話すスピーチ、などです。本文が流れた後、もう一度問題文が流れます。

音声

男：あーあ。また彼女を怒らせちゃったよ。

女：また？何があったの？

男：昨日、彼女の誕生日だったんだけど、いろいろあって何もしてあげられなくて。

女：誕生日なのに何もあげなかったの？

男：うん、まあ、それは気にしてないみたいなんだけど、仕事があって、帰るのが遅くなっちゃって。疲れてたから、帰ってそのまま寝ちゃったんだよね。

女：え、じゃあずっと寒い中、外で待たせてたの？

男：いや、彼女のうちに会いに行く約束をしたから大丈夫だったんだけど、メッセージぐらい送れないのって言われちゃって。

女：それは怒られても仕方ないね。

この男の人は恋人がどうして怒ったと言っていますか。

4. 選択肢を選ぶ

選択肢を選ぶ時間は約12秒あります。

選択肢は問題用紙に印刷されています。

問題2

問題2では、まず質問を聞いてください。そのあと、問題用紙のせんたくしを読んでください。読む時間があります。それから話を聞いて、問題用紙の1から4の中から、最もよいものを一つ選んでください。

1番

1　見た目が美しいから
2　緑茶に合うから
3　紅茶に合うから
4　値段が安いから

① ② ③ ④

音声

テレビでレポーターが和菓子の職人にインタビューをしています。職人はこの店で作られる和菓子が特に人気なのはどうしてだと言っていますか。

女：今日は、和菓子を作っている職人の佐藤さんにお話を伺います。和菓子は味覚だけでなく視覚でも楽しめる、日本が誇る伝統的なお菓子として知られていますが、この店の和菓子は特に人気があるようで。

男：おかげさまで。和菓子は、お年寄りの食べ物だというイメージを持っている人も多いと思います。もともと和菓子は緑茶に合わせることを想定して作られているので、乳製品などを使用せず素朴な味わいに仕上げているのですが、様々な素材を吟味して紅茶にも合う和菓子を作り出すことに成功したんです。

女：なるほど。

男：うちでしか買えないので、遠いところから買いに来てくださるお客様もいます。洋菓子の人気には及びませんが。やっぱりみんな誕生日にはケーキが食べたいですよね。

女：まあ、そうですよね。

男：もっと和菓子に親しんでいただくため、今後はもっと全国の人に手頃な値段で楽しんでいただけるようコンビニで販売することなどを提案していこうと思っています。

職人はこの店で作られる和菓子が特に人気なのはどうしてだと言っていますか。

1　見た目が美しいから

2　緑茶に合うから

3　紅茶に合うから

4　値段が安いから

正答 3

2番

1 GPS機能の改善

2 自動運転のソフトウェア

3 自動運転車のセキュリティー

4 自動運転車に関する制度

① ② ③ ④

音声

男の人と女の人が自動運転車について話しています。男の人はこれからの自動運転車において何が一番大事だと言っていますか。

男：自動運転車の時代か。映画の世界みたいだね。

女：ああ、私もニュースで見たことある。あと、テレビでも自動運転車のコマーシャルやってたな！

男：あれは、レベル3の自動運転車。100%自動で運転してくれる自動運転車がレベル5だから、あれはまだ完全な自動運転車とは言えないんだよ。

女：へえ。詳しいんだね。ニュースで見たら、自動運転車の方が事故が少ないんだってね。とっさの時、人間より状況判断能力が高いから。あと、最近話題の「あおり運転」もなくなりそうだよね。

男：確かに、一般道路でレベル5の自動運転車の走行が実現されたら、車でスマートフォンを見ながら移動するようにもなるだろうね。ドライバー同士のトラブルも減りそうだし。

女：でも、ソフトウェアに命を任せるって少し怖いね。もし、ハッキングでもされたらどうしよう。

男：セキュリティーの問題以外にGPSの不完全性や運転で生計を立てる方々の失業問題もあるけど。やっぱり、完璧なソフトウェアって存在しないから、行政の制度確立が最優先課題だね。不完全なソフトウェアを補える制度が絶対欠かせないと思う。

男の人はこれからの自動運転車において何が一番大事だと言っていますか。

1 GPS機能の改善
2 自動運転のソフトウェア
3 自動運転車のセキュリティー
4 自動運転車に関する制度

正答 4

3番

1 喫煙のリスクを知ること

2 ウイルス感染を予防すること

3 加工食品を食べないようにすること

4 食べすぎないようにすること

① ② ③ ④

音声

ラジオで医者が癌について話しています。医者は癌の予防で、どんなことが最も重要だと言っていますか。

男：今年も日本人の死亡原因一位は癌でした。癌の発病要因で最も多いのは喫煙です。これは様々なメディアを通し喫煙のリスクを訴え続けているので、皆さんもご存知だと思います。次いで、ウイルス感染による発病が多いですが、ほとんどの方は幼少期にワクチンの接種が済んでいるはずです。次は食生活の乱れです。まず食事の内容について。皆さんがよく口にしている加工食品の中にも癌の原因になる物質が微量ながら含まれていることを知っておいてください。そして、食事の内容以上に量に気を付けて生活するようにしましょう。肥満が深刻化し糖尿病になると、癌のリスクが高まるんですよ。

医者は癌の予防で、どんなことが最も重要だと言っていますか。

1　喫煙のリスクを知ること

2　ウイルス感染を予防すること

3　加工食品を食べないようにすること

4　食べすぎないようにすること

正答　4

3 概要理解

○問題3（例）

問題3では、問題用紙に何も印刷されていません。この問題は、全体としてどんな内容かを聞く問題です。話の前に質問はありません。まず話を聞いてください。それから、質問とせんたくしを聞いて、1から4の中から、最もよいものを一つ選んでください。

ーメモー

1. 状況説明文が流れる

どこで、誰が、何を話しているのかなどが流れます。問題文は流れないので注意してください。

音声

女の学生が男の学生に旅行の感想を聞いています。

2. 本文が流れる

本文は一人の人がテレビやラジオで話しているか、インタビューなどです。

音声

女：夏休み、イタリアへ旅行に行ったらしいね。どうだった？

男：大満足だよ。景色や世界遺産の美しさに感動させられたよ。それに本場で食べられるイタリア料理は日本で食べられるものとは比べられないくらい美味しいんだ。ただ、距離がね。飛行機の移動だけで一日かかっちゃうから、社会人になったら行くのは難しそう。イタリアは在学中に行くことをおすすめするよ。

3. 問題文が流れる

問題文が流れます。何について話しているのか、話者がどう思っているのかがよく問われます。

音声

男の学生はイタリア旅行についてどう思っていますか。

4. 選択肢1〜4が流れる

音声

1　景色がきれいで、距離も近い
2　景色はきれいだが、距離は遠い
3　景色も悪いし、距離も遠い
4　景色は悪いが、距離は近い

正答　2

5. 選択肢を選ぶ

選択肢を選ぶ時間は約7秒あります。

選択肢は問題用紙に印刷されていません。

問題3

問題3では、問題用紙に何も印刷されていません。この問題は、全体としてどんな内容かを聞く問題です。話の前に質問はありません。まず話を聞いてください。それから、質問とせんたくしを聞いて、1から4の中から、最もよいものを一つ選んでください。

ーメモー

1	① ② ③ ④
2	① ② ③ ④
3	① ② ③ ④

1番

音声

ビジネスの専門学校の授業で先生が話しています。

女：皆さんは外食をするとき、どうやってお店を選びますか？メニューの豊富さ、価格だけではなく、場所や雰囲気などに目を向ける人も少なくはないでしょう。最近では、写真映えするかしないかでお店を選ぶ人も増えています。こういった流行に乗るお店は増えており、SNSで話題になることは一見利益があることのように思われますが、そこには落とし穴があります。店の雰囲気や商品が写真映えしても、味がよくなければリピーターは増えません。以前ブームとなったタピオカは至る所にお店ができましたが、継続して人気のところもあれば潰れるお店も出ています。生き残るには、ただ世の中の流れに乗るだけでなく、しっかりとお客様の心を掴める味を生み出さなければいけません。

先生の話のテーマは何ですか。

1 良いお店の選び方
2 ブームに乗ることの盲点
3 タピオカで勝負することの難しさ
4 流行を知ることの重要性

正答 2

2番

音声

テレビでレポーターが話しています。

女：只今、みかんが名産として知られている愛媛県伊方町に来ています。休日には、この瑞々しく甘いみかんを現地で食べようと各地から多くの人々が訪れます。また、愛媛のみかんは太陽をたっぷり浴びることに美味しさの秘訣があるそうなんです。農園は全て海に面しており、直射日光、石垣と海の反射光から「3つの太陽がある」と言われています。また、畑を段々にすることで光が全体に行き渡り水捌けもいいんだそうです。ここの農園では、根元に白いシートを敷くことで更に光を反射させ水分の調整や雑草を防止する方法を取り入れています。こうして、地域の環境をうまく活用することでみかんを美味しく育てることができるんですね。

レポーターは何について伝えていますか。

1　みかんが名産になった理由
2　栽培の難しさ
3　農園の生産工夫
4　太陽の光を反射させる方法

正答　3

3番

音声

テレビでアニメーション制作会社の人が話しています。

男：今回アニメの映画を制作するにあたり、特に力を入れたのは、アニメとは思えない程のリアルな動きです。我が社は設立して60年になりますが、白黒アニメから始まり繊細なタッチで数々のヒット作品を生み出してきました。今まで培ってきた技術を活かしつつ、新たな演出をするために様々な物の動きを研究しました。風向きや強さによって変わる木の葉の動きや葉の予測不可能な散り方、物の動きから連動して見える木漏れ日の変化など。これまでにない世界観を味わえる、一味違ったアニメになったんじゃないかと思います。

アニメーション制作会社の人は何について話していますか。

1　白黒アニメの歴史
2　ヒット作品の作り方
3　新しい描写を取り入れた作品
4　アニメ演出の難しさ

正答 3

4 即時応答

○問題4（例）

問題4では、問題用紙に何も印刷されていません。まず文を聞いてください。それから、それに対する返事を聞いて、1から3の中から、最もよいものを一つ選んでください。

―メモ―

1. 短い発話文が流れる

音声

女：最後の試合じゃないんだから、そんなに気を落とさないでよ。

2. 選択肢1～3が流れる

選択肢は、短い発話文に対する返事です。

音声

1　次こそは点を取ってみせます。

2　うまくいかなかったんですね。

3　はい、注意しておきます。

正答　1

3. 選択肢を選ぶ

選択肢を選ぶ時間は約8秒あります。

選択肢は問題用紙に印刷されていません。

ポイント

この問題では、解く時間が短いので時間をかけてメモを取らないことが大事です。
選択肢を聞いて簡単に ○ ✕ △ などのメモを取りながら聞くのもよいでしょう。

正解だと思うもの ○　絶対に間違いだと思うもの ✕　正解になりそうなもの △

問題4

問題4では、問題用紙に何も印刷されていません。まず文を聞いてください。それから、それに対する返事を聞いて、1から3の中から、最もよいものを一つ選んでください。

ーメモー

1	① ② ③ ④
2	① ② ③ ④
3	① ② ③ ④
4	① ② ③ ④
5	① ② ③ ④
6	① ② ③ ④

1番

音声

女：財務部の部長である手前、どんな時でも数字のミスは許されないんだよね。

男：1　前に出ると緊張しますよね。
　　2　やっぱり、部長ともなると大変ですね。
　　3　あとちょっとで部長ですもんね。

2番

音声

男：佐藤さん、佐藤さんの報告書の結果のところ、もう少しぎゅっと短くすることはできないかい。

女：1　はい。これは短くしやすいですね。
　　2　そうですね。長いだけのことはありますね。
　　3　今日中に手直しして提出します。

3番

音声

男：新入社員の中本くんが、一人でセールスに回ったって？彼は堅実で素晴らしいね。

女：1　はい。厳しく言っておきます。
　　2　一年目にしてはきちんとしていますよね。
　　3　心配ばかりしていても始まらないですね。

4番

音声

男：試験が目前に迫ってきてるけど、調子はどう？

女：1　近すぎて見えにくかったよ。
　　2　試験ならうまくいったよ。
　　3　いい感じ。ずっと前から準備をしてきたからね。

5番

音声

女：資料見たよ。前も言ったけど、中島くんのアイデアってやっぱりユニークでおもしろいよね。

男：1　改めて言われるとちょっと恥ずかしいな。
　　2　え？どこか変だった？
　　3　僕のアイデアそんなに普通だった？

6番

音声

女：初めての試合なんだから失敗したら失敗したで、次があるから大丈夫だよ。

男：1　失敗するとは限らないよ。
　　2　そうだよ。反省することがたくさんあったよ。
　　3　ありがとう。頑張るね。

正答　(1番) 2　(2番) 3　(3番) 2　(4番) 3　(5番) 1　(6番) 3

5 統合理解

○問題5（1番の例）

問題5では、長めの話を聞きます。この問題には練習はありません。
問題用紙にメモをとってもかまいません。

1番、2番

問題用紙に何も印刷されていません。まず話を聞いてください。それから、質問とせんたくしを聞いて、1から4の中から、最もよいものを一つ選んでください。

ーメモー

1. 状況説明文が流れる

状況と話している人たちの関係が流れます。問題文は流れないので注意してください。

音声

不動産屋の人と女の人が話しています。

2. 本文が流れる

本文は男の人と女の人の会話です。二人はテーマに沿って会話しています。会話の中に、テーマに沿った4つの候補が出てきます。それが、選択肢になります。4つの候補をメモしましょう。そしてその候補のメリットやデメリットなども話しますので、それもメモしましょう。

音声

男：こんにちは。本日はいかがされましたか。

女：今住んでるアパートが二年契約でもうすぐ更新をしないといけないのですが、今のところは古くて何かと不便なので、これを機に引っ越そうと思いまして。

男：そうなんですね。最近のアパートやマンションは住む人のことをよく考えて作られているので、とても住みやすいと思います。お客様はどのような家をお探しでしょうか。

女：そうですね。まだ漠然としか考えてないんですが、できれば安くて森駅からも近い方がいいです。あとは、女性が安心して住めるようなところがいいですかね。

男：承知しました。駅からの距離は大事ですよね。女性に人気の物件がいくつかございますので紹介させていただきますね。

女：はい。お願いします。

男：1つ目は、森駅から徒歩8分の場所にある「エステート」というアパートです。ここは、インターホンにカメラがついているので部屋の中から相手を確認することができます。アパートだとなかなかカメラ付きのインターホンは設置されてないので女性からはとても好評です。家賃は一か月6万円です。

女：へえ。今住んでるところの家賃と変わらなくていいかも。

男：2つ目は、森駅から徒歩7分の「プライム」というマンションです。マンションの入り口にもオートロックの鍵がついているので普段は住人以外入れないようになっています。また、部屋には既に新しい家電が設置されているので引越しの際はとても楽です。家賃は一か月10万円です。

女：なるほど。一人暮らしにしてはちょっと高いかなあ。

男：そうしましたら、「アクシス」というマンションはいかがですか。森駅から徒歩12分かかりますが、マンションの入り口にオートロックの鍵もついていて安心ですし宅配ボックスもあるので、わざわざ家から出なくても荷物を受け取ることができます。不在で直接受け取れない時にも便利ですよ。家賃は一か月7万円です。

女：へえ。

男：最後は森駅から徒歩5分の「オークス」というアパートです。ここは夜の12時まで入り口に管理人さんがいます。女性専用のアパートなので、普段男性は入れないようになっています。家賃は駅から近いということもあり一か月8万円です。

女：管理人さんが遅い時間までいて、女性しか住んでないのはすごく魅力的ですね。んー。最初は駅から近い方がいいと思ってたけど、よく郵便物が届くし、荷物を受け取る設備がある家にしようかな。

3. 問題文が流れる

もんだいぶん　なが　　　　　　　　　　　こうほ　なか　　かいわ　なか　き　　　　　　　と

問題文が流れます。4つの候補の中から会話の中で決まったものが問われます。

おんせい

音声

じょせい　　　　　　　　　いえ　す

女性は、どの家に住むことにしましたか。

せんたくし　なが　　　　　なが

4. 選択肢1～4が流れる

音声

1　エステート

2　プライム

3　アクシス

4　オークス

正答　3

5. 選択肢を選ぶ

せんたくし　えら　じかん　やく　びょう

選択肢を選ぶ時間は約7秒あります。

せんたくし　　　もんだいようし　　　いんさつ

選択肢は問題用紙に印刷されていません。

せんたくし　　　　　　　かいわ　なか　で　　　こうほ

選択肢1～4は、会話の中に出てきた候補です。

ポイント

ほんぶん　で　　　　こうほ　　　こうほ　とくちょう

本文に出てくる4つの候補と、候補の特徴をしっかりメモしましょう。

問題5

問題5では、長めの話を聞きます。この問題には練習はありません。
問題用紙にメモをとってもかまいません。

1番

問題用紙に何も印刷されていません。まず話を聞いてください。それから、質問とせんたくしを聞いて、1から4の中から、最もよいものを一つ選んでください。

ーメモー

① ② ③ ④

1番

音声

会社で男の人と女の人が話しています。

男：上村さん、この前新しいタブレット買ったって話してたよね。動画を見たりするとき、スマホだと画面が小さいし、かといってパソコンは気軽に持ち歩くには重いし大きすぎるから、タブレットを買おうと思っているんだ。どこでもインターネットが使えて、かつ画質がいいタブレット、知らない？

女：あ、そうですか。私がこの前買ったタブレットは、「マーズセブン」っていうのなんですけど、動画を見る分には問題なくサクサク動きますよ。画質もすごくきれいとまではいかないんですが、問題ないですよ。ただ、シムカードを入れることができないので、外出先でどこでもインターネットを使えるわけではないんです。

男：そうか、まあ、できればシムカードを入れられたらいいな。

女：でしたら、「ジュピター」はどうですか。シムカードが入れられますし、付属品のキーボードを購入すればノートパソコンとしても使えます。ちょっと重たくて画面が大きいのが難点ですね。でも、値段も良心的ですし、外出先で趣味や仕事に使える便利なタブレットですよ。

男：うーん、ノートパソコンは持ってるからなあ。

女：あ、そうだ、「マーズセブン」と同じ会社から出てる「ユラヌスエイト」もありますよ。私、これと迷ったんですよね。シムカードは入れられないんですが、何より軽量で薄いです。画面の大きさは二種類の中から選べますよ。若干値は張りますが、画質はこれが一番いいです。デザインもシンプルでかっこいいですし。

男：お、いいねえ。まあシムカードを入れられなくても今はWi-Fiがどこにでもあるし、なにより持ち運びやすそうだね。

女：はい、あ、このモデルの新型が来月発売されるらしいですよ。「ユラヌスエイトプラス」っていう。デザインは変わらないみたいですが、機能が増えて、音楽を聴いたり映画を観たりするとき低音がよく響くとか。

男：へぇ、やっぱり今すぐ買いたいな。まあ、値段が張っても長く使えるものがいいしね。デザインがシンプルなところもいいな。

男の人はどのタブレットを買うことにしましたか。

1 マーズセブン

2 ジュピター

3 ユラヌスエイト

4 ユラヌスエイト プラス

正答 3

○問題5（2番の例）

問題5では、長めの話を聞きます。この問題には練習はありません。
問題用紙にメモをとってもかまいません。

1番、2番

問題用紙に何も印刷されていません。まず話を聞いてください。それから、質問とせんたくしを聞いて、1から4の中から、最もよいものを一つ選んでください。

ーメモー

1. 状況説明文が流れる

状況と話している人たちの関係が流れます。問題文は流れないので注意してください。

音声

カフェのオーナーと、スタッフ二人が話しています。

2. 本文が流れる

本文は男女3人の会話です。初めに、上司が従業員二人に相談し、意見を求めます。従業員の二人は、そのことについて意見を出します。その意見は全部で4つあります。この4つの意見をメモしましょう。

音声

男1：最近、売り上げが停滞しているから、なんとかしたいんだ。何かいい案はないかな。

女：そうですね。オープンしたての時は、うちの看板メニューの「ヨーグルトコーヒー」がかなり話題になって、大忙しでしたよね。新メニューを作ってみるというのはどうでしょう。

男1：そうだね。また話題になったらSNSでも広まって、うちのことをもっと知ってもらえるかもしれないな。

男2：でも、新メニューを作るには時間とコストがかかりますよ。それに、人気が出るとも限らないし。

男1：それも、そうなんだよな。

女：では、ポイントカードを作るっていうのはどうでしょうか。コーヒーを10杯買ったら1杯無料でもらえるようにするんです。常連のお客さんを増やすことに繋がる可能性もあります。新メニューを作ることに比べたら、明日からでも始められますし、時間もかからないですよ。

男1：なるほど、いいかもしれないな。

男2：僕はそれより、店内のインテリアを変えるべきだと思います。今は木の椅子だけでお客様がゆっくりできないので、ソファ席を作って綺麗な植物を置いたりしたら、学生や女性会社員のお客様がそこで写真を撮ってSNSにアップしてくれるかもしれません。

女：うちの近所は大学やオフィスもないし、住宅街だから子連れのお客様が多いわよ。

男1：確かにそうだな。

男2：じゃ、子連れのお客様でもゆっくりできる、カーペットと低いテーブルの席を作るのはどうですか。子ども用のおもちゃを置いて、食器なども子ども用のものを用意するんです。

男1：地域の方に親しんでもらえる店にしたいけど、インテリアを変えるのは費用がかかるから今すぐにはできないな。よし、まずはすぐに始められて、リピーターが増えそうな方法を試してみよう。

3. 問題文が流れる

最終的にどの解決策をとることにしたのかが問われます。

音声

売り上げを上げるために、何をすることにしましたか。

4. 選択肢1～4が流れる

音声

1　新メニューを作る

2　ポイントカードを作る

3　ソファ席を作って、綺麗な植物を置く

4　カーペットと低いテーブルの席を作る

正答　2

5. 選択肢を選ぶ

選択肢を選ぶ時間は約7秒あります。

選択肢は問題用紙に印刷されていません。

選択肢1～4は、会話の中に出てきた意見です。

ポイント

本文に出てくる4つの意見をしっかりメモしましょう。最終的に、上司がどうすることにしたのかを決定するので、上司の言葉に注意して聞きましょう。

2番

問題用紙に何も印刷されていません。まず話を聞いてください。それから、質問とせんたくしを聞いて、1から4の中から、最も良いものを一つ選んでください。

ーメモー

① ② ③ ④

音声

<ruby>旅行会社<rt>りょこうがいしゃ</rt></ruby>で<ruby>上司<rt>じょうし</rt></ruby>と<ruby>社員<rt>しゃいん</rt></ruby><ruby>二人<rt>ふたり</rt></ruby>が<ruby>話<rt>はな</rt></ruby>しています。

男1：<ruby>最近<rt>さいきん</rt></ruby>、<ruby>海外旅行<rt>かいがいりょこう</rt></ruby>のツアーの<ruby>売<rt>う</rt></ruby>り<ruby>上<rt>あ</rt></ruby>げが<ruby>停滞<rt>ていたい</rt></ruby>しているんだ。<ruby>前<rt>まえ</rt></ruby>は<ruby>飛行機<rt>ひこうき</rt></ruby>と<ruby>宿泊施設<rt>しゅくはくしせつ</rt></ruby>がセットになっていて、<ruby>観光<rt>かんこう</rt></ruby>するところも<ruby>全<rt>すべ</rt></ruby>て<ruby>決<rt>き</rt></ruby>まっているのが<ruby>人気<rt>にんき</rt></ruby>だったんだけど、<ruby>最近<rt>さいきん</rt></ruby>はニーズが<ruby>変<rt>か</rt></ruby>わってきているみたいだね。もっとうちを<ruby>使<rt>つか</rt></ruby>ってもらえるように、<ruby>何<rt>なに</rt></ruby>かいい<ruby>案<rt>あん</rt></ruby>はないかな。

女：そうですねえ。ツアーって、<ruby>料金<rt>りょうきん</rt></ruby>を<ruby>抑<rt>おさ</rt></ruby>えて<ruby>旅行<rt>りょこう</rt></ruby>に<ruby>行<rt>い</rt></ruby>けることが<ruby>魅力的<rt>みりょくてき</rt></ruby>ですよね。<ruby>学生<rt>がくせい</rt></ruby><ruby>向<rt>む</rt></ruby>けのツアーを<ruby>企画<rt>きかく</rt></ruby>するのはどうでしょう。

男1：<ruby>学生<rt>がくせい</rt></ruby><ruby>向<rt>む</rt></ruby>けツアーの<ruby>売<rt>う</rt></ruby>り<ruby>上<rt>あ</rt></ruby>げは<ruby>好調<rt>こうちょう</rt></ruby>なんだ。ご<ruby>年配<rt>ねんぱい</rt></ruby>の<ruby>方<rt>かた</rt></ruby><ruby>向<rt>む</rt></ruby>けのツアーの<ruby>売<rt>う</rt></ruby>り<ruby>上<rt>あ</rt></ruby>げが<ruby>落<rt>お</rt></ruby>ちていてね。

男2：でしたら、<ruby>鉄道会社<rt>てつどうがいしゃ</rt></ruby>と<ruby>連携<rt>れんけい</rt></ruby>して、<ruby>寝台列車<rt>しんだいれっしゃ</rt></ruby>のツアーを<ruby>組<rt>く</rt></ruby>むのはどうでしょう。<ruby>新幹線<rt>しんかんせん</rt></ruby>や<ruby>飛行機<rt>ひこうき</rt></ruby>が<ruby>発達<rt>はったつ</rt></ruby>した<ruby>現代<rt>げんだい</rt></ruby>に、<ruby>鉄道<rt>てつどう</rt></ruby>で<ruby>長距離移動<rt>ちょうきょりいどう</rt></ruby>を<ruby>楽<rt>たの</rt></ruby>しむことを<ruby>提案<rt>ていあん</rt></ruby>するんです。<ruby>列車<rt>れっしゃ</rt></ruby>の<ruby>中<rt>なか</rt></ruby>には<ruby>高級<rt>こうきゅう</rt></ruby>レストランやバーがあって、<ruby>本格的<rt>ほんかくてき</rt></ruby>な<ruby>食事<rt>しょくじ</rt></ruby>やお<ruby>酒<rt>さけ</rt></ruby>を<ruby>楽<rt>たの</rt></ruby>しめます。ちょっとしたホテルのような<ruby>部屋<rt>へや</rt></ruby>も<ruby>用意<rt>ようい</rt></ruby>されていて、<ruby>車窓<rt>しゃそう</rt></ruby>から<ruby>見<rt>み</rt></ruby>える<ruby>景色<rt>けしき</rt></ruby>は<ruby>格別<rt>かくべつ</rt></ruby>です。

男1：いいねえ。そんなツアーがあったら<ruby>行<rt>い</rt></ruby>きたいなあ。でも、それは<ruby>国内旅行<rt>こくないりょこう</rt></ruby>しかできないね。

男2：では、<ruby>現地集合<rt>げんちしゅうごう</rt></ruby>・<ruby>現地解散<rt>げんちかいさん</rt></ruby>のツアーなんてどうですか。それなら、<ruby>顧客<rt>こきゃく</rt></ruby>の<ruby>自由度<rt>じゆうど</rt></ruby>がぐっとアップしますし、<ruby>旅行中<rt>りょこうちゅう</rt></ruby>に<ruby>短時間<rt>たんじかん</rt></ruby>でちょっとツアーに<ruby>参加<rt>さんか</rt></ruby>したい<ruby>人<rt>ひと</rt></ruby>にぴったりだと<ruby>思<rt>おも</rt></ruby>います。

女：でも、<ruby>海外旅行<rt>かいがいりょこう</rt></ruby>ですよ。<ruby>飛行機<rt>ひこうき</rt></ruby>と<ruby>宿泊場所<rt>しゅくはくばしょ</rt></ruby>の<ruby>手配<rt>てはい</rt></ruby>は<ruby>言語<rt>げんご</rt></ruby>が<ruby>通<rt>つう</rt></ruby>じないとなかなか<ruby>大変<rt>たいへん</rt></ruby>なので、<ruby>会社<rt>かいしゃ</rt></ruby>に<ruby>任<rt>まか</rt></ruby>せたいという<ruby>人<rt>ひと</rt></ruby>が<ruby>多<rt>おお</rt></ruby>いのではないでしょうか。それより、うちのツアーでしかできない<ruby>魅力的<rt>みりょくてき</rt></ruby>なアクティビティや、<ruby>限定<rt>げんてい</rt></ruby>のお<ruby>土産<rt>みやげ</rt></ruby>を<ruby>選<rt>えら</rt></ruby>べるというのはどうですか。<ruby>特別感<rt>とくべつかん</rt></ruby>があっていいと<ruby>思<rt>おも</rt></ruby>います。

男1：そうだなあ。最近はアプリを使って、言葉がわからなくても簡単に手配できるからな。よし、顧客には自力で集合場所まで来てもらうツアーを企画しようか。

売り上げを伸ばすために、何をすることにしましたか。

1　学生向けのツアーを企画する
2　長距離の移動を楽しむツアーを企画する
3　現地集合・現地解散のツアーを企画する
4　そのツアー限定のオプションをつける

正答　3

○問題5（3番の例）

問題5では、長めの話を聞きます。この問題には練習はありません。
問題用紙にメモをとってもかまいません。

3番

まず話を聞いてください。それから、二つの質問を聞いて、それぞれ問題用紙の1から4の中から、最もよいものを一つ選んでください。

質問1

1 みなとみらい
2 江ノ島
3 六本木
4 草津温泉

質問2

1 みなとみらい
2 江ノ島
3 六本木
4 草津温泉

正答 （質問1）2 （質問2）3

1. 状況説明文が流れる

どこで、誰が、何を話しているのかなどが流れます。問題文は流れないので注意してください。

音声

テレビでアナウンサーが冬のデートスポットについて話しています。

2. 本文が流れる

初めに、<u>ニュースやラジオ</u>などで話されている内容を聞きます。その文章の中に、一つのテーマに沿った候補が4つ出てきます。

そのあと、二人の男女の会話を聞きます。二人は、その前に話されたニュースやラジオの中で出てきた4つの候補について話します。

男の人と女の人が意見を出し合いますので、4つの候補に対してそれぞれがどんな意見を持っているのかメモしましょう。

音声

女1：今年の冬注目の、関東にあるデートスポットを紹介していきたいと思います。冬といえば、なんと言ってもクリスマスのイベントが楽しみですよね。大切な人と素敵な思い出を作りたい方にお勧めするスポットの1つ目は、神奈川県にある「みなとみらい」です。夜8時になるとイルミネーションの綺麗な風景を背景に花火が上がります。遊園地もあれば、クリスマスのイベントとして屋台が並んでいたり、外でスケートを楽しむこともできます。一日中遊ぶことができそうですね。2つ目は、神奈川県にある「江ノ島」です。ここは海に囲まれた小さな島で、中に入っていくとそこはまるで宝石のように光るイルミネーションが広がっています。展望台もあり、光り輝く景色を一気に見下ろすことができちゃいます。また3つ目は、東京都内にある「六本木」です。ここでは、イルミネーションはもちろんのこと、建物に入ると一転、まるで本場のドイツにいるような空間を楽しむことができます。伝統的なドイツのクリスマスマーケットが再現されており、グルメだけでなく雑貨なども売っているんだとか。最後は、群馬県にある「草津温泉」です。現地では和の雰囲気と共にイルミネーションを楽しむことができます。温泉に浸かり疲れを癒したり、日帰りではなくゆっくりと一泊するのも良いですね。

女2：わあ～。どこも綺麗だね。クリスマスの時期はやっぱり外に出かけたくなるなあ。

男：そうだね。今週末、一緒にどこか行こうか。お酒も飲みたいし電車で行けるところがいいな。

女2：そうね。そしたら神奈川県が一番近いし良いかもね。私は、高いところからイルミネーションの景色を見てみたいなあ。

男：うーん。俺は、少し遠いけど海外のクリスマスの雰囲気を楽しめるところも気になるな。食べ物も美味しそうだし。

女2：もー、あなたっていつも食べ物のことしか頭にないんだから。

3. 問題文が流れる

質問1の音声が流れます。男女どちらかの意見が問われることが多いです。

> **音声**
>
> 質問1　女の人は今週末どこに行きたいと言っていますか。

4. 選択肢を選ぶ

選択肢を選ぶ時間は約10秒あります。

選択肢は問題用紙に印刷されています。

選択肢1〜4は、本文の中に出てきた4つの候補です。

5. 問題文が流れる

質問2の音声が流れます。男女どちらかの意見が問われることが多いです。

> **音声**
>
> 質問2　男の人は今週末どこに行きたいと言っていますか。

6. 選択肢を選ぶ

選択肢を選ぶ時間は約10秒あります。

選択肢は問題用紙に印刷されています。

選択肢1〜4は、本文の中に出てきた4つの候補です。

ポイント

解く時間は短いですが、選択肢は印刷されているので本文を聞きながらある程度推測しておきましょう。男女のそれぞれの意見をしっかり聞いて、メモしましょう。

3番

まず話を聞いてください。それから、二つの質問を聞いて、それぞれ問題用紙の1から4の中から、最もよいものを一つ選んでください。

質問1

1　チャーシュー横丁
2　ばれいしょ共和国
3　海の幸せ広場
4　ビリケン通り

質問2

1　チャーシュー横丁
2　ばれいしょ共和国
3　海の幸せ広場
4　ビリケン通り

1	① ② ③ ④
2	① ② ③ ④

3番

音声

ラジオでアナウンサーが秋の全国グルメ祭りについて話しています。

女1：今日は、現在開催されている「秋の全国グルメ祭り」の4つのエリアについてご紹介します。1つ目は、「チャーシュー横丁」。全国津々浦々から集められたご当地ラーメンが勢ぞろい。1,000円のチケットを買えば、お好きな3杯のラーメンを食べ比べることができます。そして「ばれいしょ共和国」というエリア。アツアツでサクサクのコロッケや、じゃが芋本来の味を味わえるじゃがバターなどじゃが芋料理だけを集めたエリアがこちら。ベジタリアンメニューも豊富となっております。「海の幸せ広場」では、とれたてのカキやホタテをその場で炭火で調理します。もちろん海の幸を使った刺身や寿司も堪能できます。そして最後に、「ビリケン通り」です。関西と言えばたこ焼き・お好み焼きですよね！なんと調理してくださるのは関西の方々です。ソースの匂いが立ち込める関西ならではの料理が堪能できるエリアとなっております。

女2：うわあ、林くん、今週末このお祭りに行かない？

男：大賛成。全部食べたいところだけど、全部のエリアを回るのは難しそうだね。僕はやっぱり、故郷の料理が食べたいなあ。

女2：林くん、関西出身だよね。本場の人が作ってくれるなんて、美味しいに決まってるね。でも、今の時期はウニが旬だよ。この時期のウニは本当に美味しいから食べたいな。海鮮のエリアにあるはず。

男：僕、魚介類はアレルギーがあるんだ。そのエリアだけは楽しめないな…ごめんね。

女2：あ、そうなんだ、残念。私、たこ焼き大好きだから関西のエリアに行こうか。あっでも、ラーメン食べ比べも捨てがたいなあ。

男：そうだ、ラーメンにしよう！二人で一枚ずつチケットを買ったら、6種類を食べ比べできるし！関西エリアは、来週外国人の友達が来るからそのとき行くことにするよ。
女2：そうだね！じゃあ、そこに決まり。じゃが芋はあまり魅力的とは言えないな。自分で作れそうだし。
男：じゃが芋をなめちゃいけないよ。きっと手間をかけて調理したり、品種にこだわったじゃが芋を使っているんだよ。お腹に余裕があったら行ってみようか。
女2：満腹で行けないと思うけどね。

質問1 男の人は来週どのエリアに行きますか。

1 チャーシュー横丁
2 ばれいしょ共和国
3 海の幸せ広場
4 ビリケン通り

質問2 二人は今週末、どのエリアに一緒に行きますか。

1 チャーシュー横丁
2 ばれいしょ共和国
3 海の幸せ広場
4 ビリケン通り

正答 (質問1) 4 (質問2) 1

JLPT N1この一冊で合格する

2024年10月15日　第3刷発行

著者　日本語の森　日本語研究所

発行所　日本語の森株式会社
〒160-0023
東京都新宿区西新宿3-7-21
03-5989-0589
https://nihongonomori.com/

発売　日販アイ・ピー・エス株式会社
〒113-0034
東京都文京区湯島1-3-4
03-5802-1859

印刷　シナノ印刷株式会社

©Nihongonomori 2021 Printed in Japan
ISBN：978-4-910337-15-9　C0081
落丁・乱丁はお取替えいたします。許可なしに転載・複製することを禁じます。

JLPT N1
日本語能力試験

この一冊で合格する
模擬試験

日本語の森

目次

***一番後ろのページにマークシートがついています。**

Language Knowledge (Vocabulary/Grammar) • Reading

問題用紙

N1

言語知識（文字・語彙・文法）・読解

(110分)

注　　意
Notes

1. 試験が始まるまで、この問題用紙を開けないでください。
   Do not open this question booklet until the test begins.
2. この問題用紙を持って帰ることはできません。
   Do not take this question booklet with you after the test.
3. 受験番号と名前を下の欄に、受験票と同じように書いてください。
   Write your examinee registration number and name clearly in each box below as written on your test voucher.
4. この問題用紙は、全部で32ページあります。
   This question booklet has 32 pages.
5. 問題には解答番号の 1 、 2 、 3 … が付いています。
   解答は、解答用紙にある同じ番号のところにマークしてください。
   One of the row numbers 1, 2, 3 … is given for each question. Mark your answer in the same row of the answer sheet.

受験番号 Examinee Registration Number	
名前 Name	

問題1　＿＿＿の言葉の読み方として最もよいものを、1・2・3・4から一つ選びなさい。

1 随分と前のことなので記憶が曖昧だ。

1　あいまい　　2　あいみ　　3　あまい　　4　あいばい

2 試験結果に納得いかないのか、彼は不服そうな顔をしている。

1　ずふく　　2　ぶふく　　3　ふふく　　4　ふぶく

3 私は、世界の平和と繁栄を願っている。

1　ぜいえい　　2　ばんえい　　3　せいえい　　4　はんえい

4 最新の機器は精度の違いが歴然としている。

1　とうぜん　　2　れきねん　　3　れきぜん　　4　とうねん

5 このレストランは、料理が美味しい上に粋な雰囲気で人気がある。

1　ずいな　　2　いきな　　3　いぎな　　4　すいな

6 風邪薬の種類によっては、眠気を催す可能性がある。

1　さます　　2　もよおす　　3　うながす　　4　とばす

問題2　（　　　）に入れるのに最もよいものを、1・2・3・4から一つ選びなさい。

7 注文した弁当の中にプラスチックが混入していたので、電話で（　　　）を入れた。

1　クレーム　　2　ダメージ　　3　リベンジ　　4　スチーム

8 大臣は、手続きを（　　　）にするために、印鑑を廃止することを決定した。

1　素直　　2　質素　　3　素朴　　4　簡素

9 日本全国から集められた名産品が（　　　）並べられていた。

1　すらっと　　2　ずらっと　　3　さらっと　　4　がらっと

10 困難な出来事があっても、将来と（　　　）貴重な経験になるかもしれない。

1　結び付く　　2　受け付く　　3　備え付く　　4　取り付く

11 彼は同僚と挨拶を（　　　）、席に着いた。

1　配って　　2　添えて　　3　交わして　　4　絡めて

12 私たちの会社は買収され、大企業に（　　　）することとなった。

1　配属　　2　所属　　3　従事　　4　従属

13 私は人見知りなので、初対面の人と話すときは（　　　）してしまう。

1　おどおど　　2　こそこそ　　3　ぐずぐず　　4　ひそひそ

問題3 ＿＿＿の言葉に意味が最も近いものを、1・2・3・4から一つ選びなさい。

14 彼は、入学してからずっと学年で一位の成績を<u>キープ</u>している。

1 念願と　2 目標と　3 維持　4 競争

15 今日の職場は<u>不穏な</u>空気が漂っている。

1 良いことが起きそうな　2 悪いことが起きそうな

3 綺麗な　4 不潔な

16 軍隊の訓練では、何をするにも<u>即時に</u>判断して行動しなければならない。

1 素早く　2 うまく　3 冷静に　4 正確に

17 今回のプロジェクトの方針について、社長と副社長の意見が<u>食い違っている</u>。

1 一致していない　2 誤っている

3 対決している　4 似通っている

18 今でも、田舎の親戚の家に<u>ちょくちょく</u>遊びに行っている。

1 何度も　2 まじめに　3 まれに　4 常に

19 悲惨な現状を<u>打開する</u>ために、何度も会議を行った。

1 理解する　2 破壊する　3 解明する　4 解決する

問題4　次の言葉の使い方として最もよいものを、1・2・3・4から一つ選びなさい。

20 目先

1　目先の人に手紙を書くときは、言葉遣いに気を付けなければならない。

2　彼女は目先が器用なので、店で買った物ではなく自分で編んだセーターを着ている。

3　目先の利益にとらわれず、長く愛される商品を作ることが会社の発展に繋がる。

4　締切が目先に迫っているというのに、レポートを書く手が進まない。

21 有様

1　久しぶりに恋人の部屋へ行ったら、何か月も掃除していないようでひどい有様だった。

2　愛犬の有様がいつもと違ったので、病院に連れて行ったら骨折と診断された。

3　彼は事故にあって意識を失ってしまったので、当時の有様は後で確認する。

4　自宅で療養していたが、今月に入り有様が悪化したので入院することになった。

22 簡易

1　今回のテストは問題が簡易だったので、余裕で満点がとれた。

2　この品質を保ちながら限界まで価格を下げるのは簡易なことではなかった。

3　タレントはたった一回簡易な発言をしただけで、仕事を失うことがある。

4　狭い部屋でも空間を有効に活用できる、簡易な折りたたみテーブルが人気だ。

23 すがすがしい

1　私の祖母は70歳なのに肌がモチモチしていてすがすがしい。

2　今学期の試験も終わり、明日から夏休みだと思うとすがすがしい気分だ。

3　勝手に私の部屋に入って当然のようにお茶を飲むなんてすがすがしいにも程がある。

4　味が濃いものを食べた後は、果物などのすがすがしいものが食べたくなるよね。

24 解除

1　ストレスを解除するには、適度な運動が最も効果的だ。

2　契約期間内に携帯電話を解除する場合は、手数料をいただいております。

3　大規模な災害により出されていた非常事態宣言が解除された。

4　人手不足を解除するべく、時給制で大学生を雇うことにした。

25 治まる

1　勉強しろと何度も言われると、やる気が<u>治まって</u>しまう。

2　彼のおもしろくない話に、教室中が<u>治まった</u>。

3　薬を飲んでも痛みが<u>治まらない</u>場合は、薬の服用を止め医師の診断を受けましょう。

4　秋が<u>治まって</u>きて、一段と葉が赤く色づいてきた。

問題5　次の文の（　　　）に入れるのに最もよいものを、1・2・3・4から一つ選びなさい。

26 片思いの相手に話し掛けること（　　　）、目を合わすことさえできない。

1　にしても　　2　にもまして　　3　はおろか　　4　はともかく

27 佐藤（さとう）「昨日、初雪降ったよね。」

中本（なかもと）「うん。今季最強の寒気（　　　）、凍りそうなくらい体が冷え切ったよ。」

1　とあって　　2　の手前　　3　にわたって　　4　というより

28 自分の過ちを謝罪しようがし（　　　）罪を犯してしまったことに変わりはない。

1　たところで　　2　たが最後　　3　ないものか　　4　まいが

29 ごみを燃やさずに再利用するというのは地球環境を守ら（　　　）新しい取り組みだ。

1　んがための　　2　んばかりに

3　ないでは済まない　　4　ないための

30 先輩の不手際で仕事が遅れているのに、僕まで残業させられて腹が立つ（　　　）。

1　に及ばない　　2　に越したことはない

3　といったらない　　4　というものでもない

31 事情（　　　）試験途中に退室した者の再入室は認められません。

1　のみならず　　2　のいかんを問わず

3　にとどまらず　　4　にもかかわらず

32 加藤（かとう）「火山が噴火するかもしれないと言われているけど、まだ非常袋は用意しなくていいよね。」

中本（なかもと）「明日噴火するかもしれないから、今から非常用の食料だけでも用意しておく（　　　）。」

1　に越したことはないよ　　2　わけがないよ

3　にたえないよ　　4　にかぎらないよ

33 せっかくネットで腹筋ローラーを買ったのに、けがをしてしまい、（　　）で友達にあげてしまった。

1　やらずにはおかない　　2　やらざるを得ない

3　やらずにはいられない　　4　やらずじまい

34 IT社会（　　）、今やプログラミングは小学校の必修科目だそうだ。

1　のごとく　　2　なりに　　3　にいたっても　　4　にあって

35 （電話で）

客　「すみません、配達時間を夜の7時に変更したいのですが。」

配達員「かしこまりました。では、明日午後7時にお届けに（　　）。」

1　存じます　　2　あがります　　3　いただきます　　4　お見えです

問題6　次の文の ＿★＿ に入る最もよいものを、1・2・3・4から一つ選びなさい。

（問題例）

あそこで ＿＿＿ ＿★＿ ＿＿＿ ＿＿＿ は村本（むらもと）さんです。

1　ラーメン　　2　食べている　　3　を　　4　人

（解答のしかた）

1. 正しい文はこうです。

あそこで ＿＿＿ ＿★＿ ＿＿＿ ＿＿＿ は村本（むらもと）さんです。
1　ラーメン　3　を　2　食べている　4　人

2. ＿★＿ に入る番号を解答用紙にマークします。

（解答用紙）

例	①　②　●　④

---

36 結婚を理由に、私は3月 ＿★＿ ＿＿＿ ＿＿＿ ＿＿＿ だ。

1　会社を　　2　予定　　3　退職する　　4　をもって

37 私と価値観がぴったり合う彼女は、＿＿＿ ＿＿＿ ＿★＿ ＿＿＿ だと思う。

1　出会う　　2　人　　3　べくして　　4　出会った

38 今まで上位をキープしてきた鈴木（すずき）選手が、今回の大会で最下位になって

＿＿＿ ＿＿＿ ＿★＿ ＿＿＿。

1　推測　　2　にかたくない　　3　心境は　　4　しまった

39 上京したいと思っているが、東京で ＿＿＿ ＿＿＿ ＿★＿ ＿＿＿ がたくさんある。

1　始めるなら　　2　不安なこと　　3　始めるで　　4　一人暮らしを

40 本日は悪天候のため、＿＿＿ ＿＿＿ ＿＿＿ ＿★＿ いらしてください。

1　際は　　2　お越しになる　　3　気を付けて　　4　足元に

問題7　次の文章を読んで、文章全体の趣旨を踏まえて、［ 41 ］から［ 45 ］の中に入る最もよいものを、1・2・3・4から一つ選びなさい。

電話

私が生まれて初めて発した言葉は、「でんわ」だった。

頭の引き出しの中に入っている一番古い記憶だ。発した言葉［ 41 ］、その時の情景や気持ちも、鮮明に覚えている。祖母と母がしきりに、受話器を指さして、私に「でんわ、でんわ」と言っている情景が今でも脳裏(のうり)に浮(う)かぶ(注1)。その時おそらく一歳ほどだった私は、一言も話したことがないのに、心の中では口(くち)が達者(たっしゃ)(注2)だった。

「最近、私に何か話させようと必死だな。話すことなんて、朝飯前(あさめしまえ)(注3)だ。何をそんなに頑張っているんだ？」こんなようなことを、確かに感じていた。「でんわ」と発する［ 42 ］、大人たちは天にも昇るような勢いで喜んだ。それを見て、自分も本当に嬉しかった。母の話によると、「電話」が初めて発した言葉だというのは本当らしい。

しかし、過去の記憶というのは本当に曖昧なものだ。私が生まれて初めて発した言葉を覚えているといえども、もしかしたら、母から聞いた情報を元に勝手にエピソードを作り出して、自分は覚えているとただ思い込んでいるだけかもしれない。その時どう感じたか、それを覚えていると言っても、証拠はどこにもない。本当にそうだったかどうかは証明［ 43 ］、証明できないのだ。

人の記憶には、必ず主観が入る。過ぎ去った過去の記憶というのは、結局は個人の中の主観的な創造物に過ぎないのではないだろうか。創造された記憶だったとしても、本当の記憶だと思い込んで［ 44 ］。それが本当に存在したかどうかは、証明する術がない。

そうなると、私たちは記憶という錯覚と共に生きているということになる。そして、考えようによっては、こうも言える。私たちは過去の記憶を証明する術を持たない［ 45 ］、いくらでも記憶を創造することができるのだ。

（注1）脳裏(のうり)に浮(う)かぶ：映像のように光景が頭の中に思い浮かぶ

（注2）口(くち)が達者(たっしゃ)：よくしゃべること

（注3）朝飯前(あさめしまえ)：非常に簡単なこと

41

1　はともかく　　2　といえども

3　にひきかえ　　4　もさることながら

42

1　が最後　　2　手前　　3　や否や　　4　に先立ち

43

1　しまいが　　2　しようが

3　しようものなら　　4　しようにも

44

1　しまえばそれまでだ　　2　しまってはいられない

3　しまうほどではない　　4　しまってはかなわない

45

1　につけ　　2　とあっては　　3　こととて　　4　がゆえに

問題8　次の（1）から（4）の文章を読んで、後の問いに対する答えとして最もよいものを、1・2・3・4から一つ選びなさい。

（1）

かつて映画は特別な娯楽だった。映画は、生活とは切り離された特別な空間をじっくり楽しむものだった。物語は登場人物の人生そのものであり、それを追体験(ついたいけん)(注1)することにより様々な教訓を得ることができた。

昨今の映画は展開が早すぎる。短い尺の中に、物語の始まりから山場、結末までが細切れに詰め込まれているから、見ていて慌ただしい。人々の生活が忙しいから、それに合わせて映画の尺も短くなったのだろう。内容も、いくつかの定石(じょうせき)(注2)があり、それに従うものが多くなったように思う。私は昔の映画が好きだ。

（注1）追体験(ついたいけん)：作品を通じて、他人の体験を体験すること

（注2）定石(じょうせき)：物事を進めるときの、決まったやり方

46 筆者が観たい映画はどのような映画か。

1　定石(じょうせき)に従い、展開がわかりやすくまとめられたもの

2　忙しい生活を忘れられるような特別な体験ができるもの

3　どっぷりと物語に入り込み、違う人生が体験できるもの

4　短い尺の中でも内容が簡潔にまとめられていて、教訓が得られるもの

(2)

外国語の習得においてポイントとなるのは母国語である。人は既習の知識を使い、新しいことを学ぼうとする。新たな言語に触れた時、母国語と共通している部分を応用しながら言語を習得していくのである。つまり、言語の規則や発声方法に母国語との共通点があればあるほど習得までの道のりは短くなるということだ。しかし、母国語の干渉によって間違った話し方の癖が付いてしまうということも否定できない。また母国語の違いにより、話し方のパターンに傾向性が見られることもある。母国語は、言語学習に強い影響を与えるのだ。

47 筆者の考えに合うのはどれか。

1 新しい言語を学ぶ時には、習得しようとする言語の癖が強い影響を与える。

2 既習の知識は、新しい言語を習得する上で悪い影響を及ぼす場合が多い。

3 母国語は、どのような言語を学習する際も必ず良い影響を与える。

4 外国語を習得する際に、母国語の干渉による間違いが定着してしまうことがある。

(3)

「将来やりたいことがわからない」という若者が増えているそうです。それはごく当たり前のことだと感じています。日本の教育では「みんな同じ」を求められることが多く、学校が求める行いをしようと自分の気持ちに気づかないふりをするうちに、自身の感情に対して鈍感になってしまうことが少なくありません。

感情に蓋をしてばかりいると、いざという時に自分の本当の気持ちがわからなくなります。社会に出てから道に迷う若者が増えるのも当然だと思います。

48 筆者の考えに合うのはどれか。

1　自分の本当の望みを知りたいなら、感情に対して鈍感になってみることだ。

2　自分の感情に蓋をしていると、他人に求められた行いだけをするようになる。

3　いつも周りに合わせて行動していたら、自分の感情に対して鈍感になる。

4　自分の気持ちに鈍感になっていると、周りに合わせることを求められるようになる。

（4）

運と才能に恵まれ華々しく成功を収めているように見える人でも、壮絶(注1)な貧困を経験し乗り越えた過去があったり、日夜を問わず新しい知識や技術の習得に時間を割いていたりする。彼らは血(注2)のにじむような努力の全てを語らず、他人からは優雅に見える。その姿が、まるで水に浮かんでいるカモ(注3)のように見えることから、「カモの水かき(注4)」とよく呼ばれている。

成功は、水面下にある経験と努力によって構築されるものだ。目に見えないものにこそ成功の秘密があり、それが彼らにとって何よりの財産なのだ。

（注1）壮絶な：とても激しいようす

（注2）血のにじむような努力：大変な苦労や努力

（注3）カモ：川や湖に生息する鳥の名前

（注4）水かき：ここでは、水の中で足を動かして、泳ぐこと

49 「カモの水かき」とはどういうことか。

1　成功している人は、他の人にはない壮絶な経験を持っている。

2　成功している人は、眠らずに朝から夜まで勉強し続けている。

3　成功している人は、人の何倍も努力や苦労をしている。

4　成功している人は、たくさんの努力や苦労を人に見せない。

問題9　次の（1）から（3）の文章を読んで、後の問いに対する答えとして最もよいものを、1・2・3・4から一つ選びなさい。

（1）

「奈良のシカ」は天然記念物に指定されている動物であるが、日本に一般的に生息している「ホンシュウジカ」と、生物学的に言って実は何の違いもない。それにも関わらず、奈良県の特定の地域に生息するシカは「奈良のシカ」と呼ばれ、国が保護すべき対象として指定している。「奈良のシカ」は人間の世界で生活を送り、人間と共存している。そして、その愛くるしい姿を一目見ようと、奈良には観光客が押し寄せる。彼らは保護されるべき動物であると同時に、奈良の重要な観光資源でもあるのだ。

この共存生活を続けていきたいと望むのは人間のエゴ（注1）であり、実際は厳しい側面があるのではないだろうか。観光客は様々な食べ物を使ってシカの気を引こう（注2）とする。その結果、人間の食料を摂取し体調不良を起こすシカや、プラスチック袋などの異物誤飲（注3）によって窒息死するシカが後を絶たない（注4）のだ。公園内では、シカに与える用の「シカせんべい」なるものが販売され、観光客が購入し餌やりを楽しんでいるが、これは観光客を呼び寄せるために発明されたものである。その弊害として、シカせんべいの食べ過ぎによるシカの体調不良がたびたび問題視されている。

しかし、最近になって健康被害を受けるシカが激減したと言われている。理由は近年起こった大規模なパンデミック（注5）である。日本国内では外出が厳しく規制されたため、奈良に来る観光客が激減し、それによってシカの体調が戻りつつあると言う。これは我々が再認識しなければならない事実だろう。奈良のシカを天然記念物として保護したいと本気で願うなら、観光資源としてシカを利用することによる弊害を、我々人間は無視し続けることができない。何か手を打つ（注6）なら、パンデミックが収束に向かいつつある今が最後のチャンスかもしれない。

（注1）エゴ：エゴイズム。自分の利益のためだけに行動すること、またそのような考え
（注2）気を引く：関心を向けさせる
（注3）異物誤飲：飲み込んではいけない物を飲み込むこと
（注4）後を絶たない：いつまでもなくならない
（注5）パンデミック：病気が広範囲に広がること
（注6）手を打つ：対策を実行する

50 厳しい側面があるとあるが、なぜか。

1 シカと人間の共存生活によるメリットが少ないから。

2 シカと人間の共存生活による弊害がかなり大きいから。

3 シカと人間の共存生活を辞めるべきだと人間が理解しているから。

4 シカと人間の共存生活を続けたいと願っているのは人間だけだから。

51 筆者によると、健康被害を受けるシカが激減したのはなぜか。

1 パンデミックによって外出規制が強化され、奈良を訪れる人間の数が半減したから。

2 パンデミックによって観光客が減り、シカが悪いものを口にする機会が減ったから。

3 パンデミックによって、窒息死の原因となるプラスチックゴミが激減したから。

4 パンデミックによって人間と触れ合う時間が減り、シカのストレスが軽減されたから。

52 筆者の考えに合うのはどれか。

1 人間は今すぐパンデミック収束を目指すことで、シカを大切にするべきだ。

2 人間が外出を自粛し続けることができれば、シカの健康被害は激減する。

3 人間がシカに与えている健康被害に対して、今すぐ何かしらの策を講じるべきだ。

4 人間とシカの共存による弊害を解決するのは、パンデミックが終わる時期が最も良い。

(2)

どんな旅であっても、旅を全うしたのであれば、何かしら旅による内面へのアプローチ(注1)を感じ取ることができるだろう。目的地へ向かう過程で、自分がどんな人に出会うのか、どんな出来事が起こるのか。そして、それによってどのように心が動くのか。決まり切ったことが何もないからこそ旅というものはおもしろく、意味があるのである。旅において一番大事なのは、型にはまった考えにとらわれず、旅の偶然性を楽しむことだと私は考えている。

どうなるかわからないというような不確実性を楽しむ——それは、年を取れば取るほど難しくなる①だろう。大人になってしまった私たちは、これまでの経験から結果を予測し、リスクがあることは避けるようになってしまったし、知らず知らずのうちに凝り固まった考えもするようになってしまった。

だからこそ、私は旅に出るときに「旅に身をまかせる」ということに留意するようにしている。身をまかせるとはつまり、自ら行動を選択するのではなく、旅で起こる事象をそのまま受け入れるということだ。アクシデント(注2)に見舞われたり、トラブルに巻き込まれたりしたとしても、それさえも旅の醍醐味(だいごみ)(注3)として受け入れられるかどうか。旅先での出会いは一期一会(いちごいちえ)(注4)であるのだから、自分にとって有意義な旅にできるかどうかのカギは、これ②以外ないのではないだろうか。

(注1) アプローチ：ここでは、影響のこと

(注2) アクシデント：予想していなかった出来事

(注3) 醍醐味(だいごみ)：物事の本当のおもしろさ

(注4) 一期一会(いちごいちえ)：一生に一度しかない

53 筆者によると、「旅」において大事なことは何か。

1 旅をすることでしか感じることができない感情を抱くこと

2 目的地で何を楽しむかあらかじめ計画しておくこと

3 目的地でしかできない特別な体験を楽しむこと

4 目的地へ向かう途中で起こる思いがけない出来事を楽しむこと

54 ①難しくなるとあるが、なぜか。

1 他の人の意見を無視するようになってしまうから。

2 結果を予測することはリスクを伴うことであるから。

3 自身の固定観念にとらわれてしまうようになるから。

4 予測より自身で経験したことを信じるようになるから。

55 ②これとは何か。

1 旅でどんな出来事に遭遇しても、それを面白いと感じられるかどうか。

2 旅で出会う感情が、一生に一度しか感じられないものであるかどうか。

3 旅で起きた出来事に対し、自ら行動を選択できるかどうか。

4 旅でトラブルにあったときに、即座に対処することができるかどうか。

(3)

「出会い系サイト」という言葉を、今の若者は知っているのだろうか。インターネット上で見知らぬ人と出会うためのネットサービスの総称であるが、ほんの10年ほど前までは、これらは危険でいかがわしい(注1)ものだという風潮があった。当時の教育現場では子供たちが危険にさらされぬよう、これらの利用を禁止し厳しく指導していた。それが、今では違っている。

私の周りでは、このサービスを利用し人生のパートナーを見つけ幸せに暮らしているという友人が珍しくない。名称は「マッチングアプリ」に変化し、より安全性や透明性(注2)が高いものに進化している。サービスに対する偏見がなくなりつつあり、今や幸せを掴(つか)むための主要なツールとして世の中に浸透している。時代の変化は、人々の考えをも大きく変えるのだ。

(中略)

一方で、サービス利用時の問題が全くないのかと問われれば、そうとは言えない。見知らぬ人と簡単に出会う機会があるということは、気の合う相手や、普段の生活では縁のない新しい相手と出会う可能性も、他人を利用しようという悪意のある相手や、犯罪者に出会う可能性も、同程度存在するということだ。つまり「出会い系サイト」の時代から懸念されていた問題が、今もなお残っているのだ。ネット世界に生きる人が倍増した現代で、身を守るにはどうするべきなのか。

このようなサービスを利用しないというのも一つの手だが、あまり現実的ではない。我々の住む世界はオンライン上に移り始めている。現段階ではまだ、このサービスを利用するか否かの判断は我々に委ねられているが、近い将来、私たちに選択権はなくなるだろう。リアルな世界を生きる上で、私たちは社会のルールを学び、先人たちの失敗から学びを得て、危険を回避しようとする。それをオンラインの世界でも同様に当てはめ実行しなければ、この世界を生き延びることは、まず不可能だろう。

(注1) いかがわしい：信用できない

(注2) 透明性：誰でもわかるようになっていること

56 人々の考えをも大きく変えるのだとあるが、どのように変わったのか。

1 昔は出会い系サイトは危険なものだと認識されていたが、今は安全なものだと認識されている。

2 昔は知らない人と出会うことは一般的だと思われていたが、今は危険だと思われている。

3 昔は出会い系サイトは悪いものだと考えられていたが、そのような考え方はなくなりつつある。

4 昔は出会い系サイトを信用できないと考えていたが、今は信用すべきだと考えている。

57 マッチングアプリには、どのような問題があるか。

1 さまざまな良い出会いがあるネット世界から抜け出せなくなる。

2 良い人と出会うよりも、悪意のある人と出会う確率のほうが高い。

3 自分が望んでいる人と出会うことができない可能性がある。

4 見知らぬ人との出会いが利用者を危険にさらす恐れがある。

58 この文章で筆者が最も言いたいことは何か。

1 オンライン上で危険が起きる前に、サービスの利用を止めるべきだ。

2 オンラインの世界では、過去の失敗事例を学ばなければ安全に生きていけない。

3 オンラインの世界では、危険を回避し生き延びることは不可能に近いことだ。

4 オンライン上で生活するために、サービスを利用するか否かを決めなければならない。

問題10　次の文章を読んで、後の問いに対する答えとして最もよいものを、1・2・3・4から一つ選びなさい。

2019年11月に新型コロナウイルス感染症が確認されてから、一年も経たずにウイルスは世界中に広がり、パンデミック(注1)を引き起こした。このウイルスは、感染してから症状が現れるまでの期間が長い、感染しても症状が見られないことがある、などの他のウイルスとは異なる特性を持っており、それらの特性によりみるみるうちに感染は拡大した。また他のウイルスに比べ、重症化のリスクや死亡率が高いことがわかったため、私たちは経済活動をストップし、自粛生活をすることを余儀なくされてしまった。近年、インフルエンザなど様々な感染症の流行は確認されてきたが、私たちの生活様式までをも脅かすことはなかった。そのため、この新たなウイルスの存在は私たちを<u>危機的状況</u>①に直面させていると言えるだろう。

だが、歴史を振り返ってみると、先人(注2)たちも大きな社会の混乱を乗り越えてきたことがわかる。とくに日本の社会を大きく変えた出来事が1945年にあった。第二次世界大戦の終結である。この戦争で、数多くの犠牲者を出し、経済は大打撃を受け、日本社会は混乱を極めた。しかし、終戦を契機に日本の民主化が進み、憲法の改正、教育の改革などがなされ、日本は大きな変革を遂げた。これらの変革は今の日本の土台にもなっていて、この大混乱の時代がなければ今日の日本の姿はなかったと言っても過言ではないだろう。

<u>このこと</u>②から、私たち人間は困ったときこそ力を発揮する生き物であることがわかる。つまり、このまま状況が悪化し、新型感染症による社会の崩壊が現実になったとしても、人間はこの状況をどうにか打開しようと試行錯誤(注3)し、必ずその時代に即した新たな生き方を見つけるに違いない。そして、一つ変われば連鎖するように他も変化し、古くから伝わる生活様式や文化が形を変え、新しい社会の常識と呼ばれるものが生まれるのである。そして、私たちが終戦後の社会改革の恩恵を受けているように、未来を生きる誰かにとっては、この混乱の時代を生き抜き、新たな常識を生んだ私たちの恩恵を受けるものがいるのだろう。

このように考えると、この混乱の時代が悪いものであるかというのは、混乱の渦中(注4)にいる現段階では評価できるものではなく、この混乱が収束し、新たな時代へと移り変わった頃に断言することができるものなのではないだろうか。

（注1）パンデミック：病気が広範囲に広がること

（注2）先人：昔の人

（注3）試行錯誤する：失敗を繰り返しながら解決法を見つけること

（注4）渦中：騒ぎの中

59 ①危機的状況とはどのような状況か。

1　過去に発見されたウイルスには見られなかった特徴が確認されたこと

2　ウイルスの登場により、今後パンデミックを引き起こす可能性が高まったこと

3　感染症の流行によって、経済活動が停滞し生活が変わってしまったこと

4　人々の生活様式の変化が新たな感染症を引き起こしたこと

60 ②このこととは何か。

1　昔の日本が混乱を極め、現在の日本とは異なる姿であったこと

2　日本の大きな変革が世界に悪い影響も良い影響も与えたこと

3　戦争により大打撃を受けたが、民主化により元の姿に戻ったこと

4　戦争という大きな混乱が損失と変革の両方をもたらしたこと

61 社会が崩壊した後の人間について、筆者はどのように考えているか。

1　時代に即した新しい常識を生み出す。

2　現状を打開することで新たな文化を見つける。

3　試行錯誤して生きていた人の生き方を顧みる。

4　昔の生活様式に戻すことで社会の安定を図る。

62 混乱の時代について、筆者の考えに合うのはどれか。

1 事が悪いものであるかどうかは現段階を生きる者にしかわからない。

2 事が起きている最中は、善悪について一概に断言できない。

3 混乱は時代が移り変わるとともに収束していくものだ。

4 混乱の時代について評価するために事態を収束させるべきだ。

問題11　次のAとBの文章を読んで、後の問いに対する答えとして最もよいものを、1・2・3・4から一つ選びなさい。

A

結婚相手に求める条件は何だろう。日本では「３高」と言って、高身長・高学歴・高収入の３つがよく挙げられる。もちろん条件は人によって違いがあるし、時代によって少しずつ変化しているだろう。ただ、誰にとっても、どの時代においても大切な条件は、あなたと相性が合うかどうかだ。「３高」の条件は、どれも相手のスペック(注)を測る物差しでしかない。話が合う、趣味が同じ、好きな食べ物が似ている、こういうスペック以外の部分が、人と長く付き合う上では重要だ。

そんな運命の人と出会うには、友達を使うのが一番の近道だ。「類は友を呼ぶ」とはよく言ったもので、仲の良い人同士は考え方や性格が似ている傾向がある。つまり友達の友達は、相性が良く深い関係になる可能性も高いのだ。

（注）スペック：ここでは、人の性質や能力のこと

B

生涯を共にするパートナーを選ぶ際に重視することは、お金だと言う人が多い。どんなに見た目が良くて優しい人でも、収入が低いと候補になり得ないということだ。ただ、お金に惑わされてはいけない。本当に大切なのは、二人の相性だ。不思議なことに、相性が良い二人というのは金銭感覚が似ていることも多い。限られた収入の中で、何にどれくらいお金を使うのか、その感覚が似ているのだ。金銭感覚と相性は、相関関係がある場合が多いのだ。

では、相性の良い相手といかにして出会うのか。自分の所属する組織や近くのコミュニティから探すのが効率的だろう。人間という生き物は、自分と似た人に好感を持ちやすく友達になる確率も高い。結婚した二人の親しい友人だけが参加する結婚式の二次会で、カップルが誕生し結婚するというのも納得できる話だろう。

63 結婚相手を選ぶ際に、AとBが共通して重要だと述べていることは何か。

1 高収入で金銭感覚が合う人かどうかを確認すること

2 見た目がよくて、性格が良い人を選ぶこと

3 できるだけ価値観が似ている相手を選ぶこと

4 それぞれが考える条件にぴったり合う人を慎重に探すこと

64 結婚相手と出会う方法について、AとBはどのように述べているか。

1 AもBも、自分に似ている人を探し続けるべきだと述べている。

2 AもBも、自分のいるコミュニティや周りの友達を使って出会うべきだと述べている。

3 Aは友達の友達と知り合うべきだと述べ、Bは結婚式にたくさん参加するべきだと述べている。

4 Aは相性の良い相手と深い関係になるべきだと述べ、Bは自分の所属するコミュニティを増やすべきだと述べている。

問題12　次の文章を読んで、後の問いに対する答えとして最もよいものを、1・2・3・4から一つ選びなさい。

恋人に振られ、飼い猫が死んだ。仕事で失敗をして上司にひどく叱られた。今にも死にそうな顔をしているあなたに「どうしたの？何があったの？」と何度も声をかける人と、何も言わずにただコーヒーを差し出す人、あなたはどちらの人をありがたいと感じるだろうか。

二人の大きな違いは「共感力」である。これは、他者が抱く喜怒哀楽の感情に寄り添うことができる力のことである。おそらく多くの人が、「何があったの」と何度も聞かれることを嫌がるのではないだろうか。表面的に見ると、辛そうにしている人に対して声をかけることは優しそうにも見える。当の本人も優しさのつもりで声をかけているのだろう。

共感力というものは、主に三つの要素で成り立っていると言われている。「観察」「想像」「表現」である。「観察」は相手の様子を注意深く見ること、「想像」は相手の気持ちを考えること、「表現」は気持ちを適切な言葉や行動にすることである。この三つが全て揃ってはじめて「共感力」というものができあがるため、そのどれもが必要不可欠な要素なのである。「何があったの」と何度も声をかけてしまう人は、「想像」が足りていないのかもしれない。

共感力は、全ての対人関係においてカギとなるものだ。家族、恋人、上司、部下、客に対してなど、あらゆる場面で必要不可欠な力である。周りの苦しんでいる人に、安易にアクションを起こしてはいけない。気の向くままにふるまったり、たやすく相手の感情を判断したりせず、相手の気持ちを探ることからこの共感力が生まれることを決して忘れてはいけない。相手の表情をよく観察し、相手の立場になって思考し、その行動が本当に正解かどうか、<u>もっと慎重に選択する</u>必要がある。

ここで問題となるのが、感覚のズレである。先に挙げた例を読んだ人の中で、声をかけられた方が嬉しいと感じる人もいるだろう。これは「私」がしてもらって嬉しいことと「あなた」がしてもらって嬉しいことの間にズレがあることが原因である。この感覚のズレは人間関係に深刻な亀裂を生む可能性がある。必死に相手の事情を配慮した結果、「声を掛ける」という選択をしても「黙って見守る」という選択をしても、相手によって受け取り方が大きく異なる。相手はあなたが期待する感情を抱かないかもしれないし、それによってあなたに対する評価も不本意(注)に下されてしまうかもしれない。あなたの優しさは闇に葬られてしまう。

生まれ育った環境や考え方が違う別の個体である他人の気持ちを理解することなど、実際にはほぼ不可能だろう。しかし、だからといって断念してはいけない。100%理解できなくても、理解したいと思うこと、理解しようとする姿勢こそがコミュニケーションの本質なのだ。相手の気持ちに寄り添いたいと思う強い気持ちが一番重要なのである。これこそが「真の思いやり」である。本当に相手のことを思っているのならば、不思議とそれが相手にも伝わるものだ。

（注）不本意に：自分の本当の望みとは違って

65 筆者によれば、「共感力」がある人はどのような人か。

1　どんな人に対しても、常に明るく元気に声を掛けることができる人。
2　困った顔や暗い表情をしている人を、すぐに見つけることができる人。
3　相手の表情を注意深く見て、何か悩み事があるのではないかと考えられる人。
4　元気がない人を見て、何か困ったことがあるのではないかと思い声を掛けられる人。

66 もっと慎重に選択するとはどのようなことか。

1　相手へのふるまいが適切かどうかを考えること
2　相手の感情を理解するため繰り返しコミュニケーションをとること
3　自分の態度が相手との関係性を良くするかどうか考えること
4　慎重に相手を観察し感情を理解すること

67 筆者は、なぜ人間関係に深刻な亀裂を生む可能性があると述べているのか。

1　いくら思いやりをもった行動をしたとしても、人の気持ちを変えることは難しいから。

2　相手にとって良いと思った行いも、人によっては嫌だと感じるかもしれないから。

3　一般的な感覚をもっていない人の感情を理解することは、ほぼ不可能だから。

4　相手の立場に立って考え、思いやりをもって行動することができない人もいるから。

68 「真の思いやり」について、筆者はどのように述べているのか。

1　相手の気持ちを本気で理解したいという姿勢が「真の思いやり」である。

2　相手のことを本当に思っていると伝えることが「真の思いやり」である。

3　相手の立場に立って、気持ちを正確に理解することが「真の思いやり」である。

4　相手の本心を知るのは難しいことだと理解しようとする姿勢が「真の思いやり」である。

問題13　右のページは、あるテニスコート施設の案内である。下の問いに対する答えとして最もよいものを、1・2・3・4から一つ選びなさい。

69 斎藤（さいとう）さんは、友達とテニスをするためにコートの予約をしていたが、キャンセルをする可能性が出てきた。キャンセルをする上で留意することは何か。

1　当日キャンセルしても料金が発生しないように、事前に現金支払いにしておくこと

2　当日キャンセルすると、利用費100%に加え、別途キャンセル料を支払わなければならないこと

3　3日前にキャンセルをすれば、キャンセル料が発生しないこと

4　前日にキャンセルをすれば、利用費の50%の支払いで済むこと

70 会員の鈴木（すずき）さんは、大学のテニスサークルで森公園の施設を借りることにした。2月3日（日）16〜18時にコート一面とボールを30個施設で借り、当日は現金で支払いたいと思っている。施設を借りるにあたり、どのように申し込まなければならないか。また支払いはどうすればよいか。

1　当日窓口に行き、テニスコートの予約と支払いを済ませる。

2　電話で予約をし、6,000円を施設の窓口にて支払う。

3　インターネットで予約をし、5,700円を施設の窓口にて支払う。

4　FAXで予約し、6,700円を施設の窓口にて支払う。

森公園テニスコート施設のご案内

【利用料金表】

一面あたり	平日		休日・祝日	
	会員	一般	会員	一般
1時間	1,800円	2,000円	2,500円	2,800円
2時間	3,500円	3,900円	4,800円	5,500円

【夜間照明使用料表】

コート一面につき一時間あたり300円　※会員・一般関わらず下記時間より照明料が発生します。

年間スケジュール	点灯時間
11月21日～3月1日	17時～
3月2日～6月20日	18時～
6月21日～9月20日	19時～
9月21日～11月20日	18時～

～貸し出しについて～

ラケット　1本　500円
ボール　10個　300円
ウェア　[上]　300円
ウェア　[下]　400円
シューズ　300円

※お申し込みの際に、ご予約ください。また、ウェアやシューズの貸し出しの際は、それぞれのサイズを明記ください。

～申し込み方法～

電話もしくはFAX・インターネットにてお申し込み頂けます。

～申し込み内容～

①代表者の氏名（団体名もあればご明記ください）②代表者の住所
③電話番号　④利用人数　⑤コート数　⑥ご利用時間　⑦貸し出しの有無
⑧会員資格の有無（会員の方は会員ナンバーをご明記ください）
※ご予約は前日まで承っております。（当日予約不可）

～お支払い方法～

ご来場時、窓口にて現金またはクレジットカードにてお支払い頂けます。
（インターネットでお申し込みの方はクレジットカードにてお支払い可能です。）

～注意事項～

キャンセルの際、キャンセル料が発生する可能性がございます。
前日や当日、無断キャンセルの場合、利用費100%のお支払い。
2日前の場合、利用費50%のお支払いが発生致しますのでご注意ください。
※3日前までのキャンセル料は無料です。

森公園スポーツセンター　施設係　テニスコート担当
電話：　083-987-××××
FAX：　083-987-××××
ホームページ：https//nihongonomori.com

Listening

問題用紙

N1

聴解

(60分)

注　意
Notes

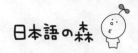

1. 試験が始まるまで、この問題用紙を開けないでください。
   Do not open this question booklet until the test begins.
2. この問題用紙を持って帰ることはできません。
   Do not take this question booklet with you after the test.
3. 受験番号と名前を下の欄に、受験票と同じように書いてください。
   Write your examinee registration number and name clearly in each box below as written on your test voucher.
4. この問題用紙は、全部で12ページあります。
   This question booklet has 12 pages.
5. この問題用紙にメモをとってもかまいません。
   You may make notes in this question booklet.

受験番号 Examinee Registration Number	

名前 Name	

問題1

問題1では、まず質問を聞いてください。それから話を聞いて、問題用紙の1から4の中から、最もよいものを一つ選んでください。

例

1　デザイン案を見せる

2　文字の色を変える

3　発売日を書く

4　打ち合わせの日を決める

1番

1 身分証明書を持ってくる

2 健康保険証を提示する

3 本カード発行料金を払う

4 仮カードのデータを取り消す

2番

1 撮影場所の相談を広告会社とする

2 広告会社にタレントの変更を依頼する

3 新商品の販売を延期する

4 出演者の人数を減らす

3番

1 鈴木さんと現地調査する
2 新人教育マニュアルを作成する
3 企画書を作成する
4 ツアーの流れについて話し合う

4番

1 扉を閉める
2 カーテンを変える
3 害虫駆除の業者に依頼する
4 店先の照明を変える

5番

1 進路別でクラスを分ける

2 勉強法について助言をもらう

3 大学の情報を集める

4 現在の授業に意見する

6番

1 参加者の人数を確定する

2 会場の予約をキャンセルする

3 新しい会場を予約する

4 余興に必要な設備を確認する

問題2

問題2では、まず質問を聞いてください。そのあと、問題用紙のせんたくしを読んでください。読む時間があります。それから話を聞いて、問題用紙の1から4の中から、最もよいものを一つ選んでください。

例

1　プレゼントをあげなかったから
2　仕事が忙しかったから
3　長時間外で待たせていたから
4　連絡しなかったから

1番

1　現地でキャンプ用品を調達すること
2　自然の中で読書をすること
3　スーパーでその土地の食材を買うこと
4　普段の生活から離れて一人で星を見ること

2番

1　レコードは聴ける音楽の量が少ないから
2　曲名を忘れたときにすぐに検索できるから
3　カラオケに行ったときに本当に便利だから
4　いい曲に出会う機会が増えたから

3番

1　社内制度の改善をする

2　休憩室の設備を充実させる

3　社員食堂についてアンケートを行う

4　金曜日の残業を禁止する

4番

1　運動器具を使ったトレーニング

2　毎日継続して行う軽いトレーニング

3　身体面に効果があるトレーニング

4　ポジティブな気持ちを維持するトレーニング

5番

1　主人公が家族のために戦う物語

2　仲間と一緒に旅をする物語

3　正義の味方が地球を救う物語

4　謎の生命体が地球を侵略する物語

6番

1　支社にデータを共有する

2　インターネット上にデータを保管する

3　データ流出の対策をする

4　様々な視点からデータ管理について考える

問題3

問題3では、問題用紙に何も印刷されていません。この問題は、全体としてどんな内容かを聞く問題です。話の前に質問はありません。まず話を聞いてください。それから、質問とせんたくしを聞いて、1から4の中から、最もよいものを一つ選んでください。

—メモ—

もんだい
問題4

問題4では、問題用紙に何も印刷されていません。まず文を聞いてください。それから、それに対する返事を聞いて、1から3の中から、最もよいものを一つ選んでください。

―メモ―

問題5

問題5では、長めの話を聞きます。この問題には練習はありません。
問題用紙にメモをとってもかまいません。

1番、2番

問題用紙に何も印刷されていません。まず話を聞いてください。それから、質問とせんたくしを聞いて、1から4の中から、最もよいものを一つ選んでください。

—メモ—

3番

まず話を聞いてください。それから、二つの質問を聞いて、それぞれ問題用紙の1から4の中から、最も良いものを一つ選んでください。

質問1

1　しょうゆ顔
2　ソース顔
3　砂糖顔
4　塩顔

質問2

1　しょうゆ顔
2　ソース顔
3　砂糖顔
4　塩顔

Language Knowledge (Vocabulary/Grammar) • Reading

問題用紙

N1

言語知識（文字・語彙・文法）・読解

(110分)

注　意
Notes

1. 試験が始まるまで、この問題用紙を開けないでください。
Do not open this question booklet until the test begins.

2. この問題用紙を持って帰ることはできません。
Do not take this question booklet with you after the test.

3. 受験番号と名前を下の欄に、受験票と同じように書いてください。
Write your examinee registration number and name clearly in each box below as written on your test voucher.

4. この問題用紙は、全部で32ページあります。
This question booklet has 32 pages.

5. 問題には解答番号の 1 、2 、3 … が付いています。
解答は、解答用紙にある同じ番号のところにマークしてください。
One of the row numbers 1 , 2 , 3 … is given for each question. Mark your answer in the same row of the answer sheet.

受験番号 Examinee Registration Number	

名前 Name	

問題1　＿＿＿＿の言葉の読み方として最もよいものを、1・2・3・4から一つ選びなさい。

1 私は会社の不正を知り、我慢できず社外に暴露した。

1　ばくろ　　2　ぼうろ　　3　ばくろう　　4　ぼうろう

2 このアプリは、出会いを求めている男女に着目して作られたものだ。

1　きもく　　2　ちゅうもく　　3　ちゃくめ　　4　ちゃくもく

3 早朝から深夜まで仕事に追われ、激務により体調を崩した。

1　ざんむ　　2　せきむ　　3　げきむ　　4　きんむ

4 東京で起きた大地震により、日本の経済は停滞した。

1　ていたい　　2　えんたい　　3　じゅうたい　　4　ちんたい

5 パン屋から漂う美味しそうな匂いにつられて、お店に入ってしまった。

1　うかがう　　2　ただよう　　3　さまよう　　4　まかなう

6 日本で罪を犯した者は、誰でも日本の法律で裁かれるべきだ。

1　あばかれる　　2　さばかれる　　3　しばかれる　　4　たたかれる

問題2　（　　　）に入れるのに最もよいものを、1・2・3・4から一つ選びなさい。

7 部下のミスを部長が（　　　）してくれたおかげで、大損害は免れたのだった。

1　セーブ　　2　リード　　3　フォロー　　4　ケア

8 クローンを作ることは、科学的には可能だが（　　　）な観点で問題があるとされています。

1　直観的　　2　倫理的　　3　理想的　　4　物理的

9 彼は、時間を（　　　）守る人だ。

1　きっちり　　2　ざっくり　　3　きっぱり　　4　てっきり

10 サミット開催期間中は、警察が交通違反の（　　　）を強化します。

1　取り出し　　2　取り立て　　3　取り締まり　　4　取り組み

11 不正が発覚し、大学教授の座を（　　　）こととなった。

1　背く　　2　避ける　　3　退く　　4　逃れる

12 事件の真相を（　　　）するため、徹夜で調査した。

1　究明　　2　研究　　3　研修　　4　照明

13 数学にかけては、学年トップの彼に（　　　）者は一人もいないだろう。

1　かばう　　2　担う　　3　養う　　4　敵う

問題3 ＿＿＿の言葉に意味が最も近いものを、1・2・3・4から一つ選びなさい。

14 友人は、ためらわずストレートに物事を言う。

1 感情的に　2 一方的に　3 簡単に　4 率直に

15 彼が手掛ける作品はどれも異色な作風だ。

1 他と変わらない　2 他と違う　3 こだわりの　4 とっておきの

16 人は失敗から多くを学ぶものだと、つくづく思う。

1 しみじみ　2 ところどころ　3 ふと　4 とっくに

17 今日のドラマの撮影は打ち切ることにした。

1 続ける　2 終える　3 一旦止める　4 変更する

18 異業種交流会に参加することは、人脈を広げる良い機会だ。

1 肩書き　2 生きがい　3 思いやり　4 人との繋がり

19 参加者の都合を加味して、会議の日程を調整した。

1 気にして　2 明らかにして　3 踏まえて　4 確かめて

問題4　次の言葉の使い方として最も適切なものを、1・2・3・4から一つ選びなさい。

20 由緒

1　由緒ある神社で結婚式を挙げることが、小さい頃からの私の夢だ。
2　自分の名字の由緒を調べると、自分の先祖がどこに住んでいたかわかるらしい。
3　福沢諭吉は日本人に牛肉を食べることを広めた由緒ある人物です。
4　彼女は僕が何か意見を言うとすぐ怒ったり泣いたり由緒不安定になってしまう。

21 欲望

1　三姉妹だった山田さんの家に欲望の男の子の赤ちゃんが生まれた。
2　何度大学受験に落ちても、最後まで欲望を捨てずに努力すべきだ。
3　欲望のままに食べては寝ての生活を繰り返していたら、太ってしまった。
4　警察官になるという子どもの頃からの欲望を叶え、感動で胸がいっぱいだ。

22 交互

1　夫婦というのは交互に足りない部分を補い合って生きていくものだ。
2　海水浴場の監視員は、一時間ごとに交互しているようだ。
3　右が治ったと思ったら左と、交互に鼻が詰まって困っている。
4　田舎と言われていたこの地域に交互におしゃれな店がオープンしている。

23 一途

1　イベントを成功させるために社員が一途になって取り組んでいます。
2　個人差があるので一途には言えないが、日本人は几帳面な人が多い傾向にある。
3　日本の学校では一途な服装をするように校則で定められている。
4　10年間という長い間、一途に彼女だけを愛し続けていたが、結ばれることはなかった。

24 施す

1 定年退職する上司に、感謝の気持ちを込めてプレゼントを施す。
2 事故現場で応急処置を施した後に、病院へ搬送する。
3 生徒に家で学習する習慣をつけさせるため、夏休みにたくさんの宿題を施す。
4 残業で帰りが遅くなるので、自動で犬にえさを施す機械を買った。

25 遮る

1 先生の話を遮って、学生が質問した。
2 吹雪の中、寒さを遮るために雪に穴を掘った。
3 あまりに衝撃的な映像だったので、思わず顔を遮ってしまった。
4 高校卒業から10年の時を遮って彼らは再会した。

問題5　次の文の（　　　）に入れるのに最もよいものを、1・2・3・4から一つ選びなさい。

26 ネットで好評な海外の連続ドラマを見始め（　　　）、寝不足の日々だ。

1　たからには　　2　たあげく　　3　てはじめて　　4　てからというもの

27 村上「永野くん、今年度の業績評価はどうだった？いつも優秀だから評価良かったんじゃない？」

永野「それがさ、昨年度もそんなによくなかったんだけど、今年度（　　　）今までで一番悪い評価だったよ。」

1　にかけては　　2　に至っては

3　ならいざしらず　　4　ならまだしも

28 健康を維持し免疫力をアップさせるために、この3年間一日（　　　）運動をしなかったことはない。

1　だに　　2　はおろか　　3　たりとも　　4　のみ

29 皆は僕のことを天才だと言うけど、いくら才能があっても努力（　　　）優勝はあり得なかっただろう。

1　ならともかく　　2　なくして

3　ならいざしらず　　4　ならまだしも

30 あの食堂の料理を食べる（　　　）お腹が痛くなったので、きっとあの食堂は衛生面の配慮が足りないのだろう。

1　までもなく　　2　にあたって　　3　と思いきや　　4　や否や

31 第一志望の大学に合格する（　　　）、毎日こつこつと勉強に励もうと思っている。

1　とあれば　　2　とあって　　3　べく　　4　べくして

32 中本「花粉症がひどいですから、明日耳鼻科に行こうと思っているんです。」

佐藤「病院に（　　　）ですよ。私が花粉症によく効く薬をあげますから。」

1　行くまでもない　　2　行くに越したことはない

3　行ってしかるべき　　4　行くにすぎない

33 母が作ってくれたココア は、真冬の寒さ（　　）、とてもおいしく感じられた。

1　を踏まえて　　　　2　と相まって

3　にかこつけて　　　4　をいいことに

34 彼の作品は素晴らしいものだから、もっと世の中から評価（　　）。

1　されてしかるべきだ　　　2　されてなによりだ

3　されてはかなわない　　　4　してばかりもいられない

35 （お知らせ）

ただいま復旧工事のため、断水しております。

皆様、一日も早い復旧のために、ご協力（　　）。

1　申します　　　　　　2　くださります

3　させていただきます　4　願います

問題6　次の文の＿★＿に入る最もよいものを、1・2・3・4から一つ選びなさい。

（問題例）

私の＿＿＿　＿★＿　＿＿＿　＿＿＿なることです。

1　に　　　2　夢　　　3　有名な歌手　　　4　は

（解答のしかた）

1. 正しい文はこうです。

私の＿＿＿　＿★＿　＿＿＿　＿＿＿なることです。 2　夢　　4　は　　3　有名な歌手　　1　に

2. ＿★＿に入る番号を解答用紙にマークします。

（解答用紙）

例	①　②　③　●

---

36 夜更けにリビングから物音が聞こえてきたので、＿＿＿　＿★＿　＿＿＿　＿＿＿妹の姿があった。

1　食べ物を探している　　　2　泥棒が入ってきた

3　そこにはお腹を空かせて　　　4　のかと思いきや

37 （レストランで）

他の客が並んでいるにも関わらず、あの男は＿＿＿　＿＿＿　＿＿＿　＿★＿。

1　迷惑　　　2　居座っていて

3　極まりない　　　4　何時間も

38 ギャンブルにはまってから＿＿＿ ＿＿＿ ＿★＿ ＿＿＿。

1 生活が　　2 続いている　　3 借金　　4 まみれの

39 北海道の冬は、＿＿＿ ＿＿＿ ＿★＿ ＿＿＿ といおうか寒くてもなんだかほっとするんだよ。

1 柔らかい　　2 確かに寒い

3 優しいといおうか　　4 んだけど

40 先着100名のお客様に日頃の感謝を＿＿＿ ＿★＿ ＿＿＿ ＿＿＿。

1 いただきます　　2 込めて

3 ギフト券を　　4 プレゼントさせて

問題7　次の文章を読んで、文章全体の趣旨を踏まえて、[41]から[45]の中に入る最もよいものを、1・2・3・4から一つ選びなさい。

一般常識

「一般常識」という言葉、日本ではよく耳にする言葉だ。

時事問題(じじもんだい)（注1）やビジネスマナー、義務教育(ぎむきょういく)（注2）中に習う国語、算数、歴史などの基本的な知識のことを指す。日本ではこのような知識は社会人になるにあたり、必要な知識だと考えられていて、採用試験の際に「一般常識テスト」がある会社も珍しくない。

私も就職活動時、志望する企業に[41]、自分なりに一生懸命「一般常識」を学んできた。その結果、一流企業と呼ばれる企業に就職することができ、これからの社会人生活が楽しみでたまらなかった。

[42]、いざ社会に出ると、自分が学んできた「一般常識」がどれほど無意味だったかを痛感し[43]。私は電機メーカーで海外営業の仕事をしており、普段から外国人と関わる機会が多かったのだが、それを痛感したのは3年目、アメリカへ赴任した時のことである。そこでは、日本の形式的なビジネスマナーが全く通用しなかった。むしろ、長く定型的な挨拶などは話を迅速に進める上で不要だと考えられており、不快感[44]与えていた。私は彼らに指摘されて、初めてそのことに気付いた。愚かにも程がある。その後も赴任する先々で同じようなことを体験した。逆に相手の国の「一般常識」を受け、驚くこともあった。その経験は自分の凝り固まった考えを客観視し、考え直す良い機会となった。誤解してほしくないのだが、私は決して日本の「一般常識」が間違っていると言いたいのではない。ただ、必要以上に「一般常識」にとらわれていないか、と問いたいのである。

日本人だけ[45]世界各国の人と繋がり、働いていくこれからの時代。いつまでも日本の「一般常識」にとらわれていると時代遅れと後ろ指(うしろゆび)（注3）を指(さ)されてしまうかもしれない。

（注１）時事問題(じじもんだい)：近年世の中で話題となった政治、社会、経済、国際社会の事柄

（注２）義務教育(ぎむきょういく)：国の法律で教育を受けることが定められている期間（小学生及び中学生の期間）

（注３）後ろ指を指される：非難される

41

1　受からないまでも　　2　受からんがため

3　受かるまでもなく　　4　受かるべからず

42

1　すなわち　　2　それゆえ　　3　もはや　　4　しかしながら

43

1　驚くにあたらない　　2　驚くにすぎなかった

3　驚きを余儀なくされた　　4　驚きを禁じ得なかった

44

1　とか　　2　だに　　3　ながら　　4　すら

45

1　ならいざ知らず　　2　にかかわらず

3　にとどまらず　　4　にあたらず

問題8　次の（1）から（4）の文章を読んで、後の問いに対する答えとして最もよいものを、1・2・3・4から一つ選びなさい。

（1）

初対面の人とは緊張して話ができない「人見知り」という人間が世の中に数多くいるが、これは生まれながらの性格によるものではない。そしてそれは、意識と習慣によって克服することが可能である。

社交的な人の話を聞くと「昔は人見知りでした」と言う人が少なくない。彼らは努力して「社交的」という性格を手に入れたのだ。誰でも初めて会う人の前では緊張するし、自分から話しかけることは怖いと感じるだろう。しかし勇気を出して一歩踏み出す。そして意識して自分から積極的にコミュニケーションを取るという行為を繰り返し、習慣にすることが大切なのである。

46 人見知りを克服することについて、筆者はどのように考えているか。

1　意識して人に話しかけるということを続けることが大切だ。

2　意識して初対面の人と会う機会を増やそうとすることが大切だ。

3　意識して社交的な人とコミュニケーションを取り続けなければならない。

4　意識して人見知りにならない努力を続けると、社会への恐怖を感じなくなる。

(2)

以下は、コンサートの運営会社から送られてきたメールの内容である。

村上(むらかみ)由佳(ゆか)様

この度は、森コンサート運営事務局にてコンサートチケットの抽選にご参加いただき誠にありがとうございました。

抽選番号：B6110379

アーティスト名：「ジャパンフォレスト」

残念ながら、村上(むらかみ)様は抽選にはずれてしまいました。ご希望に添えず、大変申し訳ありません。抽選お申し込みの際にお支払いいただいたチケットの代金を全額返金させていただきます。本日中に村上(むらかみ)様の口座にお振込いたしますので、後ほどご確認をお願いいたします。

お手数をおかけいたしますが、何卒よろしくお願い申し上げます。

なお、今回の抽選結果についてのご質問やご意見は受け付けておりません。返金手続きについて、またメールの内容についてご不明な点がございましたら、下記のアドレスまでご連絡ください。

■森コンサート運営事務局■

担当：中本(なかもと)ひろこ

お問い合わせメールアドレス：moriconcert@XXXX.XXXX

47 このメールの用件は何か。

1　抽選にはずれたが、もう一度抽選に参加するためにお金を振り込んでほしい。

2　口座に振り込みができないことを承諾してほしい。

3　返金の確認ができたら、担当者のアドレスに連絡してほしい。

4　抽選にはずれてしまったので、支払われているお金を返したい。

(3)

年齢に関わらず、新しい時代の流れを掴(つか)めなくなった人は「おじさん」という名の席に座らされる。口うるさい上司も、お隣に住む頑固なあの人も、昔は「若者」の席に座っていたのだろうし、彼らにとって「おじさん」と呼ぶべき対象となる人が存在したのだろう。若者の考えが理解できなくなると、かつての「若者」は強制的に「おじさん」席へと送られてしまうようだ。

48 筆者の考えに合うのはどれか。

1 年齢が高い人は「おじさん」と呼ばれ、時代の流れがわかる人は「若者」と呼ばれる。

2 新しい時代の流れによって、「若者」から「おじさん」へと思考が切り替わる。

3 世の中の流行や新しい世代の思考がわからないと「おじさん」と呼ばれる。

4 席が空くまでは、「若者」が「おじさん」の席へ送られることはありえない。

(4)

広告に対する嫌悪感は万国共通のものだ。弾む気持ちでサービスを利用している最中に「あなたにぴったりの商品はこちら！」という文字が突如現れ、顔を歪めてしまう(注)という経験をした人は少なくないはずだ。実は、消費者は広告を不快に感じ、無意識のうちに視界から排除している場合が多い。

これからの時代、企業はいかに「宣伝っぽくない」広告を企画するかが重要となってくる。もしくは「すみません、これから宣伝をします」と客に先に断っておくことも嫌悪感を軽減する一つの方法だろう。

（注）顔を歪める：不快な気持ちを表情に表す

49 筆者の考えに合うのはどれか。

1 企業側が販売の意図を感じさせない広告を制作することは難しい。

2 顧客を逃さないために、宣伝要素を隠した広告を企画する必要がある。

3 宣伝を目的としないコンテンツは、無意識に消費者の視界から消える。

4 宣伝内容を事前に伝えることで、広告への嫌悪感を軽減することができる。

問題9　次の（1）から（3）の文章を読んで、後の問いに対する答えとして最もよいものを、1・2・3・4から一つ選びなさい。

（1）

アリの世界では「女王アリ」と呼ばれる雌のアリが、コロニー(注1)の中心的な存在となる。コロニーの中には「働きアリ」と呼ばれるアリが無数に存在しており、その集団をまとめているのが女王アリである。

女王アリの生態は、まさに謎だらけである。女王アリの大きな仕事は卵を産むことであり、死ぬまで巣の中でアリを生み出し続ける。特徴的なのが、交尾の方法である。なんと女王アリは空中で交尾を行う。交尾後、雄のアリは死んでしまい、女王アリは巣作りを開始するのだが、この際飛行のために使った羽を自ら取ってしまうそうだ。つまり女王アリは、一生のうちで交尾をたったの一度しか行わない。そのため、①一度の交尾で一生分の精子を受け取る必要があるのだ。

一生分の精子を受け取ると言っても、たった一度の交尾でどうやって卵を産み続けることができるのかと疑問に思っただろう。女王アリは「受精嚢（じゅせいのう）」という臓器を持ち、受け取った精子をいつでも使用可能な状態で体内に貯蔵することができる。また、実は、女王アリは受精せずに卵を産むこともできるのだ。無精卵(注2)からは雄のアリ、有精卵(注3)からは雌のアリが生まれるようになっており、季節やコロニーの規模など、必要な条件に応じてそれぞれの卵を産み分けている。女王アリは②コロニーの状態を調整するための役割も担っているというわけだ。

コロニーの中では多数の雌の働きアリが生活している。雌の働きアリも卵を産む能力を持っているが、女王アリのフェロモン(注4)によって繁殖が抑制されていると言われている。これだけ強い権力を持っている女王アリだが、巣の中では「裏切り者」が現れ女王アリが殺されてしまうことも100%ないとは言い切れないという見方もあるそうだ。③それは、人間の世界でも同様に起こり得ることだ。

（注1）コロニー：一つの地域に住んでいる生き物の集団

（注2）無精卵：雌だけで産むことができる、受精していない卵

（注3）有精卵：雌だけで産むことができない、受精した卵

（注4）フェロモン：動物の体内にあり、体外に出すことで、同じ種類の動物に影響を与える物質

50 ①一度の交尾で一生分の精子を受け取る必要があるとあるが、なぜか。

1　女王アリが巣作りのために羽をとってしまうと、卵が産めなくなるから。

2　女王アリが精子を受け取ると同時に、交尾に必要な羽がなくなってしまうから。

3　女王アリは交尾のために羽が必要だが、それは一生に一度しか生えないから。

4　女王アリは交尾後に羽を取ってしまうため、一度しか交尾ができないから。

51 ②コロニーの状態を調整するための役割も担っているとあるが、なぜか。

1　女王アリは条件に応じて、産む卵の数を調整することができるから。

2　女王アリは状況に合わせて、単独で卵を産むことができるから。

3　女王アリは精子や卵を体内にため、いつでも産むことができるから。

4　女王アリは、繁殖の季節に雄のアリを産むことができるから。

52 ③それとは何か。

1　裏切り者が殺されること

2　強い者が女王アリになること

3　強い権力を持つ者が現れること

4　権力を持つ者が裏切られること

(2)

「自分の意見を主張する」という行為を習慣にしている人は、普段からあまりその行為を負担に感じない。反対に、①そのことに慣れていない人は、どんな場面でも意見を主張することに対してストレスを感じてしまう。相手にどう思われているのか、自分のことばかり話して厚かましい人間だと思われていないかと案じることに疲れてしまうだろう。

自分の意見を主張することは、大人になればなるほど難しくなる場合が多い。子供の頃はあまり上手に嘘をつけないし、その必要もない。しかし大人になると、人間関係を円滑にするため、また利害関係のバランスを取るために、自分の意見を共有できない、または共有しない方が良いと思われる場面に出くわす。このような場面で思い切って考えを主張したとしても、周りからの冷たい視線や非難の目に耐えきれず「もう二度と自分の意見を言うまい」と心に誓うだろう。②このようなプロセスを経て人は自己主張を忘れてゆくのだ。そうして、いわゆる”大人”というものへと成長する。

ここで言う”大人”というものが、真に立派な大人であるかどうかは議論の余地がある。一般的に自己主張の激しい人は、子供っぽいとか個性的だと言われることが多い。しかし、特に仕事をする上では、自分の意見を主張できないと「ダメなやつ認定」されることが多い。必要に応じて自己主張を取り出したり隠したりできるようになる、それが立派な大人になるということなのだろう。

53 ①そのこととは何か。

1　自分の意見を主張すること

2　自分の意見を主張することを負担に感じること

3　どんな場面でも意見を主張すること

4　どんな場面でもストレスを感じてしまうこと

54 ②このようなプロセスとあるが、どのようなことか。

1　意見を主張できない場面で嘘をつく。

2　意見を主張できない人間関係について教えてもらう。

3　周りの人から非難されても自分の意見を主張する。

4　周りの人から非難されることで、発言を控えるようになる。

55 "大人"について、筆者はどのように述べているか。

1　"大人"はどんな場面でも自己主張をする必要がある。

2　"大人"は立派な大人になるために自己主張を続ける。

3　"大人"は自己主張が激しいため、周りから避けられることが多い。

4　"大人"は自己主張をコントロールすることで立派な大人になれる。

（3）

独立を支援する企業が増え始めている。一昔前までは一つの会社に長く身を置く(注1)ことが良しとされてきたが、そのような考えによって傲慢に振る舞うベテラン社員が増え、結果として若い者が意見を出しにくい風通しの悪い会社が生まれてしまった。その対策として企業が打ち出したのが社員の独立支援制度であり、退職に対するマイナスイメージを払拭し、人材の流動性(注2)を高めることで風通しの良い会社をつくり、これまでにない斬新なアイデアにより企業を発展させることを期待した。

独立支援制度を導入した企業は、起業を夢見る若くて優秀な人材の確保や既存社員の意識改革に効果があったと述べている。独立支援制度の一つである新事業提案制度がそれに大きく貢献しており、社員が新規事業を提案した後に、他の社員からそれに対するフィードバック(注3)をもらい、好評を博した事業を独立させるというシステムだ。

このシステムは起業を夢見る社員にとって、思案(注4)していた事業案についてフィードバックを基に内容について精査(注5)することができるので、起業失敗のリスクが抑えられるというメリットがある。しかし、これまで企業を発展に導いてきた独自の戦略や手法が利用されてしまうリスクがあることを企業は忘れてはならない。長きに渡り企業を守り抜いてきた社員からは、それらのリスクを冒してまでこの制度を続ける意味はあるのかと疑問の声も上がっている。

企業はそれらのリスクに対し対策を講じるべきであるが、独立する者も在籍する企業を独立をするための単なる踏み台として利用するのではなく、在籍する企業にできる限り貢献するべきだ。それが築いてきた関係を壊さないためにも、独立後自社を成長させていくためにも欠かせないことだ。

（注1）身を置く：組織に所属すること

（注2）流動性：留まらずに流れ動く性質

（注3）フィードバック：評価や意見のこと

（注4）思案する：よく考える

（注5）精査する：詳しく調べる

56 独立を支援する企業が増え始めているのはなぜか。

1 起業を夢見る若者に対し、サポートする体制があるから。

2 斬新なアイデアによって、独立に対する認識が変わったから。

3 企業を成長させるには、新しい発想が必要不可欠だと考えているから。

4 ベテラン社員が退職することで、企業の悪いイメージが払拭されるから。

57 筆者によると、独立支援制度を通して起業する利点は何か。

1 一人で起業する場合よりも金銭的に余裕を持つことができる。

2 有益なアドバイスをもらうことができるので、起業の成功率が高まる。

3 人と意見を交換することで、起業のリスクを事前に知ることができる。

4 考えていた事業案の良さを多くの人に認めてもらうことができる。

58 筆者によると独立を希望する社員に求められることは何か。

1 在籍する企業の発展に力を尽くすこと

2 起業で得たスキルを在籍する企業に活かすこと

3 企業の戦略が利用されないように対策をとること

4 在籍する企業を利用せず、自らの力で起業すること

問題10　次の文章を読んで、後の問いに対する答えとして最もよいものを、1・2・3・4から一つ選びなさい。

社会に出るまでは「一生懸命」が何よりも素晴らしいことだと語られがちである。とにかく長い時間勉強したり、とにかくたくさん練習したりすることがしばしば称えられるが、私はこの考えに疑問を感じている。本来称えられるべきことは、他にあるのではないだろうか。「一生懸命」という行為自体を否定するつもりはない。ただ「一生懸命」が目的になってはいけないと忠告しておきたい。

私は学生の頃、サッカー部に所属していた。監督が評価するのはいつも「努力の量」であった。つまり「一番たくさんシュートの練習をした人」が評価される世界だ。今考えればおかしな話である。いくらたくさんシュート練習をしたって、試合で得点を決められなければ意味がない。にも関わらず「あいつは一生懸命練習しているから」という理由だけで、技術のない選手が試合出場メンバーに選ばれるということがよくあった。こうした悲劇①は、私のサッカーチームだけで起こっていたことではないだろう。スポーツなら勝つこと、勉強なら合格すること、商売なら利益を出すことが目的のはずだ。そのための最善の方法を思考し、工夫し、行動し続けることが、結果的に「一生懸命」になり得るのだ。「一生懸命」は目的ではなく、目的を達成する道のりを外から見た状態なのである。

こんなおかしな常識に浸っていても、ひとたび社会に出れば今までの生き方が通用しないとすぐに気がつく。「一生懸命」だけでは越えられない壁が何度も立ちはだかるからだ。若ければ若いほど、「一生懸命」が免罪符(注1)になる場面が多い。特に学生時代は、それが最も高く評価される時代だろう。しかし社会に出ると「一生懸命なのはいいんだけど…」と上司にため息をつかれるのがオチ(注2)だ。

「今まではこれで評価されていたんです！」と上司に歯向かって(注3)も意味がない②。学生と社会人では、もはや人生のルールが違うのだ。そうとわかれば、マインド(注4)を切り替えるしかない。社会に出れば結果が全てで、あなたが一生懸命やったかどうかなどどうでもいいことだと理解しなければならない。

これからの時代、子供や学生を評価する立場の人間は、少しでも過程から結果に目を移すべきだろう。結果を評価するようになれば、いかにして少ない時間、少ない力で良い結果を出せるかを一人一人が真剣に考えるようになるはずだからだ。結果に無関係な努力のアピールをする必要もなく、無駄が減り、成功までのシンプルで正しい道筋ができるだろう。社会で活躍する人材を育てるためには、今後このような考え方が重要になってくるのではないだろうか。

（注1）免罪符：何かをすることを許してもらうためのもの

（注2）オチ：物語の結末

（注3）歯向かう：逆らう

（注4）マインド：気持ちや考え方のこと

59 学生時代の話で、筆者が述べていることは何か。

1 たくさん練習することが、結果を出すために一番大切なことだ。

2 結果よりも、どれだけ頑張ったかが常に評価の対象となる。

3 最も評価されるのは、熱心さではなく、どれだけ効率良く結果を出したかだ。

4 試合に勝てなければ、どれだけ練習を頑張っても「努力」と呼ぶことはできない。

60 ①こうした悲劇とはどのようなことか。

1 誰より努力しているにも関わらず、出場選手に選ばれない。

2 努力量に関係なく、とにかく結果を出す選手が試合に出場できる。

3 一番練習している選手が、試合で得点を決めることができない。

4 技術のない選手が、努力しているという理由だけで高く評価される。

61 ②歯向かっても意味がないと筆者が考えるのはなぜか。

1　一生懸命にやっても成果がともなわなければ、社会では評価されないから。

2　一生懸命を免罪符として使えるのは、仕事で成果を出した人だけだから。

3　「結果」が出ていないのに一生懸命さを訴えると、相手からの評価が低くなるから。

4　「過程」と「結果」のどちらを評価するかは、人によって異なるから。

62 筆者によると、これからの時代に重要なことは何か。

1　評価する際に、「結果」ばかりでなく「過程」に重点をおくこと

2　評価する側の人間が「過程」ではなく「結果」に目を向けること

3　努力しているという「結果」を、評価者に対して強くアピールすること

4　シンプルで正しい方法を選択できているかを重視して「過程」を評価すること

問題11　次のAとBの文章を読んで、後の問いに対する答えとして最もよいものを、1・2・3・4から一つ選びなさい。

A

週休三日制の導入は、会社にとって不利益だと言う人がいるが本当にそうだろうか。給料を変えず、休みの時間を増やすのは、企業の資本をむだ遣いする行為だという見方もあるかもしれないが、それはこの制度の本質を理解していない。仕事をしない時間をつくることは、価値あるものを生み出すためには間違いなく欠かせない要素なのだ。

休みの時間は何をしてもいい。新たな知識を得るためにセミナーに参加するも良し、散歩をして過ごすのも良いだろう。とにかく、仕事をしている自分とは違う自分になる。そういった時間を十分に持つことで、新しいアイデアを出したり、得た知識や経験を仕事に生かしたりすることもできる。「休むのも仕事のうち」とよく言うが、仕事で自分の持つ能力を最大限に発揮できるかどうかは休日にかかっていると言っても過言ではない。

B

週休三日制は労働時間を減らし、自由に使える時間を増やすことで、社員の生活の質の向上を図ろうという革新的な制度である。役職の有無や地位の高低に関わらず、その企業で働く社員は、皆等しく週に三日は休む権利を与えられるのだ。

働かない時間が増えることで、彼らは心身の疲れを取る時間を確保することができる。そもそも五日間の労働に対し休息が二日しかないというのは、納得がいかない。何百年も前なら話は別だが、今は文明が発達し機械がほとんどの仕事を人間に取って代わるようになった。休めないはずがないのだ。企業は社会を豊かにするために存在しているはずである。まずは従業員の生活を豊かにするために、この制度を導入することが先決だろう。

63 週休三日制の良い点について、AとBはどのように述べているか。

1 Aは会社に利益をもたらすと述べ、Bは社員の心身が疲れなくなると述べている。

2 Aは会社の売上が上がると述べ、Bは社員の役職が上がると述べている。

3 Aは会社の資本を守ることができると述べ、Bは社員の能力が向上すると述べている。

4 Aは会社で良い仕事ができると述べ、Bは社員の疲労回復に有効だと述べている。

64 休むことについて、AとBはどのように述べているか。

1 AもBも、仕事で良い結果を出すために必要なものだと述べている。

2 AもBも、休みの間は仕事に役立つ勉強をするべきだと述べている。

3 Aは仕事で活躍するために必要だと述べ、Bは人生を豊かにするために必要だと述べている。

4 Aは仕事時間以外の自分になることが大切だと述べ、Bは社会を豊かにするために必要だと述べている。

問題12　次の文章を読んで、後の問いに対する答えとして最もよいものを、1・2・3・4から一つ選びなさい。

多くの人を魅了(注1)するような芸術作品を生み出すことは難しい。もちろん作品の完成度の高さや目新しさも人の心を惹きつける(注2)重要な要素の一つと言えるだろうが、「オリジナリティ(注3)」が最も大切な要素だと考える。作品は作者の心をうつす鏡のようなものだ。作者らしさが表れている作品だからこそ、見ている人の胸を打つ(注4)のである。

しかし、オリジナリティがあることと斬新であることを取り違えている(注5)人が多いように思う。今までにないような作品をオリジナリティがある作品と呼ぶのではない。①真にオリジナリティのある作品というのは、斬新さを目的として作られていないのだ。また、人目を引くような奇抜なアイデアや手法を用いて作られたもののことでもない。

オリジナリティという言葉は「独創性」という言葉に言い換えられるが、その字の通り「独自」に「創る」ことであり、他を中心として生み出されるものではない。しかしながら、古くから日本人は集団主義的な傾向があり、日本の子どもたちは他との調和を重視するように教育されてきた。そのような教育を受けた子どもたちがどのようにして「独創性」を伸ばしていけると言うのだろうか。私はこのような現状を「もったいない」と思う。なぜなら幼い彼らは自由に物事を考えられる柔らかい頭を持っていて、今こそ「独創性」と向き合うべきだからである。

そんな②もったいない現状に対してどのような対策をとっていくべきだろうか。幼い彼らに「他を意識しないで」と言葉で伝えるのは効果的な方法とは言えないだろう。おそらく、自らの手でアイデアを形にし、それが評価される喜びを知る必要がある。そのためには、教育する側の変化が不可欠だ。上手にやることを目的とするのではなく、主体的に行動することを目的とし、大人が子どもたちに自由に考え行動する機会を与える必要があるだろう。もちろん、他からインスピレーションを受けることを否定しているわけではない。ただ待っていたら天から良いアイデアが降ってくるなんてあり得ない話であり、様々なものに触れ、それらから刺激を受けた結果、③価値ある作品が生まれるということだ。ただし、そのような人の心を動かす作品はただの模倣品とは異なり、外から受けた刺激を自分なりに解釈し自分の作品へと昇華(注6)したものであるということを理解しておくべきだろう。

今後ますます科学技術が発展し、ロボットが人間の仕事を奪っていくようになると言われている。それは、芸術の分野も例外ではないだろう。科学技術を活用することで、間違いなく表現できる作品の幅は広がっていくはずだ。そして、私たち人間にはそれぞれの「独創性」が試されるようになる。つまり、人間には人間にしかできないことが求められるということである。

（注1）魅了する：夢中にさせる

（注2）心を惹きつける：興味を持たせること

（注3）オリジナリティ：独創性

（注4）胸を打つ：感動させる

（注5）取り違える：間違って理解する

（注6）昇華する：より価値の高いものに変化させること

65 ①真にオリジナリティのある作品とはどのような作品か。

1　注目を集めるような奇抜な作品

2　今までにないような目新しい作品

3　他の人が真似することができない作品

4　作者の心が反映されている作品

66 ②もったいない現状とあるが、何がもったいないのか。

1　柔らかい頭を必要としていないこと

2　独創的な作品に触れてこなかったこと

3　自ら考え行動する機会が少ないこと

4　他を意識するなと教育されてきたこと

67 ③価値ある作品について、筆者が述べていることに合うのはどれか。

1　影響を受けたものの数によって、作品に価値があるかどうかが決まる。

2　他のものを中心に考えることで、珍しい作品を生み出すことができる。

3　他のものから受けた影響を、自分なりのやり方で作品に反映すべきである。

4　他のものから影響を受けてしまうと、自分らしい作品を作ることができない。

68 筆者が言いたいことは何か。

1　ロボットには作れない繊細な技術を必要とする作品が増える。

2　オリジナリティのある作品を作ることが求められるようになる。

3　科学技術が発展し、ロボットがなければ芸術作品は作れなくなる。

4　科学技術を応用したオリジナリティのある作品を作らなければいけない。

問題13　右のページは、ある企業の仕事体験募集のお知らせである。下の問いに対する答えとして最もよいものを、1・2・3・4から一つ選びなさい。

69 グエンさんは、東京にある工科大学のコンピューターサイエンス学部の2年生である。彼はこれ以上大学で学べる知識はないと思い、Mori Techへ就職すると心に決めた。グエンさんは、まず何をすればよいか。

1　「Mori Tech コンテスト」で優勝して、そのままMori Techへ入社する。

2　「ビジネス体感インターンシップ」で優勝して、そのままMori Techへ入社する。

3　Mori Techのホームページで履歴書を提出する。

4　Mori Techのホームページで会員登録をする。

70 フォンさんは文学部卒業予定の大学4年生であり、現在北海道に住んでいる。できるだけ多くのMori Techの仕事体験に参加したいと思っている。彼女が申し込みできる仕事体験の数と、全て参加できたときにもらえる報酬額はいくらか。

1　1つ申し込みでき、9,100円がもらえる。

2　2つ申し込みでき、18,200円がもらえる。

3　3つ申し込みでき、18,200円がもらえる。

4　3つ申し込みでき、63,700円がもらえる。

（株）Mori Techインターンシップ(注)のお知らせ

A　ビジネス総合職 一日 仕事体験（全二回）
若手社員とともに新しい事業計画を立てます。5人が一つのチームになって、世の中に貢献できる事業を立ち上げてください！

◆定員 各回50名　◆東京本社開催　◆日時 11月14日（土）、11月15日（日） 10:00～17:00
◆学部・学科不問　◆報酬 時給1,300円　◆選考なし
※一回のみ 参加可能

B　IT エンジニア職 一日 仕事体験（全二回）
中堅のエンジニアと一緒にゼロからMori Techのシステムを設計します。学生5人に1人のMori Techの社員が付き、システム設計のために必要なスキルを伝授します。

◆定員 各回50名　◆大阪支社開催　◆日時 11月14日（土）、11月15日（日） 9:50～12:00
◆理系学科・理系学部対象　◆報酬 時給1,300円　◆選考なし
※一回のみ 参加可能

C　ビジネス体感インターンシップ WEB開催
4人が一つのチームになって、7日間行われる仕事体験です。6日間学んだ経験と知識をもとに最終日、Mori Techの会長に新しい事業を提案します。優勝した二つのチームはそのまま入社していただきます。

◆定員20名　◆WEB開催　◆日時 11月21日（土）～11月27日（金）
◆学部・学科不問　◆報酬なし　◆選考あり

D　大学1年生、2年生歓迎「Mori Tech コンテスト」
4人が一つのチームになり、Mori Techの経営課題を解決します。課題を発見してもらい、解決策まで発表してもらいます。優勝した二つのチームはそのまま入社していただき、発見した課題を解決してもらいます。

◆募集人数 各回 若干名　◆会場 東京本社及びWEB　◆日時 12月26日（土） 10:00～17:00
◆報酬 時給1,300円　◆学年・学部・学科不問　◆選考あり

【申し込み方法】
弊社ホームページにて「履歴書提出」と「事前テスト」を行ってください。
「履歴書提出」と「事前テスト」を行うには、事前に弊社ホームページの会員登録をする必要があります。（ホームページ http://mypage.nihongonomori.com）

【応募締め切り】
「履歴書提出」と「事前テスト」は11月8日（土） 24:00までに行ってください。

【交通費・宿泊費】
A・B・D：交通費・宿泊費は参加してから一週間後にお支払い致します。

Mori Tech インターンシップ サポートデスク
TEL：03-3333-XXXX
E-mail：m-internship@recruit.nihongonomori.com

（注）インターンシップ：仕事体験

Listening

問題用紙

N1

聴解

(60分)

注　意
Notes

1. 試験が始まるまで、この問題用紙を開けないでください。
   Do not open this question booklet until the test begins.
2. この問題用紙を持って帰ることはできません。
   Do not take this question booklet with you after the test.
3. 受験番号と名前を下の欄に、受験票と同じように書いてください。
   Write your examinee registration number and name clearly in each box below as written on your test voucher.
4. この問題用紙は、全部で12ページあります。
   This question booklet has 12 pages.
5. この問題用紙にメモをとってもかまいません。
   You may make notes in this question booklet.

受験番号 Examinee Registration Number	

名前 Name	

問題1

問題1では、まず質問を聞いてください。それから話を聞いて、問題用紙の1から4の中から、最もよいものを一つ選んでください。

例

1 デザイン案を見せる
2 文字の色を変える
3 発売日を書く
4 打ち合わせの日を決める

1番

1　植物に与える水の量を増やす

2　植物に与える水の量を減らす

3　植物を外にずっと置いておく

4　部屋の温度を上げる

2番

1　ITチームに電話する

2　もう一度、ログインする

3　女性にバックアップファイルを送る

4　共有フォルダーに新しい情報を保存する

3番

1 ゼミ生と先生とビデオ会議を始める

2 メールで進行役の台本を確認する

3 会計士資格試験の勉強にもどる

4 模擬授業の進行の練習をする

4番

1 タブレットでお客様の電話番号を探す

2 お客様に電話する

3 配送伝票を書き直す

4 お客様の家に直接配達する

5番

1　スマホで動画のリンクを確認する

2　エアコン洗浄業者に問い合わせる

3　旦那さんに電話する

4　ユーチューブを見ながらエアコンを掃除する

6番

1　チーム分けをする

2　ECサイトの本社に訪問する

3　ECサイトに入る

4　役割分担をする

問題2

問題2では、まず質問を聞いてください。そのあと、問題用紙のせんたくしを読んでください。読む時間があります。それから話を聞いて、問題用紙の1から4の中から、最もよいものを一つ選んでください。

例

1 プレゼントをあげなかったから
2 仕事が忙しかったから
3 長時間外で待たせていたから
4 連絡しなかったから

1番

1　仕事のパフォーマンスが下がるから

2　仕事のセキュリティーが担保されないから

3　家でパートナーとずっと一緒にいるから

4　仕事以外の時間の活用が難しいから

2番

1　ゲーム内でキャラクターに着せる服を売る企画

2　ゲーム内のキャラクターが限定アイテムを販売できる企画

3　ゲーム内のキャラクターがプレゼントしたものが実際に家に届く企画

4　ゲーム内のキャラクターに着せる服をプレーヤーも実際に着られる企画

3番

1　妻が海外転勤に反対していること

2　妻を残して海外に行くこと

3　妻と両親の関係が良くないこと

4　妻がベトナムに住むこと

4番

1　自分で学費を稼ぐべきだった

2　もっと書いたり話したりする訓練をするべきだった

3　オンラインコースを受講するべきだった

4　単語や文型をもっと覚えるべきだった

5番

1　多様なデバイスで動画を楽しめるようにすること

2　会員の好みに合わせて動画を勧める機能をつくること

3　サービス価格を安くすること

4　自社のオリジナルのコンテンツをつくること

6番

1　無人レジ機械を設置すること

2　レジ袋を有料化すること

3　商品の自動発注システムを導入すること

4　インターネットで商品を販売すること

もんだい
問題3

問題3では、問題用紙に何も印刷されていません。この問題は、全体としてどんな内容かを聞く問題です。話の前に質問はありません。まず話を聞いてください。それから、質問とせんたくしを聞いて、1から4の中から、最もよいものを一つ選んでください。

—メモ—

問題4

問題4では、問題用紙に何も印刷されていません。まず文を聞いてください。それから、それに対する返事を聞いて、1から3の中から、最も よいものを一つ選んでください。

—メモ—

問題5

問題5では、長めの話を聞きます。この問題には練習はありません。
問題用紙にメモをとってもかまいません。

1番、2番

問題用紙に何も印刷されていません。まず話を聞いてください。それから、質問とせんたくしを聞いて、1から4の中から、最もよいものを一つ選んでください。

―メモ―

3番

まず話を聞いてください。それから、二つの質問を聞いて、それぞれ問題用紙の1から4の中から、最も最もよいものを一つ選んでください。

質問1

1 沖縄

2 東京

3 韓国

4 ダナン

質問2

1 沖縄

2 東京

3 韓国

4 ダナン

模擬試験 第1回 正答表

言語知識（文字・語彙）

問題1	1 ①	2 ③	3 ④	4 ③	5 ②	6 ②	
問題2	7 ①	8 ④	9 ②	10 ①	11 ③	12 ④	13 ①
問題3	14 ③	15 ②	16 ①	17 ①	18 ①	19 ④	
問題4	20 ③	21 ①	22 ④	23 ②	24 ③	25 ③	

言語知識（文法）

問題5	26 ③	27 ①	28 ④	29 ①	30 ③
	31 ②	32 ①	33 ④	34 ④	35 ②
問題6	36 ④（4132）	37 ④（1342）	38 ①（4312）		
	39 ③（4132）	40 ③（2143）			
問題7	41 ④	42 ③	43 ④	44 ①	45 ④

読解

問題8	46 ③	47 ④	48 ③	49 ④		
問題9	50 ②	51 ②	52 ③	53 ④	54 ③	55 ①
	56 ③	57 ④	58 ②			
問題10	59 ③	60 ④	61 ①	62 ②		
問題11	63 ③	64 ②				
問題12	65 ④	66 ①	67 ②	68 ①		
問題13	69 ③	70 ②				

聴解

問題1	1 ③	2 ①	3 ②	4 ②	5 ③	6 ④	
問題2	1 ④	2 ①	3 ②	4 ②	5 ①	6 ④	
問題3	1 ④	2 ①	3 ①	4 ③	5 ③	6 ④	
問題4	1 ②	2 ③	3 ①	4 ②	5 ①	6 ②	7 ②
	8 ②	9 ①	10 ③	11 ①	12 ③	13 ②	
問題5	1 ③	2 ③	3(1)④	3(2)②			

模擬試験 第1回 採点表

実際のテストは相対評価のため、この採点表の点数とは異なる可能性があります。

	問題	配点	満点	正解の数	点数
文字語彙	問題1	1点x6問	6		
	問題2	1点x7問	7		
	問題3	1点x6問	6		
	問題4	1点x6問	6		
文法	問題5	1点x10問	10		
	問題6	1点x5問	5		
	問題7	1点x5問	5		
合計			45		

予想点数の計算方法：言語知識(文字語彙・文法) [　　　　]点÷45×60=[　　　　]点

	問題	配点	満点	正解の数	点数
読解	問題8	1点x4問	4		
	問題9	1点x9問	9		
	問題10	1点x4問	4		
	問題11	1点x2問	2		
	問題12	1点x4問	4		
	問題13	1点x2問	2		
合計			25		

予想点数の計算方法：読解 [　　　　]点÷25×60=[　　　　]点

	問題	配点	満点	正解の数	点数
聴解	問題1	1点x6問	6		
	問題2	1点x6問	6		
	問題3	1点x6問	6		
	問題4	1点x13問	13		
	問題5	1点x4問	4		
合計			35		

予想点数の計算方法：聴解 [　　　　]点÷35×60=[　　　　]点

模擬試験 第1回 聴解スクリプト

問題1

例
正答 ③

女の人が飲料の広告について男の人と話しています。女の人はこのあと何をしなければなりませんか。

女：部長、飲料の広告のデザイン案、確認していただけたでしょうか。

男：うん、とてもいいアイデアだと思うよ。

女：ありがとうございます！ただ、ここの文字が少し見にくいかなと思うのですが。

男：うーん、たしかに。まあこの部分は全体のバランスを見てから色を調整するとして…。いつから販売するのか書いてないね。

女：あ！すみません！

男：じゃあ、その部分を書き加えて。それと依頼人にデザイン案をチェックしてもらいたいんだけど。

女：あ、来週打ち合わせをすることになっているので、そのときに確認します。

女の人はこのあと何をしなければなりませんか。

1　デザイン案を見せる
2　文字の色を変える
3　**発売日を書く**
4　打ち合わせの日を決める

1番
正答 ③

図書館のカウンターで男の人と図書館の職員が話しています。男の人はこのあとまずどうしなければなりませんか。

男：すみません。先日発行した会員カードなんですが、なくしてしまって。

女：ああ、そうですか。カードの中に個人情報が登録されているので、取り消しの手続きが必要です。身分証明書をお持ちでしたら、すぐに処理できますが。

男：はい。健康保険証でいいですか？

女：すみませんが、顔写真付きのものでお願いしています。ちなみに、お作りになったのはいつ頃ですか？

男：一昨日ですが。

女：でしたら、お客さまはまだ仮カードのはずです。個人情報は未登録の状態ですので、プライベートな情報は漏れることはありません。ご心配なさらないでください。本カード発行手数料を先にお支払いいただければ、次にご来館の際、すぐ本カードへ移行ができるように手続きしておきますが。

男：じゃあ、お願いします。

女：一週間以内にご本人であることが確認できるものをお持ちの上、こちらにお越しください。

男：はい、ありがとうございました。

男の人はこのあとまずどうしなければなりませんか。

1　身分証明書を持ってくる
2　健康保険証を提示する
3　**本カード発行料金を払う**
4　仮カードのデータを取り消す

2番
正答 ①

会社で女の人と男の人が話しています。女の人はこのあと何をしますか。

女：あのう、先輩、来月発売の新商品の件なんですけど。

男：ああ、あの化粧品？何か問題でもあった？

女：はい、コマーシャルなんですが、5年ぶりの新商品ということで海外で撮ることになっていましたよね。

男：うん。

女：人気若手アイドルグループに出演を依頼したんですが、かなり予算オーバーになってしまいまして。

男：それは困ったな。別の人にお願いできない？

女：それも考えたんですが、あの子達は今売れっ子ですし、スケジュールに余裕がない中引き受けてくれたので。

男：たしかに。じゃあ、できることなら場所にもこだわりたかったけど、商品イメージに合ったタレントを使いたいし、広告会社と相談してなるべく費用がかからないところで撮るしかないか。

女：はい、承知しました。

女の人はこのあと何をしますか。

1　**撮影場所の相談を広告会社とする**
2　広告会社にタレントの変更を依頼する
3　新商品の販売を延期する
4　出演者の人数を減らす

3番　　正答 ②

旅行会社で上司と女の人が話しています。女の人はまず何をしますか。

男：山田さん、来月から始まる女性向けのツアー、新入社員の鈴木さんもチームに入れようと思うんだけど。
女：え、彼女は先月入ったばかりの新人ですよ。
男：この企画は若者ならではの意見が大事なんだ。それに今までにない新入社員ならではの意見が出るんじゃないかと思ってね。君に鈴木さんの教育係を任せてもいいかな。
女：はい…。
男：鈴木さんが加わったら、若者の女性向けというのを前提に、二人で企画書の作成に取り掛かって。あ、マニュアルも作ってね。鈴木さんが加わるのは来週になるから、それまでにね。
女：承知しました。
男：最終的には、その企画書をもとに3人で流れの確認をしよう。その段階で鈴木さんと君で現地調査をしに行ってもらうのもいいね。実際に経験することがより良いサービスの提供に繋がるからね。
女：わかりました。いいツアーになるよう頑張ります。

女の人はまず何をしますか。

1　鈴木さんと現地調査する
2　新人教育マニュアルを作成する
3　企画書を作成する
4　ツアーの流れについて話し合う

4番　　正答 ②

レストランを経営する男の人が知り合いの女の人と話しています。この男の人はこのあと何をしますか。

男：うちのレストラン、最近夜になると外からすごい虫が入って来ちゃって。食べ物を扱ってるから、どうにかしたいんですけど。加藤さんが経営なさってるお店はどうですか？
女：私のところもです。音もうるさいし、店の雰囲気も損なうので困っていたところ、虫を駆除してくれる業者がいると聞いてお願いしたんです。半日もかかって大変だったけど、おかげさまでもう来なくなりました。
男：うちも飲食店じゃなければそうしたいんですけどね。夜は扉を閉めるようにしているんですが、それだけではなかなか。
女：うーん、入ってくる虫を退治するというより、虫が入って来ない環境を作ることが大事かもしれませんね。
男：なるほど…つまり虫が嫌う匂いで追い出すとか？
女：まあ方向性は間違っていないんですが。そういえば、この前業者の人が虫は光があるところを好むって。店先の照明に集まっちゃってるのかもしれませんね。
男：あ、私もネットでその情報見て、店先の看板をしまったんですがいまいち効果がわからなくて。
女：もしかしたら店内の明かりが原因かも。今の薄いカーテンから光を遮れるものにしてみたらどうですか？
男：その考えは盲点だったなあ。

この男の人はこのあと何をしますか。

1　扉を閉める
2　カーテンを変える
3　害虫駆除の業者に依頼する
4　店先の照明を変える

5番　　正答 ③

語学学校の大学進学コースで教師が学生に話しています。学生は何をしなければなりませんか。

女：学生の皆さんにお知らせとお願いがあります。来年度から、クラス分けの方式を変更することになりました。今までは学力で区分していましたが、個人の進路に合わせて分けることになります。これは卒業生の意見を受け、取り入れることになった決定事項です。来月皆さんの卒業後の進路希望を伺いますので、今から大学について調べたり、パンフレットを取り寄せたりするなど準備をしてください。また、面談の際に卒業後の進路と現在の成績を比較して、勉強法についてのアドバイスもしたいと考えています。他に現在の授業に対する意見や進路相談も受け付けますので、面談の際にお気軽にお申し付けください。

学生は何をしなければなりませんか。

1　進路別でクラスを分ける
2　勉強法について助言をもらう
3　大学の情報を集める
4　現在の授業に意見する

6番　　正答 ④

会社で男の人と女の人が忘年会の準備について話しています。男の人はこのあとまずどうしますか。

男：あのう、先輩。今年初めて忘年会の幹事をやることになったんですけど、どうしたらいいでしょうか。去年と同じ会場は予約しておいたんですが。

女：ええと、出席者の人数と余興をするグループが何組あるか確認しておかなきゃいけないから、連絡してくれる？あ、会社のグループメッセージでいいから。メールだとみんな見ないからさ。

男：はい、人数の確定は一週間前でいいでしょうか。あ、部長はグループに参加していませんでしたよね。

女：うん、一週間前くらいでいいね。部長にはこの後会うから、私が出席の確認しておくわ。そういえば去年の会場、料理は冷めてるし、店員の態度も悪いから今年は違うところにしてくれって言われてたんだった。

男：そうだったんですね。じゃあキャンセルしておきます。

女：うん、悪いけど頼むわ。新しい会場は部長の予定と希望を聞いたあとで、私の方でいくつか候補を挙げておくから。出席者の数が確定したら、連絡お願いできる？

男：はい。

女：あ、でももう一か月もないから空きがないかもしれないね。一応次が決まるまで今の会場は押さえたままにしといて。たしかキャンセルは二週間前まで大丈夫だったはず。それと例年通りなら、楽器の演奏をする人もいるから、必要な設備を確認しておいてくれると助かるわ。

男：はい、わかりました。聞いておきます。

男の人はこのあとまずどうしますか。

1　参加者の人数を確定する
2　会場の予約をキャンセルする
3　新しい会場を予約する
4　余興に必要な設備を確認する

問題2

例　　**正答 ④**

喫茶店で男の人と女の人が話しています。この男の人は恋人がどうして怒ったと言っていますか。

男：あーあ。また彼女を怒らせちゃったよ。

女：また？何があったの？

男：昨日、彼女の誕生日だったんだけど、いろいろあって何もしてあげられなくて。

女：誕生日なのに何もあげなかったの？

男：うん、まあ、それは気にしてないみたいなんだけど、仕事があって、帰るのが遅くなっちゃって。疲れてたから、帰ってそのまま寝ちゃったんだよね。

女：え、じゃあずっと寒い中、外で待たせてたの？

男：いや、彼女のうちに会いに行く約束をしたから大丈夫だったんだけど、メッセージぐらい送れないのって言われちゃって。

女：それは怒られても仕方ないね。

この男の人は恋人がどうして怒ったと言っていますか。

1　プレゼントをあげなかったから
2　仕事が忙しかったから
3　長時間外で待たせていたから
4　連絡しなかったから

1番　　正答 ④

男の人と女の人が一人で行くキャンプについて話しています。女の人はどんなことが楽しみだと言っていますか。

男：ね、工藤さん、よくソロキャンプに行っているよね。僕も今度挑戦してみようと思うんだけど、キャンプは小学生以来行ってないんだ。それに、キャンプ用品も何も持ってなくて…。

女：えっ、いつも家で本ばかり読んでいる村田君がキャンプに興味を持つなんて。ソロキャンプは道具をたくさん揃えなくても始められるのが魅力よ。車さえ持っていれば、寝袋とテントだけで、後は現地で調達できるものがほとんどよ。

男：えっ、そうなの？

女：うん、私はいつも、行きたい場所を決めたら、その近くのスーパーなんかで食材は買って、あとは落ち葉や薪を集めて焚き火をするの。夜になったら、そこはもう満天の星で、普段の生活を忘れて無人島にいるような気分になるんだよね。

男：そうなんだ。

女：私はそれにはまっちゃって、月一くらいのペースで行っているんだけど、一度行ってみたら自分なりの楽しみ方も見つかっていいと思うよ。村田君だったら、星の綺麗な湖畔で、焚き火と月の光で読書するとかどう？最高じゃない？

男：わぁ、それは良さそうだなあ。とりあえず、行きたい場所を調べてみるよ。

女の人はどんなことが楽しみだと言っていますか。

1　現地でキャンプ用品を調達すること
2　自然の中で読書をすること
3　スーパーでその土地の食材を買うこと
4　普段の生活から離れて一人で星を見ること

2番

正答 ①

女の人と男の人が音楽配信サービスについて話しています。男の人はどういう理由から音楽配信サービスを使い始めましたか。男の人です。

女：ねえねえ、音楽配信サービス、使ってる？アプリをダウンロードして、毎月980円支払えばいろんな音楽が聴けるやつ。

男：あ、僕使ってるよ。

女：そのアプリ、どう？私は、レコードの音が好きで、音楽は家でゆっくりしながら聴くのがいいと思って使う気もなかったんだけど、やっぱりレコードだと聴ける曲が限られちゃうんだよね。一度、音楽配信サービスを使ってみるのもいいかなって、思っているところなんだ。

男：なるほどね。昔ながらの機械で音楽を聴くのっていいよね。僕もレコードが好きで使ってなかったんだけど、それと同じ理由でそのアプリを使い始めたよ。使って初めて気付いたけど、配信される音楽の量が本当に多くて、いい曲に出会う機会が格段に増えたんだ。

女：へえ。

男：歌詞が自動的に画面に出てくるっていうのも大きなメリットかな。レコードは聴きたい曲を探すのが結構大変なんだよね。アプリなら歌詞の一部を検索すれば一瞬だから、カラオケに行ったときなんかに本当に便利だよ。

女：いいね。でもレコードの良さも捨てがたいよね。

男の人はどういう理由から音楽配信サービスを使い始めましたか。

1　レコードは聴ける音楽の量が少ないから
2　曲名を忘れたときにすぐに検索できるから
3　カラオケに行ったときに本当に便利だから
4　いい曲に出会う機会が増えたから

3番

正答 ②

社長が社内の改革について話しています。社長はまず何から取り組みたいと言っていますか。

男：これから全社員の働き方改革として、オフィスの設備を改善したいと思っております。これまで、フレックスタイム制度の導入や、金曜日はノー残業デーにするなど、様々な社内制度の改善を行ってきました。その結果、会社全体の仕事の効率や、社員の仕事に対するモチベーションの向上に繋がりました。えー、ついで設備に関して社内アンケートを行った際、社員食堂は大変好評でした。早急に取り組むべき課題は、休憩室の設備ですね。集中して作業するためには休憩の質を上げることが大切です。休憩室に仮眠専用の椅子やストレッチボールを置くことを検討しています。

社長はまず何から取り組みたいと言っていますか。

1　社内制度の改善をする
2　休憩室の設備を充実させる
3　社員食堂についてアンケートを行う
4　金曜日の残業を禁止する

4番

正答 ②

テレビでアナウンサーが、トレーニングの専門家にインタビューしています。専門家は、どのようなトレーニングが大切だと言っていますか。

女：本日はスポーツトレーナーのひろさんにインタビューをしています。ひろさんは現代を生き抜く皆さんは、どのような運動習慣を心がけるべきだとお考えですか。

男：今までは、ジムに通って、本格的な運動器具を使うトレーニングが主流でした。でも、子育てで忙しい方や、初心者の方はなかなか続けられないことが多かったんです。そこで、自宅で運動器具を使わずに簡単にできるトレーニングをいくつかご提案したいと思います。自宅でのトレーニングは、自分の好きな時間にトレーニングができるし、待ち時間もなく人目を気にせずできるのでおすすめですよ。

女：ジムに行かなくても、自宅でできる運動で効果が期待できるんですか。

男：はい、運動は、身体面だけではなく精神面にも大いに効果を発揮します。ストレッチや軽い筋トレをした後は、ポジティブになったり、集中力が増したりすると言われています。

女：そうなんですね。

男：運動する習慣は身につけるべきですが、激しい運動を長期的に、というとなかなか大変ですよね。だから私は、誰でもできる軽い運動を毎日続けることが一番だと思っています。ずっと家の中にいてもポジティブな気持ちを維持する効果が期待できますしね。もちろん、自分で達成できると思う目標を決めて取り組むことで、長期的な体質改善も見込めます。

専門家は、どのようなトレーニングが大切だと言っていますか。

1　運動器具を使ったトレーニング
2　毎日継続して行う軽いトレーニング
3　身体面に効果があるトレーニング
4　ポジティブな気持ちを維持するトレーニング

5番

正答 ①

女の学生と男の学生が映画について話しています。男の学生は何についてレポートを書くと言っていますか。男の学生です。

女：夏休みの課題、映画のストーリーを分析して、レポートを書くってやつだったけど、もう何か作品観た？

男：いや、まだ何も観てないんだよ。少年向けのアニメを観ようと思っているんだけどね。ほら、最近主人公が世界を救うっていう話じゃなくて、家族を守るために不思議な力を使って戦う、みたいなストーリーが流行ってるじゃない。

女：ああ、家族愛の物語ね。自分は家族を守るために戦っているけど、主人公は心優しいから、結局は家族以外の困っている人たちも助けてしまうんだよね。

男：うん、あ、それもあるけど、主人公が宝を求めて仲間と旅をするっていう話もおもしろいかもしれないな。旅の途中で仲間が増えたり減ったりするんだけど、その仲間もそれぞれ目的は違うんだよ。

女：へえー！それぞれ違う目的があるけど、仲間として一緒に旅をするんだね。それ、すごく気になるなあ。私はその映画を観てレポートを書こうかな。

男：僕は何にしようかな。やっぱり家族愛をテーマにした物語に興味があるから、それについて書こうかな。あ、そうそう、昔の映画の続編も近々公開されるよね。地球に謎の生命体が侵略してくるんだけど、地球を救う力を持っているのは主人公だけなんだ。でも、主人公は戦いたくなくて、葛藤するって話。

女：あ、その映画も観に行かなきゃいけないね！

男の学生は何についてレポートを書くと言っていますか。

1 主人公が家族のために戦う物語
2 仲間と一緒に旅をする物語
3 正義の味方が地球を救う物語
4 謎の生命体が地球を侵略する物語

6番

正答 ④

電子辞書を作っている会社の製品開発部で上司と部下が話しています。今後、この会社ではどうすることが必要だと言っていますか。

男：新製品の販売、予定通りにできることになって良かったよ。データが破損したって聞いたときはどうなることかと思ったけど。

女：本当にすみませんでした。たまたま大阪支社にもデータを共有していたおかげで、なんとか。

男：いや、いいんだ。わざとじゃないんだから。一つのところでデータを管理することの危険性もわかったんだし。

女：はい、最近はインターネット上でデータを保管するっていうやり方もあるみたいです。それなら天災などの不測の事態でデータを紛失したときにも対応できます。

男：そうか。ネット上に保管ってデータが流出する危険性はないのかな。今まで安心しきってたけど、いろいろな側面からデータ管理について考え直して、最善の方法を見つけよう。

女：はい。

今後、この会社ではどうすることが必要だと言っていますか。

1 支社にデータを共有する
2 インターネット上にデータを保管する
3 データ流出の対策をする
4 様々な視点からデータ管理について考える

問題3

例

正答 ②

女の学生が男の学生に旅行の感想を聞いています。

女：夏休み、イタリアへ旅行に行ったらしいね。どうだった？

男：大満足だよ。景色や世界遺産の美しさに感動させられたよ。それに本場で食べるイタリア料理は日本で食べられるものとは比べられないくらい美味しいんだ。ただ、距離がね。飛行機の移動だけで一日かかっちゃうから、社会人になったら行くのは難しそう。イタリアは在学中に行くことをおすすめするよ。

男の学生はイタリア旅行についてどう思っていますか。

1 景色がきれいで、距離も近い
2 景色はきれいだが、距離は遠い
3 景色も悪いし、距離も遠い
4 景色は悪いが、距離は近い

1番

正答 ④

テレビで女の人が話しています。

女：最近、田舎暮らしを始めようと考えている20代から30代が以前より増えているそうです。テレワークが広まりつつある現代、会社に行かなくても自宅で仕事ができることから、地方に拠点を置いて普段は家族や同僚とだけコミュニケーションを取るという人も少なくないようです。都会の喧騒から離れて、ゆっくり暮らしたいというのは分かりますが、面と向かってのコミュニケーションが少なくなるのは少しもったいない気がします。私は18の時に上京して以来、ずっと東京で暮らしてきました。出身も業種も違う、いろんな考えを持った人たちと出会い、交流することで、自分の考えを柔軟にすることができます。人との交流が、新しいアイデアを生み出すきっかけにもなり得ると思います。

女の人が伝えたいことはどのようなことですか。

1　地方の活性化を図るべきだ
2　身近な人との交流を大切にするべきだ
3　若いときの都会暮らしは大切だ
4　都会での人との出会いは大切だ

2番

正答 ①

学校で男の人と女の人が話しています。

男：僕、外国語の勉強で分からない単語が出てきたときは、今まではインターネットで調べてたんだけど、先生に紙の辞書を勧められて、この前分厚い辞書を買ってみたんだ。

女：へえ、今の時代、重い辞書を持ち歩く人なんているの？インターネットのほうが、知りたい単語の意味をすぐに調べられるし、効率的じゃない？

男：まあ、そういう見方もあると思うんだけど、ほら、紙の辞書を使ったら、そのページに書いてある他の単語が目に入るじゃない？同時に知らなかった単語も目に飛び込んでくるから、自然と新しい単語を覚えられたりして、かえって辞書のほうが効率的に勉強できると思ったんだよ。

女：確かに、紛らわしい単語も一緒に勉強できるもんね。

男：うん、それにインターネットだと、ネット環境がない時は調べられないんだよね。辞書だと周りの環境に左右されずに、どこでも調べられるっていうのもメリットかな。

男の人は何について話していますか。

1　分厚い辞書を使うことにしたわけ
2　インターネットで単語を調べる利点
3　効率的に勉強することの大切さ
4　おすすめの紙媒体の辞書

3番

正答 ①

ラジオでアナウンサーが話しています。

女：冬はスキー場、夏は遊園地や野外プールなど、市民の行楽地として有名だったイエローランドが来月、閉園することが決まりました。当園は約50年前に開園し、野外フェスや冬の氷像まつりなど、四季折々のイベントを行ってきました。まさに季節のテーマパークでした。イエローランドは来月で幕を閉じますが、跡地は新たなリゾート地として生まれ変わる予定です。完成が楽しみですね。

何についてのニュースでしたか。

1　有名なテーマパークの閉園
2　有名なテーマパークの歴史
3　新しいテーマパークのイベント
4　新しいテーマパークの紹介

4番

正答 ③

テレビで、レポーターが学校の先生にインタビューをしています。

女：今年、全国の学校が休校になった中、教育にIT技術を導入している浦安市の加藤先生にお話を伺います。今年は3か月ぐらい休校が続きましたね。

男：はい。全国的にこのように長い休校が行われたのは初めてですね。

女：家にいる時間が長く学生の教育も遅れてしまったのではないでしょうか。

男：確かに、そうですが、新しい学習方法も見つかるなど成果もありました。まず、デバイスの普及率の調査と学生の自宅のインターネット環境の調査ができました。また、同時に校内のデジタル環境に何が足りないのか見えてきたんです。

女：ただし、それだけですと、遅れてしまった学習のフォローは難しいですよね。

男：はい。そうです。でも、IT技術を活用した教育を推進する前に学生各自の環境を調べない限り、均一な教育が担保されません。

女：そうなんですね。

男：学生へのIT環境調査以降、ライブ配信で授業を行ったり、パソコンとスマートフォンを使って宿題を提出してもらったりしました。長い休校で学生も先生も疲れてしまいましたが、将来的に学校に来れなくなっても十分授業に参加できることが分かりました。

男の人は何について話していますか。

1 長期間休校になった理由
2 日本でのIT教育の難しさ
3 長期休校時のIT技術活用教育の推進
4 学生のデジタルデバイス利用用途

5番 正答 ③

ラジオで女の人が話しています。

女：みなさん。今、若者の間で使われている「草生える」ってどんな意味か知っていますか？これ、植物の草が生えるって意味ではなくて、笑っている様子を表しているんです。どうしてこうなったかというと、ネット上でやりとりするとき、語尾に「笑う」という漢字にかっこをつけて笑う様子を表しますよね。それが変化して、「笑う」の頭文字 W を書くことで笑う様子を表すようになったのはここ最近のことです。しかし、それだけにとどまらず、W が連なっている見た目が、草が生えているように見えることから、最近の若者の間では「草」とか「草生える」と言うようになったんですね。このように、「書き言葉」や「話し言葉」ならぬ「打ち言葉」がこれからの言語変化に影響を与えていくんでしょうね。

女の人が言いたいことはなんですか。

1 「草生える」を W と表すことになったこと
2 SNS上では常に新しい言葉が生まれていること
3 今後、「打つ」言葉が言語に影響を与えること
4 言葉を書いたり話したりすることが少なくなっていること

6番 正答 ④

ラジオでアナウンサーが話しています。

女：少し肌寒くなってきたな、と感じる10月中ごろ、白いフワフワとした雪のようなものが漂い始めます。雪虫です。寒い地方では、初雪の一週間前からこの虫が飛び始めると言われていることから、雪虫の登場が冬の訪れを告げる合図となっています。飛ぶ力はとても弱く、風が吹いたら簡単になびく様子が、なおさら雪を連想させます。この雪虫、小さい子どもが捕まえて遊んでいるのをよく見かけますが、熱に弱く人間の体温に触れただけで飛べなくなってしまうそうです。寿命は一週間ととても短く、オスの成虫は口を持っていないんだとか。聞けば聞く程、雪虫が飛んでいる風景が幻想的で儚く思えてきますね。

アナウンサーは何について話していますか。

1 初雪が降った時の美しさ
2 雪虫の名前の由来
3 雪虫が人間に及ぼす影響
4 冬の訪れを告げる虫の生態

問題4

例 正答 ①

男：最後の試合じゃないんだから、そんなに気を落とさないでよ。

女：**1 次こそは点を取ってみせます。**
2 うまくいかなかったんですね。
3 はい、注意しておきます。

1番 正答 ②

女：この忘れ物の傘、処分しても差し支えないでしょうか。

男：1 あれ、この前差して使ったよ。
2 あ、もう少しそこに置いておいて。
3 うん、何かに使えそうだね。

2番 正答 ③

男：自分に与えられた役目を果たさないと、給料アップは見込めないよ。

女：1 店長のおかげです。ありがとうございます。
2 すみません、見入ってしまいました。
3 はい、責任もってやります。

3番　正答 ①

男：来年には事態が収束するだろうってにらんでたんだけど、あまりにも甘い考えだったね。

女：**1　気長に待つしかないね。**
2　にらんだってしょうがなかったね。
3　甘えるのは良くないね。

4番　正答 ②

男：生ものですので、解凍後3日以内にお召し上がりください。

女：1　はい、美味しくいただきました。
2　え、そんなに傷みやすいですか。
3　はい、もう手も足も出ません。

5番　正答 ①

男：すみません、厚かましいかもしれないですが少し見学してもいいですか。

女：**1　はい、もちろんです、どうぞ。**
2　そんなにそわそわしないでください。
3　暑かったら、窓を開けてください。

6番　正答 ②

女：このパソコン、電源つけた途端にエラーになったんだけど。

男：1　え、電源をつけてみてよ。
2　それ、ウイルスに感染したかもしれないよ。
3　ああ、機能が充実してるんだね。

7番　正答 ②

女：さっきの部長の発言、一瞬にして社員の反感を買ったよね。

男：1　うん、ほんといい部長だよね。
2　うん、あの発言はまずいよね。
3　ううん、まだ買ってないよ。

8番　正答 ②

男：課長、会社のメールのアカウントが乗っ取られています。

女：1　それが、まだ取れてないんだよ。
2　えっ！それは大変だ！すぐに確認するよ。
3　よくやったな、ありがとう。

9番　正答 ①

女：なんか、本田さん今日あたふたしてるね。

男：**1　急ぎの仕事があるらしいよ。**
2　うん、体調でも悪いのかな。
3　かばってあげたほうがいいかな。

10番　正答 ③

男：昨日僕も記念パーティーに行ったんだけど、行き違いになってたみたいだね。

女：1　はい、昨日はありがとうございました。
2　あ、場所を間違えたんですか。
3　お会いできなくて残念でした。

11番　正答 ①

男：部屋の電気、つけっぱなしにしないでね。

女：**1　うん、出るときちゃんと消すよ。**
2　うん、ちゃんと持ってるよ。
3　分かった。つけたままにしておくね。

12番　正答 ③

女：最近発売された日本語学習サービス、売り上げがうなぎのぼりらしいよ。

男：1　まあ、最初はうまくいかないこともあるよね。
2　えっ、そんなに難易度が高いのか。
3　いやあ、そんなに人気がでているのか。

13番

正答 ②

男：今日の会議の資料、一通り目通してくれた？

女：1　はい、今お見せします。

2　はい、だいたい読んでおきました。

3　すみません、まだ許可もらってないです。

問題5

1番

正答 ③

男の人と女の人が中国語の書籍について話しています。

男：僕、来年の春からIT企業でエンジニアとして働くことになって。中国系の企業なんだけど、将来的には中国本社へ転勤なんて話もあり得ない話じゃないから、今から中国について学んでおきたくて。社内の公用語は英語で、中国語は必要ないんだけど、日常会話ぐらいできたほうが人間関係も円滑になるかなと思ってるんだ。山本さん、趣味で中国語勉強してるって言ってたよね。

女：うん。

男：何かおすすめの本があったら、紹介してもらえない？基礎の語彙や文法が学べて、難しい発音をCDの音声で確かめられるのがいいんだけど。それから中国特有の文化の紹介なんかもあったらいいね。初心者の僕でも読みやすくて、持ち運びやすいコンパクトなものがいいなあ。

女：ええとね。初心者向けのものっていえば、『見て学ぶ中国語』っていう本かなあ。基本の語彙や文法が早く覚えられるように挿絵や写真が入っていてわかりやすいし、よく使うフレーズだけが携帯サイズの本になっていて読みやすいよ。あっ、『中国語一冊まとめ』って本もおすすめ。基本の語彙や文法の説明がわかりやすくて、語彙や歌など音声ファイルが充実してるの。音声ファイルが多い分、ダウンロードするのに時間はかかるけど、まあしょうがないよね。

男：ええー、迷っちゃうなあ。

女：両方とも伝統文化は紹介されてたよ。ただ日本人が出版した本だから、中国人の視点で書かれてないかもしれないなあ。あっ、そうだ。『聞いて覚える中国語』っていうのもあった。基礎の語彙や文法を学べる本なんだけど、生まれも育ちも中国の人が書いているだけあって言葉選びが自然で、収録されている音声データも多くて、アプリで簡単にダウンロードできるんだ。でも、かなりの量だから、全部聞くのは時間がかかるかも。

男：いろいろあるんだね。

女：読みやすさで選ぶなら、『初級中国語』。基礎語彙の音声データは収録されてなかったような気がするけど。中国人教授が出版したんだって。今紹介した本は4つとも近くの書店で手に入るはず。

男：どれも良さそうだけど。発音が肝心って聞くから耳で確かめられるものっていうのは外せないな。それに著者が中国人っていうことも。

男の人は本屋でこれからどの本を買うことにしましたか。

1　見て学ぶ中国語

2　中国語一冊まとめ

3　聞いて覚える中国語

4　初級中国語

2番

正答 ③

ホテルの事務所で、広報部の上司と部下二人が話しています。

男1：今年は感染症の影響で旅行者がぐんと減って、赤字続きだよ。なんとか経営を立て直せるようないい案ないかな。

女：うーん。今回の件で経済全体が打撃を受けていますからね。うちみたいな高級ホテルは特に難しいですね。この際思い切って、今だけ特別料金にするっていうのはどうですか？

男1：確かに、感染症の影響で給与が減ったって話はよく聞くな。

女：それかホームページに当ホテルが取り組んでいる感染症対策を掲載して、安全に利用いただけるというのをアピールするっていうのはどうですか。

男2：確かにネットからの予約は近年増えていたけど、ここ最近はホームページへのアクセス自体減っているからなあ。

女：世間に広まれば必ずイメージアップにつながると思いますが。

男2：もっとお客様の注目を集める取り組みが必要だと思います。うちのホテルのレストランは美味しいって評判だから、最近流行っている料理の宅配サービスを始めるのはどうでしょう。配達限定メニューを作って。一流シェフの料理を格安で提供するって他にはできないサービスだし、それをきっかけにレストランや宿泊の新規顧客を獲得できるかもしれません。

女：でも、うちにバイクを運転できる人っていましたっけ。

男1：バイクもないしな。最近話題の宅配サービス会社と提携するっていう手もあるか。

男2：それが無理だとしたら、ホテル内だけで楽しめるような新しいプランを考えて、実施するのもいいかと。部屋でのマッサージをサービスするとか。うちのマッサージは評判もいいですし。あ、講師を呼んで伝統工芸品やクリスマスの飾り作りを体験してもらうのもいいかもしれませんね。

男1：うん。それは注目が集まってからやるのがいいかもね。逆に依頼料が高くついちゃうから。実際にうちのサービスを家で実感してもらえば、必ずまた利用したくなるはずだから、まずはさっきの案から取り組んでみよう。

ホテルの経営を立て直すために、まず、何をすることにしましたか。

1　感染症対策をホームページに掲載する
2　宿泊料金を下げる
3　料理の宅配サービスを行う
4　新しいプランを考案する

3番　　正答 1④　2②

ラジオでアナウンサーが男性の顔のタイプについて話しています。

女1：今話題の顔タイプ診断って知っていますか？自分の顔のタイプを知ることで似合うファッションがわかるというものです。日本では顔のタイプが調味料に例えられています。しょうゆ顔は目が小さく優しい印象を持った顔のことを言い、派手な服が似合うと言われています。ソース顔はくっきりとした目で口や鼻も大きく、全体的に顔のパーツの主張が強い顔のことを言います。このようなタイプの顔はシンプルな服装がかっこよくきまると言われています。砂糖顔もくりっとした大きな目が特徴です。しかしソース顔とは違い、色が白くて女の子のような可愛い印象を持った人のことを言い、セーターなどの柔らかい素材の服が似合うそうです。最後に塩顔ですが、肌が白く、細長い目でクールな印象を持っています。シンプルな服を着ると物足りない印象になるので、帽子やメガネなどの小物を足すとより魅力が増すそうです。

男：へえ、こんなのがあるんだ。
女2：やっぱりシンプルな服が似合う人、私好きだなあ。
男：え、本当？僕、今日シンプルな服着てるけど似合う？
女2：うーん、でもあなたが着るとなんか似合わない気がする。
男：そっかあ。自分では似合ってるって思うんだけど、なぜかおしゃれに見えないって言われちゃうんだよね。
女2：あー、あなたって目が細長くて大人な雰囲気を持っているじゃない？だから、シンプルな服装だと寂しく見えちゃうのよ。
男：なるほどね。じゃあ、もっと派手な服を着たらいいってこと？
女2：うーん、服はそのままでアクセサリーをつけたらいいんじゃない？
男：なるほど、おしゃれ上級者は違うね！

質問1　男の人はどのタイプの顔ですか。

1　しょうゆ顔
2　ソース顔
3　砂糖顔
4　塩顔

質問2　女の人はどのタイプの顔の男の人が好きですか。

1　しょうゆ顔
2　ソース顔
3　砂糖顔
4　塩顔

模擬試験 第2回 正答表

言語知識（文字・語彙）

問題1　1 ①　2 ④　3 ③　4 ①　5 ②　6 ②

問題2　7 ③　8 ②　9 ①　10 ③　11 ③　12 ①　13 ④

問題3　14 ④　15 ②　16 ①　17 ②　18 ④　19 ③

問題4　20 ①　21 ③　22 ③　23 ④　24 ②　25 ①

言語知識（文法）

問題5　26 ④　27 ②　28 ③　29 ②　30 ④
31 ③　32 ①　33 ②　34 ①　35 ④

問題6　36 ④（2431）　37 ③（4213）　38 ①（3412）
39 ③（2431）　40 ③（2341）

問題7　41 ②　42 ④　43 ④　44 ④　45 ③

読解

問題8　46 ①　47 ④　48 ③　49 ②

問題9　50 ④　51 ②　52 ④　53 ①　54 ④　55 ④
56 ③　57 ②　58 ①

問題10　59 ②　60 ④　61 ①　62 ②

問題11　63 ④　64 ③

問題12　65 ④　66 ③　67 ③　68 ②

問題13　69 ④　70 ③

聴解

問題1　1 ②　2 ③　3 ②　4 ①　5 ①　6 ③

問題2　1 ③　2 ③　3 ④　4 ②　5 ④　6 ①

問題3　1 ④　2 ③　3 ①　4 ③　5 ③　6 ③

問題4　1 ②　2 ①　3 ①　4 ②　5 ③　6 ①　7 ②
8 ②　9 ②　10 ③　11 ①　12 ①　13 ③

問題5　1 ③　2 ①　3(1)②　3(2)④

模擬試験 第2回 採点表

じっさい　そうたいひょうか　さいてんひょう　てんすう　こと　かのうせい

実際のテストは相対評価のため、この採点表の点数とは異なる可能性があります。

	問題	配点	満点	正解の数	点数
文字語彙	問題1	1点x6問	6		
	問題2	1点x7問	7		
	問題3	1点x6問	6		
	問題4	1点x6問	6		
文法	問題5	1点x10問	10		
	問題6	1点x5問	5		
	問題7	1点x5問	5		
合計			45		

よそうてんすう　けいさんほうほう　げんごちしきもじごい　ぶんぽう　てん　てん

予想点数の計算方法：言語知識(文字語彙・文法) [　　　　]点÷45×60=[　　　　]点

	問題	配点	満点	正解の数	点数
読解	問題8	1点x4問	4		
	問題9	1点x9問	9		
	問題10	1点x4問	4		
	問題11	1点x2問	2		
	問題12	1点x4問	4		
	問題13	1点x2問	2		
合計			25		

よそうてんすう　けいさんほうほう　どっかい　てん　てん

予想点数の計算方法：読解 [　　　　]点÷25×60=[　　　　]点

	問題	配点	満点	正解の数	点数
聴解	問題1	1点x6問	6		
	問題2	1点x6問	6		
	問題3	1点x6問	6		
	問題4	1点x13問	13		
	問題5	1点x4問	4		
合計			35		

よそうてんすう　けいさんほうほう　ちょうかい　てん　てん

予想点数の計算方法：聴解 [　　　　]点÷35×60=[　　　　]点

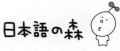

模擬試験 第2回 聴解スクリプト

問題1

例 **正答 ③**

女の人が飲料の広告について男の人と話しています。女の人はこのあと何をしなければなりませんか。

女：部長、飲料の広告のデザイン案、確認していただけたでしょうか。
男：うん、とてもいいアイデアだと思うよ。
女：ありがとうございます！ただ、ここの文字が少し見にくいかなと思うのですが。
男：うーん、たしかに。まあこの部分は全体のバランスを見てから色を調整するとして…。いつから販売するのか書いてないね。
女：あ！すみません！
男：じゃあ、その部分を書き加えて。それと依頼人にデザイン案をチェックしてもらいたいんだけど。
女：あ、来週打ち合わせをすることになっているので、そのときに確認します。

女の人はこのあと何をしなければなりませんか。

1　デザイン案を見せる
2　文字の色を変える
3　発売日を書く
4　打ち合わせの日を決める

1番 **正答 ②**

花屋で、女の人と店員が話しています。女の人は、これから何をしますか。

女：あのう、すみません！こちらの緑のハート型の植物ですが。
男：はい。あ、そちらは「ウンベラータ」ですね。この店の中にある植物の中でも最も人気を誇るものです。
女：へえ！「ウンベラータ」というんですね。実はこの前、友達にこの植物をプレゼントでもらったんですが、最近葉っぱのつやが悪くなってて…。
男：室内に置いているんですか？それとも外に置いているんですか？
女：日差しが強い日は外で日光浴をさせるんですが、最近は寒くなったので室内に置いておくことが多いですね。
男：そうですね。冬になって気温が下がってきましたよね。昼間の時間以外は室内の方がいいですね。水やりですが、「ウンベラータ」の原産地は熱帯アフリカですから、日本で育てる場合は、水やりの量を季節ごとに調節してあげたほうがいいんです。
女：え？そうなんですか？私、いつも、たっぷり水をあげちゃっていました！
男：冬場は、水やりの量を変えた方がいいですよ。水を頻繁にたくさん与えてしまうと根腐れすることもあるので。
女：あら、知らなかったです。

女の人は、これから何をしますか。

1　植物に与える水の量を増やす
2　植物に与える水の量を減らす
3　植物を外にずっと置いておく
4　部屋の温度を上げる

2番 **正答 ③**

会社で、女の人と男の人が話しています。男の人はこのあとすぐ何をしなければなりませんか。

女：加藤さん、12月8日の新規顧客の情報なんだけど、オンラインの社内ネットワーク上の新規顧客っていう共有フォルダーに保存してくれた？
男：それが、フォルダーに保存はしたんですが、朝から社内ネットワークに接続ができないんです。自分のパソコンの中にはテキストファイルにして残しているんですが。
女：また？社内ネットワークに入れないの？会社から発行してもらったメールと暗証番号でログインしたの？
男：はい。前、村上さんに教えてもらったメールアドレスと暗証番号を入力しましたけど、入れません。
女：オフィスのインターネットのメンテナンスをしているのかな？
男：でも、オフィスのインターネットのメンテナンスの時は必ず前もって連絡をくれるんですが…。
女：あ、今入れたよ。あれ！共有フォルダーにファイルが一個もない！
男：え？
女：今すぐ、ITチームに電話して12月8日のバックアップファイルを送ってもらうように！
男：12月8日のバックアップファイルなら私が持っています！
女：じゃあ、すぐ、私のメールの方に！

男の人はこのあとすぐ何をしなければなりませんか。

1　ITチームに電話する
2　もう一度、ログインする
3　女性にバックアップファイルを送る
4　共有フォルダーに新しい情報を保存する

3番

正答 ②

大学で、女の学生と男の学生が話しています。男の学生は大学のオープンキャンパスの手伝いをしています。このあと男の学生はまず何をしなければなりませんか。

女：泉君！泉君！

男：お！美貴！まだ、キャンパスにいたんだ。明日の会計学科の模擬授業、人集まるかな？

女：実は…明日の模擬授業の進行役なんだけど、泉君が代わってくれないかな？

男：え？でも、ゼミ生たちと先生で話し合ってゼミのリーダーの美貴が進行役やることになったんだよね？急に、二人で話して変えてもいいの？

女：確かに、それもそうよね。実は、私うっかりしちゃってて、明日会計士資格試験の二次試験があるの。どうしても、模擬授業には間に合わなくて。

男：ええ？死活問題じゃないの！ちょっと待って、もう8時か。今からラウンジに行ってゼミ生と先生とビデオ会議をやろうよ。事情を話せば、理解してくれるはず。

女：急にお願いしちゃってごめん。今、泉君のメールに進行役の台本のファイルを送ったから確認してくれる？

男：ビデオ会議の後で確認してもいい？

女：うーん。ビデオ会議で皆、集まらないかもしれないから、先に確認してもらえる？

このあと男の学生はまず何をしなければなりませんか。

1　ゼミ生と先生とビデオ会議を始める
2　メールで進行役の台本を確認する
3　会計士資格試験の勉強にもどる
4　模擬授業の進行の練習をする

4番

正答 ①

お店で男の人と女の人が話しています。女の人はこのあとまず何をしますか。

男：キムさん、この配送伝票キムさんが書いてくれたの？配送の指定日が間違ってるよ。配送の指定日だけど、この数字、1日なの7日なの？このままだと分からないね。

女：はい？確か…。ちょっとその伝票見せていただけますか。

男：いいよ。どうぞ。

女：ええ！本当に数字1なのか7なのか微妙ですね！どうしよう！

男：そうだね。お客様はもうお帰りになったのかな？うーん…携帯の電話番号も伝票に…書いて…ないか…。

女：本当に、申し訳ございません！

男：一旦、落ち着こうか。

女：今すぐ、私がお客様のところに行って聞いてきます！責任をとります！

男：その気持ちは分かるけど。新規のお客様だったの？それとも、顧客リストに名前と電話番号が残っている方なの？

女：えっ…と。確か…この店の会員カードをお持ちの方でした。

男：よかったね。じゃあ、タブレットでお客様の情報を調べて、電話しようか。

女：もし、繋がらなかったら…どうしましょう？やっぱり、直接行ってきます。

男：待って待って。まずは、電話の方お願いね。

女の人はこのあとまず何をしますか。

1　タブレットでお客様の電話番号を探す
2　お客様に電話する
3　配送伝票を書き直す
4　お客様の家に直接配達する

5番

正答 ①

女の人と男の人が話しています。女の人はこのあとまず何をしますか。

女：もうすぐ、真夏だよね！加藤君はエアコンの掃除とかはいつもどうしているの？

男：そうだね。真夏はエアコンをたくさん使うから、そろそろ手入れしないといけないよね。

女：うちは主人がドラッグストアで買ったスプレー型の洗浄液でエアコンを掃除してくれてるんだよ。でも、あまり、頼りにならないんだよね。だって毎年、エアコンを掃除した後、くしゃみとか鼻水とか大変だもん。

男：確かに、スプレー型の洗浄液だとエアコンの奥のカビとかは処理しきれないかもね。

女：そうなのよ。

男：最近、ユーチューブで見たけど、水を高圧で噴射してエアコンを丸ごと洗ってくれる業者さんがいるみたいなんだよね。映像を見ただけなのに気分がすっきりしたよ。

女：へえ。あ、そういえば、私も朝の情報番組でそのサービスを見たことある。

男：値段は多少高いかもしれないけど、ハウスダストに敏感だったり、アレルギーがあったりする人には投資する価値があるかもね。
でも、旦那さん仕事がなくなって寂しがるかもしれないね。

女：そうかな。手間が省けて喜ぶと思うよ。今私のスマホにそのユーチューブのリンク送ってくれる？それを見て、どうするか決めるよ。

男：いいよ。

女の人はこのあとまず何をしますか。

1 **スマホで動画のリンクを確認する**
2 エアコン洗浄業者に問い合わせる
3 旦那さんに電話する
4 ユーチューブを見ながらエアコンを掃除する

6番

正答 ③

大学のマーケティングのクラスで先生が話しています。学生は今日何をしなければなりませんか。

男：皆さん、最近のマーケティングの舞台はオンラインとモバイルデバイス、つまりスマートフォンに移っています。その中でも最も脚光を浴びている分野はEC、つまりインターネット通販ですね。今年の秋と冬はこのECサイトの分析をして最後にグループ発表を行います。皆さんにやってほしいことは、まずは各ECサイトに訪問し、直接販売・購買経験をすること。また、その体験をもとに各ECサイトの戦略を分析してください。戦略の分析が終わった段階で、各ECサイトを運営する会社に訪問してインタビューを実施してください。では今から、ご自身のデバイスで各ECのウェブサイトに入ってください。来週には自分が分析したいECサイトを決め、チーム分けをします。チーム分けが終わったら各自役割を決めましょう。

学生は今日何をしなければなりませんか。

1 チーム分けをする
2 ECサイトの本社を訪問する
3 **ECサイトに入る**
4 役割分担をする

問題2

例 **正答 ④**

喫茶店で男の人と女の人が話しています。この男の人は恋人がどうして怒ったと言っていますか。

男：あーあ。また彼女を怒らせちゃったよ。

女：また？何があったの？

男：昨日、彼女の誕生日だったんだけど、いろいろあって何もしてあげられなくて。

女：誕生日なのに何もあげなかったの？

男：うん、まあ、それは気にしてないみたいなんだけど、仕事があって、帰るのが遅くなっちゃって。疲れてたから、帰ってそのまま寝ちゃったんだよね。

女：え、じゃあずっと寒い中、外で待たせてたの？

男：いや、彼女のうちに会いに行く約束をしたから大丈夫だったんだけど、メッセージぐらい送れないのって言われちゃって。

女：それは怒られても仕方ないね。

この男の人は恋人がどうして怒ったと言っていますか。

1 プレゼントをあげなかったから
2 仕事が忙しかったから
3 長時間外で待たせていたから
4 **連絡しなかったから**

1番

正答 ③

会社で女の人と男の人が話しています。男の人はどうして在宅勤務をしたくないんですか。男の人です。

女：あれ、中本君！珍しいね！今日はどうして事務所にいるの？

男：僕、やっぱり事務所の方が居心地いいや。半年前は、在宅勤務に変わって結構嬉しかったけど。仕事のパフォーマンスもぐっと上がってたし！

女：え？じゃあ、在宅勤務は良くないってこと？私は在宅勤務したくてしょうがないんだけど。

男：最初は気付かなかったんだよ。6か月在宅勤務をしてみて思ったのよ。在宅勤務「自体」は魅力的だってことを。朝の満員電車に乗る必要もないし、通勤の時間を活かして自己啓発もできるし、それに、ビデオ会議の時も上着だけちゃんと着ていれば問題ないしね。

女：そうそう。私の部署も在宅勤務の話はよく上がってはいるんだけど、セキュリティーの事でずっと先延ばしされてたな。あーあ。

男：だけど、気付いたときは、妻も在宅勤務をしていたんだ！だから、一日中妻と一緒に過ごさないといけなくなったんだよ！

女：なんだ！奥さんとラブラブでいいんじゃない！

男の人はどうして在宅勤務をしたくないんですか。

1　仕事のパフォーマンスが下がるから
2　仕事のセキュリティーが担保されないから
3　家でパートナーとずっと一緒にいるから
4　仕事以外の時間の活用が難しいから

2番

正答 ③

ゲーム会社の女の人と男の人が話しています。二人はオンラインゲーム世界の中のイベントについてどんな企画をすることにしましたか。

女：え！今年は「集え！恐竜の森」、前作をはるかに超える売上ですね！今年は室内で時間を過ごす人が増えて、我が社にはチャンスなんですね。

男：そうだな！ここから、もっと盛り上げていかないと。ゲーム世界内のクリスマスイベントの件、何かいいのある？

女：去年は、ゲームのキャラクターに着せるクリスマス限定の服を販売しましたよね。

男：そうだったね。そしたら、キャラクターが身に着けるもの以外がいいね。ゲーム世界の中で他のプレーヤーにクリスマスプレゼントを贈れるようにして、そのプレゼントが現実の世界でも実際に相手の家に届くっていうのはどう？

女：へえ！クリスマスのプレゼントですか！直接、お店に買いに行かなくてもいいですし、ゲーム世界内のコミュニケーションも活発になります！ウィン・ウィンの企画ですね！

男：そうだね。まず、ゲーム世界の中でプレゼントとして送れる食べ物をリストにして、オフラインの該当食品を扱う流通業者にも連絡してくれる？

女：でもリストアップの前に、我が社のゲームは日本地図をベースにつくられていますから、できれば、地方の生産者から直接商品を送るようにしたいんですが。どうでしょうか？

男：直接生産者から買って他のプレーヤーに郵送するってことだね。システム上実現可能なのかエンジニアと話してみよう！

二人はオンラインゲーム世界の中のイベントについてどんな企画をすることにしましたか。

1　ゲーム内でキャラクターに着せる服を売る企画
2　ゲーム内のキャラクターが限定アイテムを販売できる企画
3　ゲーム内のキャラクターがプレゼントしたものが実際に家に届く企画
4　ゲーム内のキャラクターに着せる服をプレーヤーも実際に着られる企画

3番

正答 ④

喫茶店で男の人と女の人が話しています。男の人は海外に赴任するにあたり、何が心配だと言っていますか。

男：今度うちの会社、海外事業拡大のためにベトナムに新しい営業所を作ることになったんだ。

女：そうなんだ！

男：いつか海外で働いてみたいって思ってたから、部長から誘いを受けた時はすごく嬉しかったよ。

女：でも、断ったんでしょ？

男：それが、無理を承知で妻に相談してみたら、意外にもせっかくのチャンスなんだからって言ってくれて。

女：よかったじゃない！

男：うん。でも、心配なことがあって。

女：ああ、奥さん一人で育ち盛りの子どもを育てるのは大変だもんね。

男：うーん。恥ずかしい話なんだけど、普段から子どものことは妻に任せっぱなしだし、両親と同居してて、関係も良好だからこっちに残ってくれるならなんとかなると思うんだけど、私も一緒に行くって言い出して。赴任先は田舎の街だから、妻みたいな都会育ちの人間が暮らすのは到底無理だと思うんだけど、言い始めたら聞かないからなあ。

女：嬉しいことじゃない！気にしすぎよ。

男の人は海外に赴任するにあたり、何が心配だと言っていますか。

1　妻が海外転勤に反対していること
2　妻を残して海外に行くこと
3　妻と両親の関係が良くないこと
4　妻がベトナムに住むこと

4番

正答 ②

英語のテストについて女の学生と男の学生が話しています。女の学生は男の学生が何をするべきだったと言っていますか。

女：今日、英語テストの結果発表だよね。

男：覚えてたんだ。いやあ、この点数じゃ目標の大学に留学するのは厳しいな！

女：どれどれ、読解、聴解、スピーキング、作文か。あ！読解と聴解は高得点なのに、スピーキングと作文が半分以下なんだね。

男：毎日英字新聞を読んで、記事をまとめて、音読を欠かさなかったからね。読解と聴解には自信があったんだよ。でも、スピーキングと作文の時、文章を作ろうとしたら、頭が真っ白になってさ！

女：そうか、単語や文型のインプットは多いけど、アウトプットの練習は足りなかったんだね。

男：ビデオ通話で、ネイティブの人と会話したり、作文の添削をしてもらうコースを受けていればよかったかな。

女：もちろん、有料のコースもいいんだけど、自分でも英語でユーチューブの動画を撮影してみたり、ブログを書くこともできたんだと思うよ。もしかしたら、いいお小遣い稼ぎになってたかも！

女の学生は男の学生が何をするべきだったと言っていますか。

1 自分で学費を稼ぐべきだった
2 もっと書いたり話したりする訓練をするべきだった
3 オンラインコースを受講するべきだった
4 単語や文型をもっと覚えるべきだった

5番

正答 ④

ある会社の会議で社長が話しています。社長は動画配信サービスの成功において、何が一番重要だと言っていますか。

女：動画配信サービスの鍵は独自のコンテンツ制作です。ここだけで楽しめるオリジナルのコンテンツがないと話題を集めるどころか、これ以上見る動画がないと思われ、会員様からそっぽを向かれてしまいます。多様なデバイスで動画を楽しめることや、その人の好みに合わせて動画をお勧めする機能は、もはやどの会社も提供しています。価格設定を安くシンプルにすることも同じです。更なる成長の為にまずは、自社の独占コンテンツ制作に大胆に投資すべきなんです。

社長は動画配信サービスの成功において、何が一番重要だと言っていますか。

1 多様なデバイスで動画を楽しめるようにすること
2 会員の好みに合わせて動画を勧める機能をつくること
3 サービス価格を安くすること
4 自社のオリジナルのコンテンツをつくること

6番

正答 ①

コンビニ運営会社の会議で男の人が話しています。男の人は、コンビニ運営の経費を削減するために、何を新しく導入する予定ですか。

男：インターネット販売を利用する人や在宅勤務をする人の増加により、我が社は危機に直面しています。この危機を乗り越えるには各店舗の経費削減が欠かせません。まず、レジ袋ですが、政府の要請もあってこちらは今年度も引き続き有料化を維持します。また、商品の自動発注システムも各店主様から好評をいただいております。続きまして、無人レジ機械の設置ですが、こちらは初期投資は必要なものの人件費削減、レジ待機時間問題を軽減できる見込みなので全店舗に設置を進める予定です。あと、キャッシュレス対応ですが、こちらは新しい機械の設置は不要で追加費用はかからないと予想しております。

男の人は、コンビニ運営の経費を削減するために、何を新しく導入する予定ですか。

1 無人レジ機械を設置すること
2 レジ袋を有料化すること
3 商品の自動発注システムを導入すること
4 インターネットで商品を販売すること

問題3

例 **正答 ②**

女の学生が男の学生に旅行の感想を聞いています。

女：夏休み、イタリアへ旅行に行ったらしいね。どうだった？
男：大満足だよ。景色や世界遺産の美しさに感動させられたよ。それに本場で食べるイタリア料理は日本で食べられるものとは比べられないくらい美味しいんだ。ただ、距離がね。飛行機の移動だけで一日かかっちゃうから、社会人になったら行くのは難しそう。イタリアは在学中に行くことをおすすめするよ。

男の学生はイタリア旅行についてどう思っていますか。

1 景色がきれいで、距離も近い
2 景色はきれいだが、距離は遠い
3 景色も悪いし、距離も遠い
4 景色は悪いが、距離は近い

1番 正答 ④

大学の先生が授業で話しています。

女：昨今、世界中の大学は危機に直面しています。従来の大学は対面教育を基本前提にしていました。決まった時間・決まった教室に教授と学生が来て、授業を行いました。その場で質問することもできます。しかし、新しい感染症の影響で対面したり、声を張ってコミュニケーションをとったりすること自体がリスクになりました。それでも、幸い私達にはIT技術が残っています。教授はインターネット配信で授業ができます。学生は、いつでも、どこでも参加したい授業に参加し、音声及びコメント機能で質問ができます。時間と空間の制約を超えた教育が訪れたと言えるでしょう。

先生は何について話していますか。

1 新しい感染症の危険性
2 大学教育の存在価値
3 従来の大学教育の問題点
4 IT技術による大学教育の変化の可能性

2番 正答 ③

ユーチューブ動画の音声です。登録者数10万人記念メッセージです。

男：こんにちは、ショウジです。この動画を撮影している今、ちょうど登録者数が10万人を超えました。皆さん、ありがとうございます。去年の冬は、まだ5万人だったんですけどね。まだ、実感がわきません。それに、昨日、なんと娘が生まれました！子どもができたこともあり、ユーチューブをやめて就活を始めようかなと悩んだりもしましたけど。今まで支えてくれた皆さんにもっと貢献できるよう動画を作っていきたいと思います。これからも、よろしくお願いします！

このメッセージで言いたいことは何ですか。

1 ユーチューブをやめること
2 就活に関する動画をアップロードすること
3 視聴者に感謝していること
4 今、登録者数が5万人を超えたこと

3番 正答 ①

テレビでアナウンサーが、コンピューター科学の専門家にインタビューしています。

女：最近、自動運転という言葉をたびたび耳にします。自動運転というのは、人間が操作をしなくても車が自動で運転してくれるというものですが、従来の自動運転は、危険な時に自動ブレーキが作動したり、高速道路などの限られた条件下でのみ実用化されていました。そんな自動運転技術が今、次の段階に進もうとしているそうですね。
男：ええ、今おっしゃったとおり従来は、主に人間が運転して機械がそれをサポートしてくれるようなシステムでした。しかし、次世代の自動運転は、車が主に運転をし、人間はほとんど操作をしなくてもいい時代に突入します。
女：つまり、無人で車が動く時代もそう遠くないということですか。
男：はい、車だけで独立して走行できるようになると、配達サービスやタクシーなどのものと人の流れに革命が起こるでしょうね。

話のテーマは何ですか。

1 自動運転は今後どのようになっていくのか
2 自動運転はどうして必要なのか
3 自動運転はどのように活用されているのか
4 自動運転が抱えている大きな問題

4番　正答 ③

市民講座で講師が話しています。

女：日本の観光は「もの」に集中していました。しかし、新型感染症の影響で大勢の人が同じ場所で物を消費する事はもはやリスクだと言えます。密閉された空間に、人々が密集する、会話と飲食の際に密接に接触することは避けられないでしょう。このタイミングだからこそ、「もの」ではなく「こと」を新しく捉えるべきです。日本国内には世界的な雪山、湖、温泉、美しい島があり、私たちは実際そこへ足を運ぶこともできます。今まで自然資源を過小評価していました。解放感のある敷地、人や人工物とは離れて触れ合う太古の自然、四季によって変わる風情。今、このような自然資源の体験を再評価するべきでしょう。

講師は何について話していますか。

1 日本の観光産業が落ち込んだ原因
2 日本の自然環境汚染のリスク
3 日本の自然資源の価値
4 日本の自然資源の問題点

5番　正答 ③

講演会で医者が話しています。

男：生後二か月までの赤ちゃんは激しく泣き続けることがあります。ミルクをあげ、おむつをかえてあげても泣き止まないときが必ずあります。この時、親はイライラします。これは、ごく自然な現象です。赤ちゃんが泣き止まないことも、それに親がいらだつことも。しかし、だからといって赤ちゃんを激しくあやすことは禁物です。生後二か月未満の赤ちゃんは首がすわっておらず、前後に過激に揺らすことで深刻な後遺症を残してしまう可能性さえあります。

医者は何について話していますか。

1 赤ちゃんが泣き止まない原因
2 赤ちゃんを虐待する親への批判
3 赤ちゃんをあやすときの注意点
4 赤ちゃんを育てる上での政府の支援策

6番　正答 ③

テレビでアナウンサーが二社のデパートについて話しています。

女：有名デパートとして知られている、日の丸デパートと富士デパートが合併すると発表しました。ライバル会社であった二社は近年、不景気に悩まされていました。今回、互いの良質な事業や得意分野を兼ね備え、業界随一のサービスを試みることで売上の回復が期待されています。また、デパート業界では日本初となる海外進出も予定しています。日本ならではのおもてなしが受けられると世界からも注目を集めています。今後は、海外の企業とも連携し日本にも新たなブランドを広げていくことを目標にしているそうです。

アナウンサーは二社のデパートの何について話していますか。

1 二社の経営権をめぐる争い
2 新サービスの開始
3 二社を一つにすることによる効果
4 海外展開をすることの難しさ

問題4

例　正答 ①

男：最後の試合じゃないんだから、そんなに気を落とさないでよ。

女：**1 次こそは点を取ってみせます。**
2 うまくいかなかったんですね。
3 はい、注意しておきます。

1番

正答 ②

女：ああ！やっと当たった来月のコンサート、待ちきれないね。

男：1　ええ、もう行っちゃったの？

2　うんうん、早く行きたいね。

3　落選したの？残念だね。

2番

正答 ①

男：起業家で成功したからって、人のことを見下すにも程があるよね。

女：**1　うん、なんだか気分悪いよね。**

2　うん、見ててくれないと困るよ。

3　ええ、それはすごいね！

3番

正答 ①

女：部長、明後日の鈴木さんの歓迎会、最初に一言お願いしたいのですが。

男：**1　一、二分でいいかな。**

2　そうですか、お願いします。

3　鈴木さんからお話があるんですね。

4番

正答 ②

女：タケルったら家で教科書を開くことすらしないし、怒らないと勉強しないから本当に手が掛かるのよ。

男：1　手を出すのはダメだよ。

2　そうか、俺からも言っておくか。

3　それは褒めてやらないとな。

5番

正答 ③

男：月末は仕事の量が多すぎて、何から手を付けたらいいか分からないよ。

女：1　そうだね、仕事がどんどん進みそうだね。

2　それ触ったらダメだよ。

3　うん、なんだかいつも慌ただしくなるよね。

6番

正答 ①

女：あれっ？伊藤さん、お客さんともう少し金額の交渉するって言ってなかったっけ。

男：**1　それが、あっさりと断られてしまいました。**

2　いえ、部長がご覧になられるんですか。

3　はい、交渉した方が良いですか。

7番

正答 ②

女：引っ越す前のお家、なんだか部屋の空気がどんよりしてて不気味だったんだよね。

男：1　うんうん、綺麗な部屋だよね。

2　それは引っ越して良かったね。

3　じゃあ、引っ越せばいいじゃん。

8番

正答 ②

男：最近、周りからやけに老けたって言われるんだけど、そんなに老けたかな？

女：1　はい、若返りましたよね。

2　うーん。確かに顔が疲れてるように見えます。

3　そうですね。すごく日に焼けましたよね。

9番

正答 ②

男：映画おもしろかったね。最後の展開には面食らったよ。

女：1　映画館で食べたの？

2　思わぬ展開だったね。

3　そんな感動する話ではなかったと思うけど。

10番　　正答 ③

男：この間彼女と行ったレストラン、レビューは良かったんだけど、その割にはいまいちだったんだよね。

女：1　え、なんで調べて行かなかったの。
　　2　そっかあ、レビューを見て行けばいいんだね。
　　3　やっぱり、ネットの情報って信憑性ないよね。

11番　　正答 ①

男：同僚に押し付けられて、今回の会議で議長をすることになったんだよ。

女：**1　難しそうだけど、山田くんならできると思うよ。**
　　2　ええ、それは苦労したね。
　　3　正直にやりたいって言えばよかったのに。

12番　　正答 ①

女：オリンピックに向けた街開発は、永野工事長がいなければできなかったよね。

男：**1　うん、工事長ってみんなから信用されてるよね。**
　　2　とはいえ、間に合ったなんてね。
　　3　工事長、いなくて大変だったね。

13番　　正答 ③

女：ニュースで取り上げられてたんだけど、最近詐欺が流行ってて年齢を問わず被害にあう人が多いんだって。

男：1　そうなんだ、取材したんだ。
　　2　ええ、詐欺にあったことがあるの？
　　3　詐欺師は、人の心の隙間に入るのが上手なんだね。

問題5

1番　　正答 ③

電話で携帯会社の人と男の人が話しています。

女：はい。もみじ携帯ショップでございます。

男：あのー、携帯の契約内容を改めたくて電話をしました。最近、海外の方と仕事をするのにネットをよく使うようになったのですが、外ではWi-Fiのない場所が多くて不便で。Wi-Fiがなくても十分にネットを使えるようなプランにしてもらいたいんです。

女：はい。

男：あと、家族も3人同じもみじ携帯ショップを利用しているので、そういった割引もあれば教えてもらいたいです。

女：承知しました。ご家族も、もみじ携帯ショップをご利用いただいているとのことですね。ええ、4つのプランがあるのですが。一般的なプランは基本プランです。こちらは家族割引はなく、料金を支払えば通信量を追加することができます。1日1時間ネットを利用するのであれば、4つのプランの中でも一番安いプランになっています。

男：ああ。

女：もし、ご家族もネットをよく使われるのでしたら家族シェアプランというものがあります。こちらは、決まった通信量を家族で使っていくもので3人以上の家族が契約されているとお得なプランです。大体1人、1日2時間ネットをご利用いただくことができ、契約しているご家族との電話が無料になっています。

男：家族で通信量を共有するのか。まあ、でも家族はそこまでネットを使わないし、電話もアプリがあるからいいかな。あと2つのプランはなんですか。

女：もう1つは無制限プランです。これは契約された日からネットが使い放題なので、外でも安心してご利用いただけます。1日4時間以上ネットを利用する方には、今ご紹介しているプランの中では一番お得になっています。しかし、ネットを使わなくても一定の金額になっており、家族割引がございません。

男：そうですか。

女：それから、海外パケットプラン。これは、海外でもネットを繋ぐことができるプランです。料金は少し高くなりますが、海外によく行く方は、こちらのプランの契約がお勧めです。

男：そうですか。海外にはそんなに行かないからいいかな。えーっと、そしたら毎日6時間以上はネットを利用するので外出してても安心して使える、さっきのプランでお願いします。

男の人はどのプランの契約をすることにしましたか。

1　基本プラン
2　家族シェアプラン
3　無制限プラン
4　海外パケットプラン

2番

正答　①

ケーキ屋で店長と店員二人が話しています。

男1：近々、うちにも宅配サービスを導入しようと考えているんだ。でも、ケーキって熱さに弱かったり、崩れやすかったりとデリケートなものだから宅配が難しいんだ。何かいい案はないかな。

女：友人の誕生日の時、近くにケーキ屋さんがなくて当日わざわざ遠くまで買いに行ったことがあるんですが、そういう時宅配のサービスがあると便利ですね。

男2：確かに、うちのお店、開店時間が10時ですし駅から少し離れているので買いに来られるお客さんが限られてるかもしれませんね。

男1：うん。

男2：長時間の持ち運びにも問題がないように、ケーキを冷凍して販売するのはどうでしょうか。そうすれば、宅配の時も崩れる心配がないですし、買った日に食べなくても家でまた冷凍すれば日持ちしますよね。

男1：ああ、そうだね。フルーツが入っているケーキは冷凍できないから、冷凍販売できるケーキは限られるけど、メリットもたくさんあるよね。

女：それより、ケーキを冷凍せず綺麗な状態で届けることができた方がいいんじゃないですか？

男1：ん？というと？

女：ケーキといえばフルーツがたくさん乗っていた方が人気がありますし、冷凍できるケーキが限られてしまうなら、冷凍しなくても崩れないような箱に入れて宅配をするとか。

男2：でも、ケーキを固定させるのも限界があるし、運ぶときのリスクが高くなるんじゃないかな。ケーキを凍らせたまま食べられるアイスケーキのようにするのはどうですか。

男1：うーん。そうすると新しいケーキを考えるところからしなければならないからすぐには難しいな。

女：あとは、駅前や人通りが多いところにワゴンを出して冷凍ケーキと普通のケーキ両方販売するのはどうですか。

男1：そうだなあ。ワゴンを出すとなると経費がかかってしまうな。そこはできるだけ抑えたいから、宅配しやすいさっきの案に挑戦してみようかな。

この店ではどうすることにしましたか。

1　冷凍したケーキを宅配する
2　ケーキが崩れない箱に入れて宅配する
3　アイスケーキを作って販売する
4　ワゴンを出して販売する

3番

正答　1②　2④

テレビ番組を観て夫婦が話しています。

女1：今話題になっている人気のツアーを紹介します。カップルや夫婦で行くにはもってこいのツアーです。まずは国内から。1つ目は4泊5日の沖縄旅行です。1日目は海沿いのリッチなホテルで過ごし、その後は民泊でリアルな沖縄の生活を楽しむことができちゃいます。友達との旅行でも人気のツアーなんですって。2つ目は、3泊4日の東京旅行です。ガイドさんがついているので、事前に計画を立てなくても一度の旅行で様々な観光地に行くことができます。自由時間も設けられているので、お土産をゆっくり買いに行くこともできていいですね。3つ目は海外です。3泊4日のダナン旅行が今、カップルの中で大人気だそうです。ダナンでは、ラグジュアリーな最高級ホテルで大きな貸切プールや豪華な食事、お洒落なバー、エステなど全てがプランに組まれており、今までに味わったことのない優雅な時間とリッチな気分を満喫できてしまいます。4つ目は、3泊4日の韓国旅行です。よくドラマに出てくるようなサウナへ行ったり、民族衣装を着て撮影をしたり、人気の韓国料理屋を巡るなど、普通の旅行では経験できないようなツアーが、朝から晩まで組まれています。このツアーに参加すればディープな韓国を一気に体験できちゃいますね。

女2：わあ。全部行きたい。今度旅行に行こうって話してたけど、今の中から決めない？

男：そうだな。民泊は去年経験したよね。そういえば、都内って観光地沢山あるのに前行ったとき全然回れなかったよなあ。ガイドさんついてるから安心できるし、これがいいと思うなあ。

女2：うーん、国内もいいけど、せっかくの長期連休だからもっと遠くに行って、ちょっとぜいたくな気分を味わいながらゆっくり過ごしたいなあ。

男：まあ、夫婦で行けばどこ行っても楽しいだろうな。

女2：それって、私といたらいつも楽しいってこと？なんか照れるな。

質問1　男の人は旅行でどこに行きたいと言っていますか。

1　沖縄
2　東京
3　韓国
4　ダナン

質問2　女の人は旅行でどこに行きたいと言っていますか。

1　沖縄
2　東京
3　韓国
4　ダナン

JLPT N1この一冊で合格する

2024年10月15日　第3刷発行

著者　日本語の森　日本語研究所

発行所　日本語の森株式会社
〒160-0023
東京都新宿区西新宿3-7-21
03-5989-0589
https://nihongonomori.com/

発売　日販アイ・ピー・エス株式会社
〒113-0034
東京都文京区湯島1-3-4
03-5802-1859

印刷　シナノ印刷株式会社

©Nihongonomori 2021 Printed in Japan
ISBN：978-4-910337-15-9　C0081
落丁・乱丁はお取替えいたします。許可なしに転載・複製することを禁じます。

受験番号を書いて、その下のマーク欄にマークしてください。
fill in your examinee registration number in this box, and then mark the circle for each digit of the number.

受験番号
(Examinee Registration Number)

⓪	⓪	Ⓐ		⓪	⓪	⓪	⓪	⓪	⓪		⓪	⓪	⓪	⓪	⓪
①	①	Ⓑ	①	①	①	①	①	①	①	①	①	①	①	①
②	②		②	②	②	②	②	②	②	②	②	②	②	②
③	③		③	③	③	③	③	③	③	③	③	③	③	③
④	④		④	④	④	④	④	④	④	④	④	④	④	④
⑤	⑤		⑤	⑤	⑤	⑤	⑤	⑤	⑤	⑤	⑤	⑤	⑤	⑤
⑥	⑥		⑥	⑥	⑥	⑥	⑥	⑥	⑥	⑥	⑥	⑥	⑥	⑥
⑦	⑦		⑦	⑦	⑦	⑦	⑦	⑦	⑦	⑦	⑦	⑦	⑦	⑦
⑧	⑧		⑧	⑧	⑧	⑧	⑧	⑧	⑧	⑧	⑧	⑧	⑧	⑧
⑨	⑨		⑨	⑨	⑨	⑨	⑨	⑨	⑨	⑨	⑨	⑨	⑨	⑨

せいねんがっぴをかいてください。
Fill in your date of birth in the box.

せいねんがっぴ(Date of Birth)		
ねん Year	つき Month	ひ Day

N1

言語知識（文字・語彙・文法）・読解

あなたの名前をローマ字のかつじたいで書いてください。 Please print in block letters

名前 Name	

<ちゅうい notes>
1.くろい えんぴつ(HB、No.2)で かいて ください。
Use a black medium soft (HB or No.2) pencil.
(ペンや ボールペンでは 書かないで ください。)
(Do not use any kind of pen.)
2.かきなおす ときは、けしゴムで きれいにけしてください。
Erase any unintended marks completely.
3.きたなく したり、おったり しないで ください。
Do not soil or bend this sheet.
4.マークれい
Marking Examples.

よい れい Correct Example	わるい れい Incorrect Examples
●	⊖○○◎⊜◐●

問題 1				
1	①	②	③	④
2	①	②	③	④
3	①	②	③	④
4	①	②	③	④
5	①	②	③	④
6	①	②	③	④
問題 2				
7	①	②	③	④
8	①	②	③	④
9	①	②	③	④
10	①	②	③	④
11	①	②	③	④
12	①	②	③	④
13	①	②	③	④
問題 3				
14	①	②	③	④
15	①	②	③	④
16	①	②	③	④
17	①	②	③	④
18	①	②	③	④
19	①	②	③	④

問題 4				
20	①	②	③	④
21	①	②	③	④
22	①	②	③	④
23	①	②	③	④
24	①	②	③	④
25	①	②	③	④
問題 5				
26	①	②	③	④
27	①	②	③	④
28	①	②	③	④
29	①	②	③	④
30	①	②	③	④
31	①	②	③	④
32	①	②	③	④
33	①	②	③	④
34	①	②	③	④
35	①	②	③	④
問題 6				
36	①	②	③	④
37	①	②	③	④
38	①	②	③	④
39	①	②	③	④
40	①	②	③	④

問題 7				
41	①	②	③	④
42	①	②	③	④
43	①	②	③	④
44	①	②	③	④
45	①	②	③	④
問題 8				
46	①	②	③	④
47	①	②	③	④
48	①	②	③	④
49	①	②	③	④
問題 9				
50	①	②	③	④
51	①	②	③	④
52	①	②	③	④
53	①	②	③	④
54	①	②	③	④
55	①	②	③	④
56	①	②	③	④
57	①	②	③	④
58	①	②	③	④

問題 10				
59	①	②	③	④
60	①	②	③	④
61	①	②	③	④
62	①	②	③	④
問題 11				
63	①	②	③	④
64	①	②	③	④
問題 12				
65	①	②	③	④
66	①	②	③	④
67	①	②	③	④
68	①	②	③	④
問題 13				
69	①	②	③	④
70	①	②	③	④

受験番号を書いて、その下のマーク欄にマークしてください。
fill in your examinee registration number in this box, and then mark the circle for each digit of the number.

受験番号
(Examinee Registration Number)

⓪	⓪	Ⓐ		⓪	⓪	⓪	⓪	⓪	⓪	⓪	⓪	⓪	⓪	⓪
①	①	Ⓑ	①	①	①	①	①	①	①	①	①	①	①	①
②	②		②	②	②	②	②	②	②	②	②	②	②	②
③	③		③	③	③	③	③	③	③	③	③	③	③	③
④	④		④	④	④	④	④	④	④	④	④	④	④	④
⑤	⑤		⑤	⑤	⑤	⑤	⑤	⑤	⑤	⑤	⑤	⑤	⑤	⑤
⑥	⑥		⑥	⑥	⑥	⑥	⑥	⑥	⑥	⑥	⑥	⑥	⑥	⑥
⑦	⑦		⑦	⑦	⑦	⑦	⑦	⑦	⑦	⑦	⑦	⑦	⑦	⑦
⑧	⑧		⑧	⑧	⑧	⑧	⑧	⑧	⑧	⑧	⑧	⑧	⑧	⑧
⑨	⑨		⑨	⑨	⑨	⑨	⑨	⑨	⑨	⑨	⑨	⑨	⑨	⑨

せいねんがっぴをかいてください。
Fill in your date of birth in the box.

せいねんがっぴ(Date of Birth)		
ねん Year	つき Month	ひ Day

N1

聴解

あなたの名前をローマ字のかつじたいで書いてください。 Please print in block letters

名前 Name	

<ちゅうい notes>
1.くろい えんぴつ(HB, No.2)で かいて ください。
Use a black medium soft (HB or No.2) pencil.
(ペンや ボールペンでは 書かないで ください。)
(Do not use any kind of pen.)
2.かきなおす ときは、けしゴムで きれいにけしてください。
Erase any unintended marks completely.
3.きたなく したり、 おったり しないで ください。
Do not soil or bend this sheet.
4.マークれい
Marking Examples.

よい れい Correct Example	わるい れい Incorrect Examples
●	⊖ ○ ○ ◎ ⊜ ⦶ ●

問題 1				
例	①	②	●	④
1	①	②	③	④
2	①	②	③	④
3	①	②	③	④
4	①	②	③	④
5	①	②	③	④
6	①	②	③	④

問題 2				
例	①	②	③	●
1	①	②	③	④
2	①	②	③	④
3	①	②	③	④
4	①	②	③	④
5	①	②	③	④
6	①	②	③	④

問題 3				
例	①	●	③	④
1	①	②	③	④
2	①	②	③	④
3	①	②	③	④
4	①	②	③	④
5	①	②	③	④
6	①	②	③	④

問題 4				
例	●	②	③	④
1	①	②	③	④
2	①	②	③	④
3	①	②	③	④
4	①	②	③	④
5	①	②	③	④
6	①	②	③	④
7	①	②	③	④
8	①	②	③	④
9	①	②	③	④
10	①	②	③	④
11	①	②	③	④
12	①	②	③	④
13	①	②	③	④

問題 5					
1		①	②	③	④
2		①	②	③	④
3	(1)	①	②	③	④
	(2)	①	②	③	④

受験番号を書いて、その下のマーク欄にマークしてください。
fill in your examinee registration number in this box, and then mark the circle for each digit of the number.

受験番号
(Examinee Registration Number)

⓪	⓪	Ⓐ		⓪	⓪	⓪	⓪	⓪	⓪	⓪	⓪	⓪	⓪	⓪
①	①	Ⓑ	①	①	①	①	①	①	①	①	①	①	①	①
②	②		②	②	②	②	②	②	②	②	②	②	②	②
③	③		③	③	③	③	③	③	③	③	③	③	③	③
④	④		④	④	④	④	④	④	④	④	④	④	④	④
⑤	⑤		⑤	⑤	⑤	⑤	⑤	⑤	⑤	⑤	⑤	⑤	⑤	⑤
⑥	⑥		⑥	⑥	⑥	⑥	⑥	⑥	⑥	⑥	⑥	⑥	⑥	⑥
⑦	⑦		⑦	⑦	⑦	⑦	⑦	⑦	⑦	⑦	⑦	⑦	⑦	⑦
⑧	⑧		⑧	⑧	⑧	⑧	⑧	⑧	⑧	⑧	⑧	⑧	⑧	⑧
⑨	⑨		⑨	⑨	⑨	⑨	⑨	⑨	⑨	⑨	⑨	⑨	⑨	⑨

せいねんがっぴをかいてください。
Fill in your date of birth in the box.

せいねんがっぴ(Date of Birth)		
ねん Year	つき Month	ひ Day

N1

言語知識（文字・語彙・文法）・読解

あなたの名前をローマ字のかつじたいで書いてください。　Please print in block letters

名前 Name	

<ちゅうい notes>
1.くろい えんぴつ(HB、No.2)で かいて ください。
Use a black medium soft (HB or No.2) pencil.
(ペンや ボールペンでは 書かないで ください。)
(Do not use any kind of pen.)
2.かきなおす ときは、けしゴムで きれいにけしてください。
Erase any unintended marks completely.
3.きたなく したり、おったり しないで ください。
Do not soil or bend this sheet.
4.マークれい
Marking Examples.

よい れい Correct Example	わるい れい Incorrect Examples
●	⊖○○◎◉◐●

問題 1				
1	①	②	③	④
2	①	②	③	④
3	①	②	③	④
4	①	②	③	④
5	①	②	③	④
6	①	②	③	④

問題 2				
7	①	②	③	④
8	①	②	③	④
9	①	②	③	④
10	①	②	③	④
11	①	②	③	④
12	①	②	③	④
13	①	②	③	④

問題 3				
14	①	②	③	④
15	①	②	③	④
16	①	②	③	④
17	①	②	③	④
18	①	②	③	④
19	①	②	③	④

問題 4				
20	①	②	③	④
21	①	②	③	④
22	①	②	③	④
23	①	②	③	④
24	①	②	③	④
25	①	②	③	④

問題 5				
26	①	②	③	④
27	①	②	③	④
28	①	②	③	④
29	①	②	③	④
30	①	②	③	④
31	①	②	③	④
32	①	②	③	④
33	①	②	③	④
34	①	②	③	④
35	①	②	③	④

問題 6				
36	①	②	③	④
37	①	②	③	④
38	①	②	③	④
39	①	②	③	④
40	①	②	③	④

問題 7				
41	①	②	③	④
42	①	②	③	④
43	①	②	③	④
44	①	②	③	④
45	①	②	③	④

問題 8				
46	①	②	③	④
47	①	②	③	④
48	①	②	③	④
49	①	②	③	④

問題 9				
50	①	②	③	④
51	①	②	③	④
52	①	②	③	④
53	①	②	③	④
54	①	②	③	④
55	①	②	③	④
56	①	②	③	④
57	①	②	③	④
58	①	②	③	④

問題 10				
59	①	②	③	④
60	①	②	③	④
61	①	②	③	④
62	①	②	③	④

問題 11				
63	①	②	③	④
64	①	②	③	④

問題 12				
65	①	②	③	④
66	①	②	③	④
67	①	②	③	④
68	①	②	③	④

問題 13				
69	①	②	③	④
70	①	②	③	④

受験番号を書いて、その下のマーク欄にマークしてください。
fill in your examinee registration number in this box, and then mark the circle for each digit of the number.

受験番号
(Examinee Registration Number)

⓪	⓪	Ⓐ		⓪	⓪	⓪	⓪	⓪	⓪	⓪	⓪	⓪	⓪	⓪
①	①	Ⓑ	①	①	①	①	①	①	①	①	①	①	①	①
②	②		②	②	②	②	②	②	②	②	②	②	②	②
③	③		③	③	③	③	③	③	③	③	③	③	③	③
④	④		④	④	④	④	④	④	④	④	④	④	④	④
⑤	⑤		⑤	⑤	⑤	⑤	⑤	⑤	⑤	⑤	⑤	⑤	⑤	⑤
⑥	⑥		⑥	⑥	⑥	⑥	⑥	⑥	⑥	⑥	⑥	⑥	⑥	⑥
⑦	⑦		⑦	⑦	⑦	⑦	⑦	⑦	⑦	⑦	⑦	⑦	⑦	⑦
⑧	⑧		⑧	⑧	⑧	⑧	⑧	⑧	⑧	⑧	⑧	⑧	⑧	⑧
⑨	⑨		⑨	⑨	⑨	⑨	⑨	⑨	⑨	⑨	⑨	⑨	⑨	⑨

せいねんがっぴをかいてください。
Fill in your date of birth in the box.

せいねんがっぴ(Date of Birth)		
ねん Year	つき Month	ひ Day

N1
聴解

あなたの名前をローマ字のかつじたいで書いてください。 Please print in block letters

名前 Name	

<ちゅうい notes>
1.くろい えんぴつ(HB、No.2)で かいて ください。
Use a black medium soft (HB or No.2) pencil.
(ペンや ボールペンでは 書かないで ください。)
(Do not use any kind of pen.)
2.かきなおす ときは、けしゴムで きれいにけしてください。
Erase any unintended marks completely.
3.きたなく したり、おったり しないで ください。
Do not soil or bend this sheet.
4.マークれい
Marking Examples.

よい れい Correct Example	わるい れい Incorrect Examples
●	⊖○○◎●①●

問題 1				
例	①	②	●	④
1	①	②	③	④
2	①	②	③	④
3	①	②	③	④
4	①	②	③	④
5	①	②	③	④
6	①	②	③	④

問題 2				
例	①	②	③	●
1	①	②	③	④
2	①	②	③	④
3	①	②	③	④
4	①	②	③	④
5	①	②	③	④
6	①	②	③	④

問題 3				
例	①	●	③	④
1	①	②	③	④
2	①	②	③	④
3	①	②	③	④
4	①	②	③	④
5	①	②	③	④
6	①	②	③	④

問題 4				
例	●	②	③	④
1	①	②	③	④
2	①	②	③	④
3	①	②	③	④
4	①	②	③	④
5	①	②	③	④
6	①	②	③	④
7	①	②	③	④
8	①	②	③	④
9	①	②	③	④
10	①	②	③	④
11	①	②	③	④
12	①	②	③	④
13	①	②	③	④

問題 5					
1		①	②	③	④
2		①	②	③	④
3	(1)	①	②	③	④
	(2)	①	②	③	④